**Techniken der empirischen
Sozialforschung**

Techniken der empirischen Sozialforschung

Bearbeitet von

G. Albrecht
H. v. Aleman
K. R. Allerbeck
C. Besozzi
D. Betz
B. Biervert
G. Buttler
M. Dierkes
R. Dollase
E. Erbslöh
H. Esser
E. Helten
W. Herkner
Th. Herz

P. Höhmann
H. Huber
H. J. Hummel
W. Jagodzinski
H. D. Klingemann
K. Knorr
J. v. Koolwijk
H. Kreutz
R. Langeheine
H. Lück
W. Manz
E. Mochmann
H. Nowotny
G. Ortlieb

F. U. Pappi
K. R. Scherer
H. Schmerkotte
I. Stelzl
M. Sturm
E. Timaeus
S. Titscher
Th. Vajna
R. Wegner
A. Weidmann
K. Wieken
G. Wiendieck
H. Zehnpfennig

Herausgegeben von
Jürgen van Koolwijk und Maria Wieken-Mayser

R. Oldenbourg Verlag München

Techniken der empirischen Sozialforschung

8. Band

Kausalanalyse

dargestellt von
Hans J. Hummell/Wolfgang Jagodzinski/Rolf Langeheine

R. Oldenbourg Verlag München

Hinweis:
Mit dem vorliegenden Band 8 ist das Werk abgeschlossen;
Band 1 wird nicht erscheinen.

CIP-Kurztitelaufnahme der Deutschen Bibliothek

Techniken der empirischen Sozialforschung / bearb.
von G. Albrecht ... Hrsg. von Jürgen van Koolwijk
u. Maria Wieken-Mayser. — München : Oldenbourg.
  Teilw. mit d. Erscheinungsorten München, Wien
NE: Albrecht, Günter [Bearb.]; Koolwijk, Jürgen van
[Hrsg.]

Bd. 8. Kausalanalyse / dargest. von Hans J. Hummell ...
— 1986.
  ISBN 3-486-44931-1
NE: Hummell, Hans J. [Mitverf.]

© 1986 R. Oldenbourg Verlag GmbH, München

Das Werk ist urheberrechtlich geschützt. Die dadurch begründeten Rechte, insbesondere die der Übersetzung, des Nachdrucks, der Funksendung, der Wiedergabe auf photomechanischem oder ähnlichem Wege sowie der Speicherung und Auswertung in Datenverarbeitungsanlagen, bleiben auch bei auszugsweiser Verwertung vorbehalten. Werden mit schriftlicher Einwilligung des Verlages einzelne Vervielfältigungsstücke für gewerbliche Zwecke hergestellt, ist an den Verlag die nach § 54 Abs. 2 Urh. G. zu zahlende Vergütung zu entrichten, über deren Höhe der Verlag Auskunft gibt.

Umschlagentwurf: Günter Mittermeier, München
Druck: Grafik + Druck, München
Bindearbeiten: R. Oldenbourg Graphische Betriebe GmbH, München

ISBN 3-486-44931-1

Inhaltsverzeichnis

1.	**Grundzüge der Regressions- und Korrelationsanalyse**	
	von Hans J. Hummell	9
1.1	Variablen und ihre Zusammenhänge	10
1.1.1	Variablen, Kovarianz und Korrelation	10
1.1.2	Symmetrische und asymmetrische Sichtweise: Korrelation und Regression	12
1.2	Einfache und multiple Regressionsanalyse	14
1.2.1	Datenmatrix, Variable und Vektoren	14
1.2.2	Modellgleichungen und Modellannahmen	15
1.2.3	Anwendungskontexte von Regressionsmodellen	19
1.2.4	Schätzung der Regressionskoeffizienten im nicht-statistischen deskriptiven Regressionsmodell	20
1.2.4.1	Kleinstquadrateschätzung im bivariaten Fall	21
1.2.4.2	Verallgemeinerung der Kleinstquadrateschätzung für $m-1$ Regressoren (multiple Regression)	25
1.2.5	Konsequenzen der Kleinstquadrateschätzung	34
1.2.5.1	Orthogonalitätsbeziehungen und quadratische Zerlegungen	34
1.2.5.2	Zusammenfassung der Beziehungen zwischen Varianzen und Kovarianzen	35
1.2.5.3	Multiple Determination und multiple Korrelation	36
1.2.6	Problem der Orthogonalität von Residue und Regressoren und die Verwendung von instrumentellen Variablen	38
1.3	„Kausalmodelle" und allgemeine lineare Abhängigkeitsstrukturen	41
1.3.1	Regressionsmodell als einfache lineare Abhängigkeitsstruktur	41
1.3.2	„Kausalmodelle" und ihre graphische Darstellung	42
1.3.3	Allgemeine strukturelle Systeme und Identifikationsprobleme	46
1.3.3.1	Identifikation der strukturellen Parameter durch Anwendung instrumenteller Variablen	48
1.3.3.2	Methode der indirekten kleinsten Quadrate	52
1.3.3.3	Weitere Beispiele für nicht-identifizierte und identifizierte Systeme	54
1.3.4	Rekursive Strukturen als Spezialfälle identifizierter Systeme	57

1.4	Die Analyse der Korrelationen in rekursiven Mehr-Variablen-Systemen	59
1.4.1	Identifikation der Koeffizienten in vollständigen rekursiven Systemen	59
1.4.2	Pfadtheorem für vollständige und gerade identifizierte Systeme	63
1.4.3	Korrelationszerlegung: Direkte, indirekte und konfundierte Effekte	66
1.4.4	Unvollständige Strukturen und über-identifizierte Systeme: Konsistenztests	68
	Literaturverzeichnis	75

2. Pfadmodelle mit latenten Variablen: Eine Einführung in das allgemeine lineare Modell LISREL
von Wolfgang Jagodzinski ... 77

	Einleitung	77
2.1	Das Modell LISREL	79
2.1.1	Modellgleichungen, Modellannahmen und Spezifikation	79
2.1.2	Interpretation der Variablen und Beziehungen	82
2.1.3	Meßniveau der beobachteten Variablen	83
2.1.4	IK-Gleichungen, Parameter- und Modellidentifikation	83
2.1.4.1	Indikatorvarianz- und -kovarianzgleichungen	83
2.1.4.2	Identifikation	84
2.1.5	Parameterschätzung	89
2.1.6	Modell- und Hypothesentestung	91
2.1.7	Korrektur bei Fehlspezifikationen	92
2.2	Spezielle Modelle und empirische Anwendungen	94
2.2.1	Meßfehler und konfirmatorische Faktorenanalyse	94
2.2.2	Rekursive und nichtrekursive Modelle mit latenten Variablen	98
2.2.3	Längsschnittmodelle	100
2.2.4	Gruppenvergleiche	102
2.3	Schlußbemerkung und Nachtrag	103
	Anmerkungen	107
	Literaturverzeichnis	111

3. Log-lineare Modelle
von Rolf Langeheine ... 122

3.1	Einleitung	122
3.2	Log-lineare Modelle für eine bivariante Kontingenztabelle	125
3.2.1	Saturiertes Modell	126
3.2.2	Unsaturierte Modelle	130
3.2.3	Hierarchische Hypothesen und Modelltests auf der Basis der angepaßten Randverteilungen	133

3.3	Log-lineare Modelle für 2 x 2 x 2 Kontingenztabellen	136
3.3.1	Simultane Tests von Effekten im saturierten Modell	137
3.3.2	Hierarchische Hypothesen und Modelltests auf der Basis der angepaßten Randverteilungen	138
3.3.3	Quantifizierung von Effekten mittels Chi-Quadrat Zerlegung	142
3.4	Logitanalyse: Varianz- und Regressionsananlyse	143
3.4.1	Logitanalyse für 2 x 2 x 2 Kontingenztabellen	143
3.4.2	Logitanalyse für eine 2 x 3 x 2 x 3 Kontingenztabelle	148
3.5	Spezielle Probleme	152
3.5.1	Unvollständige Tabellen	152
3.5.2	Zusammenfassung von Kategorien und Variablen	153
3.5.3	Substantielle versus statistische Signifikanz	155
3.5.4	Strategien zur Bestimmung eines „besten" Modells	157
3.5.5	Nichthierarchische Modelle	159
3.5.6	Nichtlineare Effekte	160
3.5.7	Konkurrenten log-lineare Modelle	160
3.5.8	Computerprogramme	163
3.6	Rekursive Pfadmodelle	164
3.6.1	Rekursive und nicht-rekursive Systeme	164
3.6.2	„The american soldier": Ein konkretes Beispiel	167
3.6.3	Zur Kausalstruktur von Schulnoten: Ein zweites Beispiel	171
3.7	Manifeste und latente Variablen: Latente Klassen- und Strukturanalyse	173
3.7.1	Vorbemerkung	173
3.7.2	Maximum Likelihood Latent Structure Analysis	174
3.7.2.1	GOODMAN's Version der MLLSA	175
3.7.2.2	Quantifizierung von Effekten in Pfaddiagrammen	186
3.7.3	MLLSA als Spezialfall log-linearer Modelle	187
	Literaturverzeichnis	190
Namenregister		196
Sachwortregister		198

1. Grundzüge der Regressions- und Korrelationsanalyse

von Hans J. Hummell

Im folgenden wird eine einführende *Darstellung des Regressionsmodells* und seiner Verallgemeinerung zur Analyse von *Korrelationen in rekursiven Mehr-Variablen-Systemen* gegeben. Die grundlegenden Konzepte und die Logik der Vorgehensweise bei der Analyse linearer Abhängigkeitsstrukturen sind anhand dieser elementaren Modelle so allgemein dargestellt, daß der Bezug zu komplexeren Modellen deutlich wird. Statistische Probleme werden dabei grundsätzlich ausgeklammert.

Auf nicht-rekursive Systeme werden wir nur kurz eingehen. Weitere Spezialprobleme werden in den beiden anderen Beiträgen dieses Bandes ausführlich behandelt: → **Bd. VIII: Jagodzinski** befaßt sich mit der Berücksichtigung von systematischen Meßfehlern und hypothetischen Konstrukten und → **Bd. VIII: Langeheine** mit der Verwendung nicht metrischer Variablen.

Zunächst noch einige Anmerkungen zu den im Literaturverzeichnis genannten Titeln: Die *klassischen Beiträge* zur Anwendung linearer Abhängigkeitsstrukturen und Gleichungssysteme in den Sozialwissenschaften von HERBERT SIMON (1954), OTIS DUDLEY DUNCAN (1966) und RAYMOND BOUDON (1968) finden sich in deutscher Übersetzung in dem von H. J. HUMMELL und R. ZIEGLER (1976a) herausgegebenen Sammelband; ebenso wie wichtige Teile des Kapitels 3 von H. M. BLALOCK (1961). Eine Sammlung von Einzelbeiträgen und Artikeln enthält auch H. M. BLALOCK (1971).

Versuche einer *Gesamtdarstellung*, in deutscher Sprache, sind: K. D. OPP / P. SCHMIDT (1976); H. J. HUMMELL und R. ZIEGLER (1976b); E. WEEDE (1977); K. HOLM (1979). Zur Regressionsanalyse siehe auch: D. URBAN (1982). Als wichtige englischsprachige Darstellung sei O. D. DUNCAN (1975) genannt. Weiterführende Beiträge zu *Spezialproblemen* findet man regelmäßig in den jährlich erscheinenden Bänden von „Sociological Methodology". Hinsichtlich der *statistischen Aspekte* sei auf die ökonometrische Literatur verwiesen: neben der Einführung von R. J. WONNACOTT und TH. WONNACOTT (1970) auch A. S. GOLDBERGER (1964), C. F. CHRIST (1966), F. M. FISHER (1966), P. SCHÖNFELD (1969) und J. JOHNSTON (1972) sowie Beiträge in → **Bd. VI: Statistische Forschungsstrategien**.

1.1 Variablen und ihre Zusammenhänge

1.1.1 Variablen, Kovarianz und Korrelation

Als Ausgangspunkt für die folgende Darstellung sei vorausgesetzt, daß man sich für Zusammenhänge einer Reihe von Variablen $X_1 \ldots X_m$ in einer gegebenen Gesamtheit von n Einheiten interessiert, welche bezüglich der Werte der Variablen betrachtet werden. Es sei unterstellt, daß die Variablen metrisch sind, d.h. die Regeln, nach denen den Einheiten (durch „Beobachtung" bzw. „Messung") Werte zugewiesen werden, genügen insgesamt den Kriterien mindestens von Intervallskalen.

Im einfachsten Fall werden die n Einheiten nur durch die („beobachteten", „gemessenen") Werte von zwei (Beobachtungs-)Variablen X und Y charakterisiert.

Während bei *asymmetrischer* Sichtweise eine der beiden Variablen als abhängige (determinierte, zu erklärende) und die andere als erklärende (explikative, „unabhängige") ausgezeichnet werden, kommt es bei *symmetrischer* Sichtweise allein auf die Frage an, ob und in welchem Grade beide gemeinsam variieren.

Als wichtige Maßzahl für die Richtung und das Ausmaß gemeinsamer Variation von zwei Variablen in einer Untersuchungsgesamtheit steht die (empirische) *Kovarianz* von X und Y zur Verfügung, deren Eigenschaften kurz rekapituliert werden sollen.

Gegeben seien die n Paare (x_i, y_i) $(i = 1, 2 \ldots n)$ der n Beobachtungswerte von X und Y.

Betrachtet man diese Wertepaare lediglich unter dem Aspekt, ob ihre beiden Komponenten unter bzw. über den jeweiligen Mittelwerten $\bar{x}$ bzw. $\bar{y}$ liegen, also nur die jeweiligen Abweichungen

$$(x_i - \bar{x}) \text{ bzw. } (y_i - \bar{y}),$$

so erhält man für die Verteilung der beobachteten n Einheiten folgende Vierfeldertabelle mit dem eingetragenen Muster der Vorzeichen der beiden Abweichungen (hierbei wurden die Fälle mit $x_i = \bar{x}$ bzw. $y_i = \bar{y}$ den Fällen zugeordnet, für welche die Abweichungen positiv sind):

$(y_i - \bar{y}) \geqslant 0$	− +	+ +
$(y_i - \bar{y}) < 0$	− −	+ −
	$(x_i - \bar{x}) < 0$	$(x_i - \bar{x}) \geqslant 0$

Bildet man die Summe der Abweichungsprodukte $(x_i - \bar{x}) \cdot (y_i - \bar{y})$, so bedeutet ein Überwiegen von Fällen mit den Vorzeichenmustern (++) und (−−), daß diese Summe tendenziell positiv wird, und zwar wird sie um so eher positiv sein und um so größer sein, je größer die individuellen Abweichungen sind und je häufiger große Abweichungen bei X mit gleichgerichteten großen Abweichungen bei Y einhergehen.

In analoger Weise wird die Summe der Abweichungsprodukte tendenziell negativ werden, wenn Fälle mit den Vorzeichenmustern (+−) und (−+) überwiegen. Dementsprechend gibt die Verteilung der Fälle nach den Vorzeichenmustern einen Hinweis auf die Richtung und das Ausmaß der Beziehung zwischen X und Y in der betrachteten Gesamtheit von n Einheiten. Man kann zeigen, daß im Falle der statistischen *Unabhängigkeit* beider Beobachtungsvariablen in der betreffenden Gesamtheit diese Summe der Abweichungsprodukte Null ist.

Um den Effekt der Zahl der beobachteten Einheiten auszuschalten, dividiert man die Summe der Abweichungsprodukte durch n und erhält damit als empirische *Kovarianz* von zwei Beobachtungsvariablen X und Y in einer gegebenen Gesamtheit:

$$\text{Cov}(X, Y) := \frac{1}{n} \sum_{i=1}^{n} (x_i - \bar{x}) \cdot (y_i - \bar{y})$$

$$= \frac{1}{n} \sum_{i=1}^{n} x_i y_i - \bar{x} \cdot \bar{y}$$

$$= \frac{1}{n} \sum_{i=1}^{n} x_i y_i - (\frac{1}{n} \sum_{i=1}^{n} x_i) \cdot (\frac{1}{n} \sum_{i=1}^{n} y_i)$$

Nun gilt für Kovarianzen, daß diese sich zwischen den folgenden Grenzen bewegen, die für jede Gesamtheit durch die Varianzen bestimmt sind:

$$-\sqrt{\text{Var}(X)} \cdot \sqrt{\text{Var}(Y)} \leq \text{Cov}(X, Y) \leq \sqrt{\text{Var}(X)} \cdot \sqrt{\text{Var}(Y)}.$$

Mit Var (X) bzw. Var (Y) sind die empirischen Varianzen von X und Y in der vorliegenden Gesamtheit gemeint. Hieraus wird ersichtlich, daß sich die Kovarianz *standardisierter Variablen* zwischen −1 und +1 bewegt.

Für die *Eigenschaften der Kovarianz* ist festzuhalten:
1. Das Vorzeichen der Kovarianz definiert die *Richtung* der gemeinsamen Beziehung zwischen zwei Variablen.
2. Sind die beiden Variablen *statistisch unabhängig*, so verschwindet ihre Kovarianz.
3. Ober- und Unter*grenzen* der Kovarianz variieren zwar von Gesamtheit zu Gesamtheit, sind aber für jede Gesamtheit fest.

Die dritte Eigenschaft gibt Anlaß, die Kovarianz durch den Absolutbetrag ihrer festen Grenzen zu dividieren, so daß sie sich nunmehr zwischen −1 und +1 bewegt. Man erhält dann den Koeffizienten der *linearen Korrelation* zwischen X und Y (Pearson Bravais-Korrelationskoeffizienten) Corr (X, Y) (auch: r_{xy} oder einfach: r). Die erste und zweite Eigenschaft werden durch diese *Normierung* nicht berührt. Damit kann man auch sagen: Die *lineare Korrelation* von zwei Variablen ist ihre *standardisierte Kovarianz* oder die *Kovarianz* der *beiden* aus ihnen *durch Standardisierung erhaltenen Variablen*. Entsprechend ist die Korrelation von X und Y auch ein Ausdruck für ihre gemeinsame Variation:

$$\text{Corr}(X, Y) := \frac{\text{Cov}(X, Y)}{\sqrt{\text{Var}(X)} \sqrt{\text{Var}(Y)}}$$

1.1.2 Symmetrische und asymmetrische Sichtweise: Korrelation und Regression

Kovarianz und Korrelation bringen eine symmetrische Sichtweise zum Ausdruck. Es bleibt damit offen, ob der gemeinsame Zusammenhang zwischen X und Y möglicherweise auf eine gerichtete Abhängigkeitsbeziehung von X nach Y oder von Y nach X zurückzuführen ist. Grundsätzlich sind beide Sichtweisen möglich, auch die Vorstellung, daß es zwischen X und Y eine wechselseitige Abhängigkeit in beiden Richtungen (Interdependenz) gibt. Allerdings ist aufgrund einer gegebenen gemeinsamen Verteilung der Einheiten nach den beiden Variablen X und Y keine Entscheidung über die drei konkurrierenden Annahmen (oder noch komplexere) möglich. Hierzu bedarf es weiterer über die bivariate gemeinsame Häufigkeitsverteilung hinausgehender Informationen.

In dem einfachen bivariaten Regressionsmodell wird *vorausgesetzt*, daß es sinnvoll ist, *eine* der beiden Richtungen einer Abhängigkeit anzunehmen, so daß dann die *asymmetrische* Abhängigkeitsbeziehung entweder von X auf Y oder von Y auf X weiter untersucht werden kann. (Die dritte mögliche Annahme — Interdependenz — würde im bivariaten Regressionsmodell zu Widersprüchen führen und verlangt daher komplexere Mehr-Variablen-Modelle; siehe 1.3).

Unter Vorwegnahme der Resultate der Regressionsanalyse läßt sich das Konzept der gemeinsamen Variation von X und Y noch weiter erläutern.

Unterstellen wir, daß es „gute Gründe" gibt (diese können logisch-analytischer, deskriptiv-empirischer oder auch theoretischer Natur sein), eine einseitige Abhängigkeitsbeziehung von X nach Y anzunehmen. Dann bedeutet dies, daß wir die beobachtbare Variation in den Y-Werten teilweise auf die Tatsache zurückführen können, daß die X-Werte variieren und daß zwischen X und Y eine Abhängigkeit besteht. Ein linearer Zusammenhang von X nach Y liegt dann vor, wenn die Y-Werte für die n Einheiten als lineare Funktion ihrer X-Werte und eventuell anderer (nicht beobachteter oder nicht gemessener) Variablen e beschrieben werden können.

Falls additive Konstante nicht auftreten heißt dies, daß für die n Wertepaare (x_i, y_i) folgende Beziehung gilt

$$y_i = \alpha x_i + e_i \ (i = 1 \ldots n).$$

Aufgrund der Bedingungen, die im Zusammenhang mit der Regressionsanalyse im einzelnen diskutiert werden (vgl. 1.2.4.1 und 1.2.5.2), gilt dann für die empirischen Varianzen von X und Y

$$\begin{aligned}
\text{Var}(Y) &= \alpha^2 \, \text{Var}(X) + \text{Var}(e) \\
\text{Var}(Y) &= \text{Cov}^2(X, Y)/\text{Var}(X) + \text{Var}(e) \\
1 &= \text{Cov}^2(X, Y)/\text{Var}(X) \cdot \text{Var}(Y) + \text{Var}(e)/\text{Var}(Y) \\
1 &= \text{Corr}^2(X, Y) + \text{Var}(e)/\text{Var}(Y)
\end{aligned}$$

D.h. die Variation der Y-Werte wird in zwei Komponenten zerlegt, die einmal auf den linearen Zusammenhang von X nach Y und einmal auf weitere Variablen zurückzuführen sind.

Hierbei ist die symmetrische Kovarianz eine Funktion des Ausmaßes, in dem Varianz in Y durch Varianz in X erzeugt wird. Das Quadrat des symmetrischen Korrelationskoeffizienten gibt gerade anteilmäßig die Varianz in Y an, die auf einen linearen Zusammenhang mit X zurückzuführen ist.

Da die Richtung der Abhängigkeitsbeziehung auch von Y nach X angesetzt werden kann, zeigt ein analoges Argument, daß Kovarianz und Korrelation auch als Funktionen des Ausmaßes interpretierbar sind, in welchem X als durch Y linear „determiniert" angesehen werden kann. Welche der beiden asymmetrischen Interpretationen der symmetrischen Koeffizienten erlaubt sind, ist durch die gemeinsame Verteilung von X und Y jedoch nicht entscheidbar.

Unter Verwendung dieses Resultats und der Tatsache, daß die *Korrelation* eine standardisierte Kovarianz ist, kann man zusammenfassend festhalten:

1. Das Vorzeichen des Korrelationskoeffizienten gibt an, ob beide Variablen gleichsinnig oder entgegengesetzt variieren.
2. Falls die beiden Variablen statistisch unabhängig sind, verschwindet ihre Korrelation.
3. Die Korrelation variiert zwischen -1 und $+1$; diese Grenzen werden dann erreicht, wenn zwischen beiden Variablen ein perfekter negativer bzw. perfekter positiver linearer Zusammenhang besteht.
4. Das Quadrat des Korrelationskoeffizienten gibt den Anteil der Varianz der einen Variable an, der auf einen linearen Zusammenhang mit der jeweils anderen zurückzuführen ist.

Bemerkungen zur Notation: Analog zu den Erwartungswerten und Momenten von Zufallsvariablen lassen sich im Falle endlicher Gesamtheiten von beobachteten Einheiten *empirische Momente* für (Beobachtungs-)Variablen definieren.

Das (nicht zentrale) Produktmoment von zwei Beobachtungsvariablen X und Y ist definiert als:

$$m(X, Y) := \frac{1}{n} \sum_{i=1}^{n} x_i y_i = \sum_{i=1}^{n} \frac{1}{n} x_i y_i$$

Mit Hilfe einer fiktiven Variablen **1**, deren Werte konstant gleich 1 sind, ist $m(X)$ definiert als

$$m(X) := m(X, 1) = \frac{1}{n} \sum_{i=1}^{n} x_i = \sum_{i=1}^{n} \frac{1}{n} x_i$$

Unter Verwendung der empirischen Momente lassen sich nun die üblichen statistischen Maßzahlen wie Mittelwert, Kovarianz und Varianz einführen:

$$\bar{x} := m(X)$$
$$\mathrm{Cov}(X, Y) := m(X - \bar{x}, Y - \bar{y})$$
$$= m(X, Y) - m(X) m(Y)$$

$$\begin{aligned}
\operatorname{Var}(X) &:= \operatorname{Cov}(X, X) \\
&= m(X, X) - m(X) m(X) \\
&= m(X^2) - [m(X)]^2 \qquad \text{mit } m(X^2) := m(X, X)
\end{aligned}$$

(Falls die Ausdrücke eindeutig interpretierbar sind, wird im folgenden das Komma in $m(X, Y), m(X, X), \operatorname{Cov}(X, Y)$ weggelassen.)

Für *zentrierte* Variablen U und V lassen sich die Ausdrücke für Kovarianz und Varianz weiter vereinfachen:

$$\operatorname{Cov}(U, V) = m(U, V) \quad \text{und} \quad \operatorname{Var}(U) = m(U^2).$$

Zwei Variablen X und Y, deren nicht zentrales Produktmoment verschwindet, heißen *orthogonal*:

$$X \text{ und } Y \text{ orthogonal} : \text{g.d.w.} \ m(X, Y) = 0$$

Sind zwei Variablen *unkorreliert*, verschwindet ihre Kovarianz. Ist weiterhin mindestens eine von ihnen *zentriert*, dann sind sie auch orthogonal:

$$m(X, U) = 0 \text{ falls } X \text{ und } U \text{ unkorreliert und } m(U) = 0.$$

$m(\ ,\ )$ ist ein Operator, der linear ist in beiden Argumenten. D.h. es gilt insbesondere folgende allgemeine Rechenregel:

$$m(\alpha X + \beta Y, \gamma U + \delta V) = \alpha\gamma\, m(X, U) + \alpha\delta\, m(X, V) + \beta\gamma\, m(Y, U) + \beta\delta\, m(Y, V)$$

Der Zusammenhang mit dem Skalarprodukt von Vektoren läßt sich auf folgende Weise herstellen:

$$m(X, Y) = \frac{1}{n} x'y = \frac{1}{n} y'x \qquad\qquad \text{(vgl. 1.2.1)}.$$

1.2 Einfache und multiple Regressionsanalyse

1.2.1 Datenmatrix, Variable und Vektoren

Nachdem gezeigt wurde, daß Kovarianzen und Korrelationen wesentlich symmetrische Konzepte sind, soll zur *asymmetrischen* Sichtweise übergangen werden. Verallgemeinernd wird unterstellt, daß mehr als zwei Beobachtungsvariablen gegeben sind. Ausgegangen wird also von n Einheiten, die durch die Ausprägungen einer gegebenen Menge von m Variablen $X_1, X_2, \ldots X_m$ gleichzeitig charakterisiert werden. Vorausgesetzt wird weiterhin, daß die m Variablen metrisch sind.

Das Resultat der Beobachtungen (Messung) der n Einheiten läßt sich durch eine $n \times m$-dimensionale *Matrix der Beobachtungswerte* oder *Datenmatrix* darstellen, indem man den n Zeilen der Matrix die Einheiten und den m Spalten die Variablen zuordnet:

$$X = (x_{ij}) = \begin{pmatrix} x_{11} \, x_{12} \, \ldots \, x_{1m} \\ x_{21} \, x_{22} \, \ldots \, x_{2m} \\ \cdot \quad \cdot \quad \quad \cdot \\ \cdot \quad \cdot \quad \quad \cdot \\ x_{n1} \, x_{n2} \quad \, x_{nm} \end{pmatrix}$$

Der allgemeine Eingang x_{ij} der Matrix $X = (x_{ij})$ in der i-ten Zeile und j-ten Spalte gibt an, welchen Wert die i-te Einheit bezüglich der j-ten Variable besitzt. Die Datenmatrix kann auf zweierlei Weise gelesen werden:

1. Sie besteht aus n (Zeilen-)Vektoren mit jeweils m Komponenten. Der i-te Zeilenvektor $x'(i) = (x_{i1}, x_{i2}, ..., x_{im})$ stellt eine vollständige Charakterisierung der i-ten untersuchten Einheit in bezug auf alle m berücksichtigten Variablen dar.

2. Sie besteht aus m (Spalten-)Vektoren mit jeweils n Komponenten. Jeder dieser Spaltenvektoren $x_j = (x_{1j}, x_{2j}, ..., x_{nj})'$ ist die Folge aller Werte einer bestimmten Variablen X_j für alle n untersuchten Einheiten.

Wenn man von einer endlichen Untersuchungsgesamtheit ausgeht und die Beobachtungsergebnisse durch eine Datenmatrix darstellt, kann man *jede Variable* mit der Folge ihrer Werte für alle Einheiten, also *mit einem Spaltenvektor identifizieren*. Statt über eine Variable X_j zu sprechen, kann man auch über einen Vektor x_j mit n Komponenten sprechen, nämlich die j-te Spalte der Datenmatrix. Unter Verwendung der Zeilenvektoren $x'(i)$ ($i = 1 \ldots n$) bzw. der Spaltenvektoren x_j ($j = 1 \ldots m$) läßt sich die Datenmatrix auch alternativ darstellen als:

$$X = \begin{pmatrix} x'(1) \\ x'(2) \\ \vdots \\ x'(n) \end{pmatrix} = (x_1, x_2, ..., x_m)$$

(Hierbei und im folgenden werden Vektoren grundsätzlich als Spaltenvektoren geschrieben; Zeilenvektoren sind dann als transponierte Spaltenvektoren darzustellen; " ' " ist das Transpositionszeichen.)

1.2.2 Modellgleichungen und Modellannahmen

In der Regressionsanalyse unterstellt man für die m Variablen (zumindest approximativ) einen funktionalen Zusammenhang, der es erlaubt, eine Variable auszusondern und als „abhängige" oder zu „prognostizierende" Variable (Regressand) den restlichen Variablen gegenüberzustellen, welche dann als „explikative" oder „erklärende" („unabhängige") Variablen (oder als Regressoren, Prädiktoren) bezeichnet werden. Die bei weitem wichtigste, weil einfachste, Klasse mathematischer

Funktionen, die zur Beschreibung der Variablenzusammenhänge in Frage kommen, ist die der linearen (bzw. allgemeiner: affinen) Funktionen.

Zwischen drei Variablen X_1, X_2 und X_3 würde beispielsweise ein *perfekter affiner Zusammenhang* bestehen, wenn sie einer linearen Gleichung mit den Koeffizienten $\gamma_0, \gamma_1, \gamma_2, \gamma_3$ genügen, wobei γ_1, γ_2 und γ_3 nicht alle gleich Null sind.

(1) $\qquad \gamma_1 X_1 + \gamma_2 X_2 + \gamma_3 X_3 + \gamma_0 = 0$

(Ist $\gamma_0 = 0$, heißt der Zusammenhang linear im strengen Sinne, ansonsten affin.) Die Variablen X_1, X_2 und X_3 erfüllen genau dann die lineare Gleichung (1), wenn alle beobachteten Wertetripel $x'(i) = (x_{i1}, x_{i2}, x_{i3})$ die Gleichung erfüllen, d.h. wenn n Gleichungen mit konstanten Koeffizienten $\gamma_0, \gamma_1, \gamma_2$ und γ_3 gegeben sind:

$$\gamma_1 x_{i1} + \gamma_2 x_{i2} + \gamma_3 x_{i3} + \gamma_0 = 0 \qquad (i = 1 \dots n)$$

Durch Verwendung von Spaltenvektoren (für die Folgen von Beobachtungswerten für die drei Variablen) läßt sich dieses Gleichungssystem kompakter schreiben als

$$\gamma_1 x_1 + \gamma_2 x_2 + \gamma_3 x_3 + \gamma_0 \mathbf{1} = 0$$

(**1** ist der n-dimensionale Spaltenvektor, dessen Eingänge alle gleich 1 sind).

Wenn nun $\gamma_1 \neq 0, \gamma_2 \neq 0, \gamma_3 \neq 0$, kann man jede der drei Variablen aussondern und als Linearkombination der beiden restlichen sowie der Konstanten 1 darstellen

(2.1) $\qquad x_1 = -\dfrac{\gamma_2}{\gamma_1} x_2 - \dfrac{\gamma_3}{\gamma_1} x_3 - \dfrac{\gamma_0}{\gamma_1} \mathbf{1} \qquad$ oder

(2.2) $\qquad x_2 = -\dfrac{\gamma_1}{\gamma_2} x_1 - \dfrac{\gamma_3}{\gamma_2} x_3 - \dfrac{\gamma_0}{\gamma_2} \mathbf{1} \qquad$ oder

(2.3) $\qquad x_3 = -\dfrac{\gamma_1}{\gamma_3} x_1 - \dfrac{\gamma_2}{\gamma_3} x_2 - \dfrac{\gamma_0}{\gamma_3} \mathbf{1}$

In der ersten Gleichung z. B. ist X_1 eine Linearkombination von X_2, X_3 und 1 mit den Koeffizienten $-\gamma_2/\gamma_1, -\gamma_3/\gamma_1$ bzw. $-\gamma_0/\gamma_1$.

Falls $\gamma_0 = 0$, aber weiterhin $\gamma_k \neq 0$ ($k = 1, 2, 3$) besteht zwischen den X_1, X_2 und X_3 ein *perfekter linearer Zusammenhang*, der es z.B. erlaubt, X_1 als Linearkombination nur von X_2 und X_3 zu schreiben. Ist z.B. $\gamma_1 = 0$, kann X_1 nicht als Linearkombination der beiden anderen dargestellt werden, aber dann würde bei sonstiger Gültigkeit von Gleichungen (1) zwischen X_2 und X_3 ein perfekter affiner ($\gamma_0 \neq 0$) oder linearer ($\gamma_0 = 0$) Zusammenhang bestehen, der es erlauben würde, entweder X_2 als Linearkombination von X_3 (und ggfs. 1) oder umgekehrt. X_3 als Linearkombination von X_2 (und ggfs. 1) darzustellen. Variablen, die in einem *perfekten* linearen oder affinen Zusammenhang stehen, heißen *linear abhängig*.

Man erkennt also, daß ein gegebener linearer Zusammenhang zwischen m Variablen mit bis zu m verschiedenen Modellvorstellungen darüber vereinbar ist, welche der m Variablen nun als „abhängig" zu betrachten ist und welche dementsprechend als „erklärend".

Die Regressionsanalyse setzt nun voraus, daß es sinnvoll ist, eine ganz bestimmte Variable als abhängig auszusondern. Seien die Variablen im folgenden so numeriert, daß mit $X_1 \ldots X_{m-1}$ die $m-1$ erklärenden Variablen gemeint sind; X_m ist dann die abhängige Variable, die auch mit Y bezeichnet werden soll. Nach einer Umordnung, durch welche die erste Spalte den Y-Werten zugeordnet wird, lautet die Datenmatrix:

$$X = (y, x_1, x_2 \ldots x_{m-1})$$
$$X = (y, X_{(1 \ldots m-1)}),$$

wobei $X_{(1 \ldots m-1)}$ die Matrix der Beobachtungswerte der $m-1$ erklärenden Variablen bezeichnet.

Besteht zwischen den m Variablen ein *perfekter* linearer bzw. affiner Zusammenhang und kann man $X_m = Y$ als abhängige Variable aussondern, so genügen die beobachteten Werte folgenden n Gleichungen

(3) $\quad y_i = \alpha_1 x_{i1} + \alpha_2 x_{i2} + \ldots \alpha_{m-1} x_{im-1} + \alpha_0 \quad (i = 1 \ldots n)$

Die Vektorenschreibweise verdeutlicht, daß Y als Linearkombination der erklärenden Variablen sowie evtl. eines konstanten Vektors $a_0 = \alpha_0 \mathbf{1}$, dessen Komponenten alle gleich α_0 sind, angesetzt wird:

$$y = \alpha_1 x_1 + \alpha_2 x_2 + \ldots \alpha_{m-1} x_{m-1} + a_0$$
$$y = \sum_{j=1}^{m-1} \alpha_j x_j + a_0$$

In diesen Gleichungen sind die α_j ($j = 1 \ldots m-1$) (und ggfs. α_0) beliebige reelle Zahlen, von denen unterstellt wird, daß sie für alle Einheiten gleich sind. Im mathematischen Sinne können sie als *partielle Ableitungen* von Y nach X_j interpretiert werden; α_j bringt zum Ausdruck, wie stark sich Y ändern würde, wenn sich X_j um eine Einheit ändern würde „bei Konstanz" aller übrigen erklärenden Variablen X_k ($k \neq j$).

Im übrigen besteht zwischen den α-Koeffizienten, die in der Regressionsanalyse unter angebbaren Bedingungen bestimmt werden können, und den γ-Koeffizienten der ursprünglichen Gleichung (1) folgender Zusammenhang: Ein Vergleich von (3) mit z.B. (2.3) zeigt, daß durch die α-Koeffizienten, die γ's nur in ihrem Verhältnis zueinander bestimmt sind, d.h. nur bis auf einen skalaren Faktor eindeutig sind. Denn mit

$$\alpha_1 = -\frac{\gamma_1}{\gamma_3} \text{ und } \alpha_2 = -\frac{\gamma_2}{\gamma_3}$$

gilt $\gamma_1 = -\gamma_3 \cdot \alpha_1$ und $\gamma_2 = -\gamma_3 \cdot \alpha_2$ bzw. $\dfrac{\gamma_1}{\gamma_2} = \dfrac{\alpha_1}{\alpha_2}$.

Einen eindeutigen Wert für γ_1 und γ_2 würde man erst durch eine Normierung erhalten, welche z.B. $\gamma_3 = -1$ setzt. In der Tat erhält man aus (1) durch die Normierung $\gamma_3 = -1$ den Fall der Regression mit X_3 als Regressand und X_1 und X_2 als Regressoren; eine Normierung $\gamma_2 = -1$ (bzw. $\gamma_1 = -1$) würde X_2 (bzw. X_1) als Regressanden auszeichnen.

Wären nun die α-Koeffizienten der Linearkombination (3) bekannt, würde zu jedem m-1-tupel von Werten der erklärenden Variablen genau ein Wert der abhängigen gehören: Die X-Werte „determinieren" in der durch (3) spezifizierten Weise die Y-Werte; bei Kenntnis der Werte für X für eine Einheit kann man den Wert von Y dieser Einheit „vorhersagen", immer vorausgesetzt, daß der behauptete perfekte Zusammenhang tatsächlich gilt. („Prognose" heißt hier nicht, daß zukünftige Ereignisse vorherzusagen sind, sondern nur, daß die Y-Werte bei gegebenen X-Werten mit Hilfe der Koeffizienten „berechnet" werden können). Auch sagt die Gleichung (3) nichts darüber aus, ob die Beziehung zwischen Y und den X_j „kausaler" Art ist oder nicht. Ohne zusätzliche Annahme kann man daher (3) nicht als Beschreibung eines „kausalen Mechanismus" interpretieren. Für die Anwendung des Kalküls der Regressionsanalyse reicht es jedoch aus, daß überhaupt ein linearer Zusammenhang zumindest approximativ unterstellt werden kann, der es erlaubt, eine Variable näherungsweise als Linearkombination der restlichen anzusetzen.

Im allgemeinen wird nämlich der Zusammenhang *nicht perfekt* sein. Unterstellen wir für einen Moment, daß die α-Koeffizienten bekannt seien. Würde man mit ihnen aus den erklärenden Variablen (und ggfs. der Konstante) als Regressoren eine Linearkombination bilden, so würde man i.a. nicht den Vektor y der beobachteten Y-Werte erhalten, sondern einen davon verschiedenen Vektor $\hat{y}$. Für jede Einheit ergibt sich eine Abweichung zwischen dem tatsächlich beobachteten („empirischen") Wert und einem „erwarteten" Wert $\hat{y}_i$; „erwartet" aufgrund des linearen Zusammenhangs mit den Regressoren. Diese „prognostizierten" Werte $\hat{y}_i$ erfüllen also n Gleichungen von der Form (3), welche daher als *Prognosegleichungen* bezeichnet werden sollen:

(4) $\quad \hat{y}_i = \alpha_1 x_{i1} + \alpha_2 x_{i2} + ... + \alpha_{m-1} x_{im-1} + \alpha_0 \ (i = 1 ... n).$

Die Abweichung zwischen tatsächlichen Werten y_i und den aufgrund von (4) „prognostizierten" Werten wird als *Fehler* oder *Residue* („Prognoseirrtum") e_i bezeichnet und dementsprechend folgendermaßen definiert

(5) $\quad e_i := y_i - \hat{y}_i \quad (i = 1 ... n).$

In der Fehler- oder Residualvariable e mit den n Werten e_i können zwei verschiedene Komponenten eines Prognoseirrtums zusammengefaßt werden. Einmal können Abweichungen darauf zurückgeführt werden, daß neben den explizit als Regressoren berücksichtigten Variablen weitere Variablen auf Y einwirken, welche implizit bleiben (*error in equation*; vgl. 1.3.2). Zum anderen kann die Spezifikation einer Prognosegleichung für Y zwar insofern korrekt sein, als sie für die im Sinne der Theorie intendierten Werte von Y zutreffend ist, die Beobachtungswerte von Y jedoch mit Meßfehlern behaftet sind (*error in variable*). Im übrigen sind die e_i erst bekannt, wenn die Prognosewerte bekannt sind, was wiederum die Kenntnis der α-Koeffizienten voraussetzt.

Zwischen den e_i, y_i und $\hat{y}_i$ bestehen folgende Beziehungen

(6) $\quad y_i = \hat{y}_i + e_i$

(7) $\quad y_i = \alpha_1 x_{i1} + \alpha_2 x_{i2} + \ldots \alpha_{m-1} x_{im-1} + \alpha_0 + e_i$

Bezeichnet man mit e den n-dimensionalen Spaltenvektor, dessen Komponenten die Fehler oder Residuen für die n Einheiten sind, dann lassen sich Prognosegleichung (4), Definition des Residuenvektors und *Regressionsgleichung* (6) bzw. (7) kompakt schreiben als

(4a) $\quad \hat{y} = \sum_{j=1}^{m-1} \alpha_j x_j + a_0$

(5a) $\quad e = y - \hat{y} = y - \left(\sum_{j=1}^{m-1} \alpha_j x_j + a_0 \right)$

(6a) $\quad y = \hat{y} + e$

(7a) $\quad y = \sum_{j=1}^{m-1} \alpha_j x_j + a_0 + e$

Der n-dimensionale Vektor $a_0 = \alpha_0 \mathbf{1}$ stellt wiederum die additive Konstante dar.

1.2.3 Anwendungskontexte von Regressionsmodellen

Unabhängig von einer kausalen Interpretation der Prognose- oder Regressionsgleichungen (4) bzw. (6) und unabhängig davon, ob die m Variablen in der gegebenen Untersuchungsgesamtheit tatsächlich in einem linearen Zusammenhang stehen, kann man sich für eine *approximative Beschreibung einer Menge gegebener Daten durch lineare Funktionen* interessieren. Eine solche Beschreibung kann selbst dann zweckmäßig sein, wenn man für die Gültigkeit der Linearitätshypothese keine weiteren Gründe als die Daten selbst anführen kann, sofern nur die Approximation an die vorgegebene Situation „genügend gut" ist. Dies setzt voraus, daß man den Begriff „gute Approximation" präzisiert, also eine Funktion für den Fehler der Approximation („Fehlerfunktion") definiert, mit der deren Güte gemessen wird.

Bei einer solchen Verwendung der Regressionsanalyse wird *Datenreduktion* betrieben: Es wird versucht, eine Variable möglichst gut als Linearkombination der restlichen darzustellen. Das *Regressionsproblem* lautet: *Gegeben* sind Werte (y_i, $x_{i1}, x_{i2}, \ldots x_{im-1}$) für n Einheiten, die entweder beobachtet oder durch geeignete Transformation der beobachteten Werte gewonnen wurden. *Gesucht* sind Koeffizienten α_j ($j = 0, 1, 2, \ldots, m-1$), mit deren Hilfe aus den Werten der Variablen X_j ($j = 1, 2, \ldots, m-1$) unter Verwendung einer linearen Funktion (4) $\hat{y}_i$-Werte berechnet werden können, die die tatsächlichen y_i-Werte möglichst gut approximieren, d.h. eine vorgegebene Fehlerfunktion minimieren. (Falls eine Lösung gefunden wurde, hat man auch die n Abweichungen e_i der prognostizierten von den tatsächlichen Werten gefunden.)

Dieses einfachste Modell der Regressionsanalyse ist *deskriptiv*: es geht um eine möglichst gute Beschreibung einer gegebenen Menge von Daten durch lineare Funktionen. Im Unterschied dazu werden bei einer *strukturellen* Interpretation Hypothesen dahingehend formuliert, daß die Beziehungen zwischen den betrachteten Variablen (zumindest in der Untersuchungsgesamtheit) linear sind. Das Problem ist dann nicht, die Koeffizienten so zu bestimmen, daß die Beschreibung möglichst gut wird, sondern die unbekannten Parameter der linearen Strukturgleichungen zu schätzen.

Weiterhin ist das einfachste Modell der Regressionsanalyse *nicht statistisch*: Ziel ist eine Approximation der Werte in der gegebenen Untersuchungsgesamtheit. In die Lösung gehen keine statistischen Überlegungen darüber ein, wie die Beobachtungsresultate zustande gekommen sein können; insbesondere ist es irrelevant, ob die untersuchte Gesamtheit eine (Zufalls-)Stichprobe aus einer bestimmten Population ist. In *statistischen* Regressionsmodellen geht es hingegen darum, anhand der Daten einer Stichprobe die Koeffizienten bzw. (im Falle der Linearitätshypothese) die strukturellen Parameter der Population zu schätzen und Aussagen über die Güte der Schätzung zu formulieren, z.B. auch mit welchen Schätzfehlern zu rechnen ist (ausführlich → **Bd. VI: Sturm und Vajna, Zufallsstichproben 2.5.4** und **Buttler, Testverfahren 4.7**). Den Anwendungen der nicht-statistischen Versionen der Regressionsanalyse liegen keine Voraussetzungen über die Verteilungsform der Variablen zugrunde; derartige Annahmen sind erst in den statistischen Modellen erforderlich.

1.2.4 Schätzung der Regressionskoeffizienten im nicht-statistischen deskriptiven Regressionsmodell

Für das folgende sei die Datenmatrix gegeben, die nach Aussonderung einer Variablen Y als abhängige Variable geschrieben wird als $X = (y\ X_{(1\ldots m-1)})$.

Die Variablen von X seien wiederum metrisch. Die Werte aller erklärenden Variablen seien fehlerfrei gemessen. (Falls die erklärenden Variablen durch Transformationen aus anderen hervorgegangen sind, müssen die Werte der Ausgangsvariablen fehlerfrei gemessen sein.) Etwaige Meßfehler von Y hingegen können im Sinne von Abschnitt 1.2.2 als eine Komponente der Residualvariable berücksichtigt werdern. Allerdings ist dann die unten in 1.2.6 diskutierte Bedingung der Orthogonalität von Residuen mit den Regressoren zu beachten.

Zusätzlich sei vorausgesetzt, daß die erklärenden Variablen X_j ($j = 1 \ldots m - 1$) *linear unabhängig* sind. Dies bedeutet, daß zwischen ihnen *kein perfekter* linearer Zusammenhang besteht, der es erlauben würde, eine erklärende Variable als *perfekte* Linearkombination der restlichen darzustellen. Diese Forderung ist jedoch nicht so streng, daß *approximative* lineare Zusammenhänge im Sinne der Regressionsanalyse zwischen den X_j nicht zugelassen wären. Allerdings können derartige Zusammenhänge, die sog. *Multikollinearität* der erklärenden Variablen, zu Schätzproblemen führen. *Falls* jedoch einzelne (oder alle) erklärenden Variablen paarweise *unkorreliert* sind, sind diese auch *linear unabhängig*.

1.2.4.1 Kleinstquadrateschätzung im bivariaten Fall

Betrachten wir zunächst das Regressionsproblem für den Spezialfall von zwei Variablen. Gegeben sind n Paare (y_i, x_i) von Werten der abhängigen Variable Y und der erklärenden Variable X. Wären die Regressionskoeffizienten α, α_0 bekannt, so könnte man für die Y-Werte n *Prognosegleichungen* erstellen.

(8) $\quad \hat{y}_i = \alpha x_i + \alpha_0 \quad (i = 1 \ldots n)$.

Tatsächlich werden die — aufgrund des unterstellten linearen Zusammenhangs zwischen X und Y mit den Koeffizienten α und α_0 — prognostizierten von den tatsächlichen Y-Werten um jeweils einen Wert e_i abweichen,

(9) $\quad e_i := y_i - \hat{y}_i \quad (i = 1 \ldots n)$.

Unter Berücksichtigung der Definition von e_i wären also für y_i folgende lineare *Regressionsgleichungen* anzusetzen:

(10) $\quad y_i = \hat{y}_i + e_i \quad (i = 1 \ldots n)$

(11) $\quad y_i = \alpha x_i + \alpha_0 + e_i$.

Aus den Regressionsgleichungen folgt, daß für die *Mittelwerte* gilt

(12) $\quad \bar{y} = \bar{\hat{y}} + \bar{e}$

(13) $\quad \bar{y} = \alpha \bar{x} + \alpha_0 + \bar{e} \quad$ bzw.

(14) $\quad \bar{y} - \bar{\hat{y}} = \bar{e}$

(15) $\quad \bar{y} - \alpha \bar{x} = \alpha_0 + \bar{e}$.

Um die Güte der Approximation der y_i durch die $\hat{y}_i$ zu messen, gibt es verschiedene Möglichkeiten einer Berücksichtigung der Abweichungen e_i. Im allgemeinen nimmt man eine *quadratische Fehlerfunktion* $Q(e)$, durch welche der bei der Approximation insgesamt gemachte Fehler definiert ist als Summe aller quadrierten Abweichungen der tatsächlichen von den prognostizierten Werten

(16) $\quad Q(e) := \sum_{i=1}^{n} e_i^2 = \sum_{i=1}^{n} (y_i - \hat{y}_i)^2$.

Um auszudrücken, daß Q davon abhängig ist, welche Werte man für die unbekannten Koeffizienten α und α_0 in die Prognosegleichungen einsetzt, schreibt man für den quadratischen Fehler auch $Q(\alpha, \alpha_0)$.

Gesucht sind solche Werte für die unbekannten Koeffizienten, die die Summe der quadrierten Abweichungen der tatsächlichen von den (aufgrund der X-Werte unter Verwendung einer linearen Prognosegleichung) prognostizierten Y-Werten insgesamt minimieren. Um festzustellen, welche α- bzw. α_0-Werte die quadratische Fehlerfunktion Q minimieren, sind deren *partielle Ableitungen* nach α und α_0 zu bilden und gleich Null zu setzen; es stellt sich heraus, daß man tatsächlich ein *Minimum* und kein Maximum oder einen Sattelpunkt von Q erhält.

Die Berechnung ergibt:

(17) $$Q(\alpha, \alpha_0) = \sum_{i=1}^{n} (y_i - \hat{y}_i)^2 = \sum_{i=1}^{n} (y_i - \alpha x_i - \alpha_0)^2$$

$$= \sum_{i=n}^{n} (y_i^2 - 2\alpha x_i y_i - 2\alpha_0 y_i + 2\alpha_0 \alpha x_i + \alpha^2 x_i^2 + \alpha_0^2)$$

(18.1) $$\frac{\partial Q}{\partial \alpha} = -2 \sum_{i=1}^{n} x_i y_i + 2\alpha \sum_{i=1}^{n} x_i^2 + 2\alpha_0 \sum_{i=1}^{n} x_i$$

(18.2) $$\frac{\partial Q}{\partial \alpha_0} = -2 \sum_{i=1}^{n} y_i + 2\alpha \sum_{i=1}^{n} x_i + 2 \sum_{i=1}^{n} \alpha_0$$

Setzt man $\frac{\partial Q}{\partial \alpha} = \frac{\partial Q}{\partial \alpha_0} = 0$, so erhält man die beiden sog. *Normalgleichungen*

(19.1) $0 = -\Sigma x_i y_i + \alpha \Sigma x_i^2 + \alpha_0 \Sigma x_i$

(19.2) $0 = -\Sigma y_i + \alpha \Sigma x_i + \alpha_0 \cdot n$ bzw.

(20.1) $\Sigma x_i y_i = \alpha \Sigma x_i^2 + \alpha_0 \Sigma x_i$

(20.2) $\Sigma y_i = \alpha \Sigma x_i + n \alpha_0$

und nach Division durch n

(21.1) $$\frac{1}{n} \sum_{i=1}^{n} x_i y_i = \alpha \frac{1}{n} \sum_{i=1}^{n} x_i^2 + \alpha_0 \frac{1}{n} \sum_{i=1}^{n} x_i$$

(21.2) $$\frac{1}{n} \sum_{i=1}^{n} y_i = \alpha \frac{1}{n} \sum_{i=1}^{n} x_i + \alpha_0.$$

Die zweite Normalgleichung ergibt also unter Berücksichtigung von $\frac{1}{n} \Sigma y_i = \bar{y}$ und $\frac{1}{n} \Sigma x_i = \bar{x}$ die *Kleinstquadrateschätzung für* α_0:

(22) $\alpha_0 = \bar{y} - \alpha \bar{x}.$

Durch Einsetzen von (22) erhält man aus der ersten Normalgleichung (21.1):

$$\frac{1}{n} \Sigma x_i y_i = \alpha \frac{1}{n} \Sigma x_i^2 + (\bar{y} - \alpha \bar{x}) \bar{x}$$

$$\frac{1}{n} \Sigma x_i y_i - \overline{xy} = \alpha \left[\frac{1}{n} \Sigma x_i^2 - \bar{x}^2 \right]$$

und hieraus wiederum unter Berücksichtigung von

$$\frac{1}{n} \Sigma x_i y_i - \overline{xy} = m(XY) \text{ und } \frac{1}{n} \Sigma x_i^2 - \overline{x}^2 = m(X^2)$$

schließlich

(23) $\quad m(XY) = \alpha\, m(X^2)$.

Hieraus folgt unter Voraussetzung $m(X^2) \neq 0$ die *Kleinstquadrateschätzung für* α als

(24) $\quad \alpha = \dfrac{m(XY)}{m(X^2)}$.

Durch die Bedingung der Minimierung des quadratischen Fehlers erhält man also aus der ursprünglichen Regressionsgleichung mit zwei Unbekannten α und α_0 genau zwei Schätzgleichungen in Form der Normalgleichungen, aus denen i.a. die Unbekannten eindeutig berechnet werden können. Sind die Werte der Koeffizienten bekannt, sind gemäß (8) auch die prognostizierten Werte für Y berechenbar und damit auch gemäß (9) *Kleinstquadrateschätzungen für* e bestimmbar. Weiterhin ist aus (22) in Verbindung mit (15) ersichtlich, daß der Mittelwert $\overline{e}$ der Residuen gleich Null ist. Aus diesem Grund ist dann wiederum der Mittelwert der prognostizierten Y-Werte gleich dem Mittelwert der tatsächlichen Y-Werte und das Mittelwertepaar $(\overline{x}, \overline{y})$ erfüllt Prognose- und Regressionsgleichung:

(25) $\quad \overline{e} = 0$

(26) $\quad \overline{y} = \overline{\hat{y}}$

(27) $\quad \overline{\hat{y}} = \alpha\overline{x} + \alpha_0 = \overline{y}$.

Setzt man die Kleinstquadrateschätzung für α_0 in die Regressionsgleichung (11) ein, so erhält man

$$y_i = \alpha x_i + (\overline{y} - \alpha \overline{x}) + e_i \quad \text{also}$$

(28) $\quad y_i - \overline{y} = \alpha(x_i - \overline{x}) + e_i \quad \text{bzw.}$

$$y_i - \overline{y} = \alpha(x_i - \overline{x}) + (e_i - \overline{e}) \text{ wegen } \overline{e} = 0.$$

Wenn also für die ursprünglichen Werte von X und Y eine affine Regressionsfunktion (mit $\alpha_0 \neq 0$) gilt, dann besteht zwischen den zentrierten Werten $y_i^* = y_i - \overline{y}$, $x_i^* = x_i - \overline{x}, e_i^* = e_i - \overline{e}$ eine Regressionsfunktion die linear (im strengen Sinne ist:

$$y_i^* = \alpha x_i^* + e_i^*.$$

Für die Prognosefunktion gilt Entsprechendes. Denn aus (8) folgt mit (22):

$$\hat{y}_i = \alpha x_i + \overline{y} - \alpha \overline{x}$$

$$\hat{y}_i - \overline{y} = \alpha (x_i - \overline{x})$$

(29) $\quad \hat{y}_i - \overline{\hat{y}} = \alpha (x_i - \overline{x}) \qquad$ wegen $\overline{\hat{y}} = \overline{y}$.

Andererseits gilt, daß die Kleinstquadrateschätzung für α sich bei einer Zentrierung beider Variablen X und Y nicht ändert.

Denn aus den Regressionsgleichungen

$$y_i^* = \alpha^* x_i^* + \alpha_0^* + e_i^* \qquad \text{für die zentrierten Werte } x_i^*, y_i^* \text{ und } e_i^* \text{ erhält}$$

man über die Minimierungsbedingung

$$Q(\alpha^*, \alpha_0^*) = \sum_{i=n}^{n} e_i^{*2} = \min!$$

die beiden Normalgleichungen

$$0 = -\Sigma x_i^* y_i^* + \alpha^* \Sigma x_i^{*2} + \alpha_0^* \Sigma x_i^*$$

$$0 = -\Sigma y_i^* + \alpha^* \Sigma x_i^* + \alpha_0^* \cdot n$$

und daraus wiederum nach Division durch n

$$0 = -m(XY) + \alpha^* \cdot m(X^2) + \alpha_0^* \cdot 0$$

$$0 = 0 + \alpha^* 0 + \alpha_0^* n,$$

also $\alpha_0^* = 0$ und $\quad \alpha^* = \dfrac{\frac{1}{n}\Sigma y_i^* x_i^*}{\frac{1}{n}\Sigma x_i^{*2}} = \dfrac{m(XY)}{m(X^2)}$, sofern $m(X^2) \neq 0$.

Durch vorheriges Zentrieren der Variablen ist also die Konstante aus Regressions- und Prognosegleichung eliminierbar. Am Ende der Berechnung kann man sie dann aufgrund des Resultats

(22) $\quad \alpha_0 = \overline{y} - \alpha\overline{x} \quad$ zurückgewinnen. Der andere Regressionskoeffizient bleibt davon unberührt.

Sind die Variablen jedoch nicht zentriert und setzt man in der Regressionsgleichung mit $y_i = \alpha x_i + e_i$ keine Konstante an, dann erzeugt man aufgrund der Mittelwertbeziehungen (15) für die Residue: $\overline{e} = \overline{y} - \alpha \overline{x}$.

In der Regressionsanalyse wird daher im allgemeinen entweder mit zentrierten Variablen gearbeitet, so daß die Konstante im Ansatz vernachlässigt werden kann, oder es wird im Falle nicht-zentrierter Variablen eine Konstante explizit berücksichtigt.

Aus der ohne Einschränkung für eine vorherige Zentrierung geltenden Gleichung (28) folgt für die Kovarianzen

$$m(XY) = \alpha\, m(X^2) + m(Xe),$$

also nach Einsetzen der Kleinstquadrateschätzung (24) für α:

$$m(XY) = \frac{m(XY)}{m(X^2)} \cdot m(X^2) + m(Xe), \text{ also schließlich } m(X, e) = 0.$$

Andererseits ergibt die ebenfalls ohne weitere Einschränkung geltende Gleichung (29) für die Kovarianzen

$$m(\hat{Y}e) = \alpha\, m(Xe) = 0.$$

Die mit Hilfe der Methode der kleinsten Quadrate geschätzten Regressionskoeffizienten sind also so beschaffen, daß die Fehlervariable in der Untersuchungsgesamtheit

a) mit der erklärenden (sowie der prognostizierten abhängigen) Variable unkorreliert,
b) im Durchschnitt gleich Null und
c) von minimaler Varianz ist; denn mit $Q(e)$ wird auch $\frac{1}{n} Q(e) = \text{Var}(e)$ minimiert.

1.2.4.2 Verallgemeinerung der Kleinstquadrateschätzung für $m-1$ Regressoren (multiple Regression)

Die folgende Darstellung der multiplen Regression erfolgt in drei Schritten:
(1) mit zentrierten Variablen ohne Anpassung einer Konstanten,
(2) mit nicht-zentrierten Variablen unter zusätzlicher Anpassung einer Konstanten,
(3) mit standardisierten Variablen.

1. Betrachten wir statt einer nun $m-1$ erklärende Variablen X_j für Y. Dabei wird zunächst davon ausgegangen, daß *alle Variablen zentriert* sind. Zusätzlich soll vorerst unterstellt werden, daß auch im Fall der multiplen Regression bei Zentrierung die Konstante α_0 vernachlässigt werden darf. (Die Rechtfertigung hierfür wird nachgeholt, wenn mit nicht-zentrierten Variablen gearbeitet wird).

Prognosegleichungen, Regressionsgleichungen und Definition des Fehlerterms lauten im allgemeinen Fall

(30) $\quad \hat{y}_i = \alpha_1 x_{i1} + \alpha_2 x_{i2} + \ldots + \alpha_{m-1} x_{im-1}$

(31) $\quad y_i = \alpha_1 x_{i1} + \alpha_2 x_{i2} + \ldots + \alpha_{m-1} x_{im-1} + e_i$

(32) $\quad e_i := y_i - \hat{y}_i.$

In Vektorschreibweise:

(30a) $\hat{y} = \alpha_1 x_1 + \alpha_2 x_2 + \ldots + \alpha_{m-1} x_{m-1} = \sum_{j=1}^{m-1} \alpha_j x_j$

(31a) $y = \alpha_1 x_1 + \alpha_2 x_2 + \ldots + \alpha_{m-1} x_{m-1} + e = \sum_{j=1}^{m-1} \alpha_j x_j + e$

(32a) $e = y - \hat{y}$.

Im übrigen gilt wegen der Zentrierung von Y und aller X_j: $\overline{e} = 0$.

Bedenkt man, daß $X_{(1\ldots m-1)} = (x_1, x_2 \ldots x_{m-1})$, so kann man mit dem Koeffizientenvektor

$$a = \begin{pmatrix} \alpha_1 \\ \alpha_2 \\ \vdots \\ \alpha_{m-1} \end{pmatrix}$$

die Prognose- und Regressionsgleichungen auch schreiben als

(30b) $\hat{y} = (x_1, x_2, \ldots x_{m-1}) \, a = X a$

(31b) $y = (x_1, x_2, \ldots x_{m-1}) \, a + e = X a + e$.

(Solange Mißverständnisse nicht zu befürchten sind, wird statt „$X_{(1\ldots m-1)}$" zur Bezeichnung des Teils der Datenmatrix, der lediglich die $m-1$ erklärenden Variablen betrifft, ebenfalls das Symbol „X" verwandt). In der Gleichung (31b) sind y und X gegeben; unbekannt sind a und e. Gesucht ist insbesondere der Vektor der Koeffizienten a.

In Verallgemeinerung des bivariaten Falles kann man sagen, daß eine Lösung des Problems der deskriptiven nicht-statistischen multiplen Regression dann gefunden wurde, wenn unter den möglichen Werten für die Regressionskoeffizienten α_j solche identifiziert werden können, die die Summe der Fehlerquadrate über alle n Beobachtungen bzw. die Varianz des Fehler- bzw. Residuenvektors e („Fehlervarianz") in der Untersuchungsgesamtheit minimieren:

$$Q(e) = \Sigma e_i^2 = e'e = \min! \quad \text{bzw.}$$

$$\frac{1}{n} Q(e) = \text{Var}(e) = \min!.$$

Da die Residuen bzw. der Residuenvektor definiert sind als

$$e_i = y_i - \sum_{j=1}^{m-1} \alpha_j x_{ij} \quad \text{bzw.}$$

(32b) $\quad e = y - Xa$,

lautet die zu minimierende Funktion

$$Q(e) = Q(\alpha_1, \ldots \alpha_{m-1}) = e'e = (y - Xa)'(y - Xa).$$

Notwendige Bedingung dafür, daß $Q(e)$ ein Minimum annimmt, ist das Verschwinden sämtlicher partieller Ableitungen von $Q(e)$ nach den α_j.

In Matrixschreibweise ergibt die Ausrechnung von $Q(e)$

(33) $\quad e'e = y'y - y'Xa - a'X'y + a'X'Xa$
$\quad\quad\quad = y'y - 2\, y'Xa + a'X'Xa$

Bildet man die $m-1$ partiellen Ableitungen $\dfrac{\partial Q}{\partial \alpha_j}$, so erhält man $m-1$ Gleichungen, die sich in Matrixform schreiben lassen:

(34) $\quad \dfrac{\partial}{\partial a} Q = -2X'y + 2X'Xa$

Durch Nullsetzen ergibt sich

$$0 = -2X'y + 2X'Xa$$

Hieraus erhält man die *Normalgleichungen*

(35) $\quad X'Xa - X'y = 0 \quad \text{bzw.}$

(36) $\quad X'Xa = X'y$

Dies ist die Verallgemeinerung von (19.1) und (20.1).

Der Vektor a der gesuchten Regressionskoeffizienten, der die quadratische Fehlerfunktion $Q(e)$ minimiert, ist also eine Lösung der Normalgleichungen.

Dividiert man alle Eingänge von $X'X$ bzw. $X'y$ durch n, so erhält man mit $\dfrac{1}{n} X'X$ die Matrix der Kovarianzen der erklärenden Variablen untereinander (auf deren Diagonale die Varianzen stehen) und mit $\dfrac{1}{n} X'y$ den Vektor der Kovarianzen der abhängigen Variablen Y mit den erklärenden Variablen. Den *Normalgleichungen* entspricht dann folgendes System von *Kovarianzgleichungen*

(37) $\quad \dfrac{1}{n} X'Xa = \dfrac{1}{n} X'y,$

einzeln geschrieben als

(37a) $\alpha_1 s_1^2 + \alpha_2 m_{12} + \ldots \alpha_{m-1} m_{1m-1} = m_{1y}$

$\vdots$

$\alpha_1 m_{k1} + \alpha_2 m_{k2} + \alpha_k s_k^2 + \ldots \alpha_{m-1} m_{km-1} = m_{ky}$

$\vdots$

$\alpha_1 m_{m-1,1} + \ldots \qquad \alpha_{m-1} s_{m-1}^2 = m_{m-1\,y}$

mit m_{kj} als Kovarianz von X_k mit X_j und s_k^2 als Varianz von X_k.

Kann man voraussetzen, daß $X'X$ (bzw. die Kovarianzmatrix $\frac{1}{n} X'X$) invertierbar ist, d.h. daß deren Kehrmatrix $(X'X)^{-1}$ bzw. $(\frac{1}{n} X'X)^{-1}$ existiert, erhält man aus den Normalgleichungen als eindeutige Lösung für a

(38) $\quad a = (X'X)^{-1} X'y = (\frac{1}{n} X'X)^{-1} (\frac{1}{n} X'y)$.

Der durch $(X'X)^{-1} X'y$ definierte Vektor ist die *Kleinstquadrateschätzung* des Koeffizientenvektors *a*. Er ist die Verallgemeinerung des Schätzers des bivariaten Falls $\alpha = (\Sigma x_i^2)^{-1} (\Sigma x_i y_i)$ für die multiple Regressionsanalyse. Die Kleinstquadrateschätzer sind *lineare Funktionen* der Beobachtungswerte y_i, wobei im bivariaten Fall die Gewichte $\frac{x_i}{\Sigma x_i^2}$ verwandt werden, denn $\alpha = \sum_{i=1}^{n} \left(\frac{x_i}{\Sigma x_i^2} \; y_i \right)$

Die Forderung nach der Invertierbarkeit der Kovarianzmatrix ist die Verallgemeinerung der Forderung, daß die Varianz der erklärenden Variable ungleich Null ist. Voraussetzung für die Existenz von $(X'X)^{-1}$ ist nicht nur, daß die Varianzen sämtlicher erklärenden Variablen nicht verschwinden, sondern auch, daß die erklärenden Variablen linear unabhängig sind.

Daß die Invertierbarkeit gegeben ist, heißt daß für die $m-1$ Gleichungen (37a) mit bekannten empirischen Kovarianzen und Varianzen und $m-1$ unbekannten α-Koeffizienten eine *eindeutige Lösung*, für die α existiert. Mit (37a) stehen also zur Identifikation der Werte der $m-1$ Regressionskoeffizienten genau $m-1$ linear *unabhängige Schätzgleichungen* zur Verfügung.

Nach Berechnung der α-Koeffizienten gewinnt man über (30b) den Vektor der prognostizierten Y-Werte und erhält vermittels (32) die Kleinstquadrateschätzung für *e*. Gleichzeitig ist bekannt, daß es keine bessere Approximation der Beobachtungsdaten von Y durch eine lineare Funktion der X_j gibt: für jede lineare Funktion der X_j mit von *a* verschiedenen Koeffizienten ist die Summe der Abweichungsquadrate (die Varianz der Residue) größer.

2. Im folgenden seien nun die Variablen Y und die X_j *nicht mehr* als *zentriert* angenommen. *Unter zusätzlicher Berücksichtigung einer Konstanten* α_0 lauten dann die Prognose- und Regressionsgleichung in Vektorschreibweise

(39) $\hat{y} = \sum_{j=1}^{m-1} \alpha_j x_j + a_0$

(40) $y = \sum_{j=1}^{m-1} \alpha_j x_j + a_0 + e.$

Mit a_0 als n-dimensionalem Vektor, dessen Eingänge alle gleich α_0 sind.

Wir erweitern nun die Matrix $X_{(1...m-1)}$ der Beobachtungswerte der Regressoren um einen Vektor **1**, dessen Eingänge alle gleich 1 sind, und der die konstante Wertefolge einer fiktiven Variable X_0 darstellt.

$$X^* := (x_1, x_2, ... x_{m-1}, x_0) = (X_{(1...m-1)}\ \mathbf{1})$$

Desweiteren ergänzen wir den $m - 1$-dimensionalen Spaltenvektor a zu a^*, indem wir als m-te Komponente α_0 hinzufügen

$$a^{*\prime} := (\alpha_1, \alpha_2, ... \alpha_{m-1}, \alpha_0).$$

Somit läßt sich (40) auch schreiben als

(41) $y = \sum_{j=0}^{m-1} \alpha_j x_j + e$ bzw.

(41a) $y = X^* a^* + e$ und dementsprechend

(39a) $\hat{y} = X^* a^*.$

Für den Residuenvektor gilt dann

$$e = y - X^* a^*$$

und die zu minimierende Fehlerfunktion lautet

$$Q(a^*) = e'e = (y - X^*a^*)'(y - X^*a^*).$$

Bildet man die m partiellen Ableitungen von Q nach den m Koeffizienten $\alpha_1, ... \alpha_{m-1}, \alpha_0$ und setzt diese gleich Null, so erhält man

$$0 = -2X^{*\prime}y + 2 X^{*\prime}X^* a^*$$

und nach Vereinfachung und Umordnung das System der *Normalgleichungen*

(42) $X^{*\prime}X^* a^* = X^{*\prime}y$ bzw. nach Division durch n

(43) $\dfrac{1}{n} X^{*\prime}X^* a^* = \dfrac{1}{n} X^{*\prime}y.$

Dies ist die Verallgemeinerung der Normalgleichugnen (36) bzw. (37) für den Fall nicht-zentrierter Variablen unter Berücksichtigung einer anzupassenden Konstanten α_0. Aus diesen Gleichungen lassen sich unter Voraussetzung der Existenz von $(X^{*\prime}X^*)^{-1}$ die Koeffizienten eindeutig bestimmen.

Die Parallelität zum Fall mit zentrierten Variablen läßt sich deutlich machen, wenn man bedenkt, daß $X^{*'}y$ bzw. $X^{*'}X^*$ in folgender Weise gebildet sind:

$$X^{*'}y = \begin{pmatrix} X'y \\ \hline 1'y \end{pmatrix} \qquad X^{*'}X^* = \begin{pmatrix} X'X & | & X'1 \\ \hline 1'X & | & 1'1 \end{pmatrix}$$

Unter Berücksichtigung von

$$1'y = \Sigma y_i \qquad\qquad 1'X = (\Sigma x_{i1}, \Sigma x_{i2}, ..., \Sigma x_{im-1})$$
$$X'1 = (1'X)' \qquad\qquad 1'1 = n$$

lassen sich Matrix und der Vektor nach Division durch n auch schreiben als

$$\frac{1}{n} X^{*'}y = \begin{pmatrix} \frac{1}{n} X'y \\ \hline \bar{y} \end{pmatrix} \qquad \frac{1}{n} X^{*'}X^* = \begin{pmatrix} & & & | & \bar{x}_1 \\ & \frac{1}{n} X'X & & | & \bar{x}_2 \\ & & & | & \bar{x}_{m-1} \\ \hline \bar{x}_1 \; \bar{x}_2 & \bar{x}_{m-1} & & | & 1 \end{pmatrix}$$

Hebt man die ersten $m-1$ Gleichungen des Systems (42) der Normalgleichungen hervor, so erhält man

$$X'X a + X'1 \alpha_0 = X'y$$

bzw. $\quad \dfrac{1}{n} X'X a + \alpha_0 \begin{pmatrix} \bar{x}_1 \\ \vdots \\ \bar{x}_{m-1} \end{pmatrix} = \dfrac{1}{n} X'y.$

Dies entspricht (37) und ist die Verallgemeinerung von (21.1).

Entsprechend lautet die letzte Gleichung des Systems der Normalgleichungen (42) bzw. (43):

$$1'X a + 1'1 \alpha_0 = 1'y$$

bzw. $\quad \dfrac{1}{n} 1'y = \dfrac{1}{n} 1'X a + \dfrac{1}{n} 1'1 \alpha_0$

also: $\quad \bar{y} = (\bar{x}_1, \bar{x}_2, ... \bar{x}_{m-1}) \begin{pmatrix} \alpha_1 \\ \vdots \\ \alpha_{m-1} \end{pmatrix} + \alpha_0.$

Dies ist die Verallgemeinerung von (20.2) und (21.2) und liefert als Verallgemeinerung von (22) für α_0

(44) $\quad \alpha_0 = \bar{y} - \sum_{j=1}^{m-1} \alpha_j \bar{x}_j.$

Betrachtet man schließlich die k-te Gleichung ($k \leq m - 1$) des Systems (42) der Normalgleichungen, so lautet diese

$$x'_k X a + x'_k 1 \alpha_0 = x'_k y$$

bzw. nach Division durch n und Einsetzen von α_0

$$\frac{1}{n} a X' x_k + (\bar{y} - \sum_{j=1}^{m-1} \alpha_j \bar{x}_j) \bar{x}_k = \frac{1}{n} \sum_{i=n}^{n} x_{ik} y_i.$$

Daraus ergibt sich schließlich

$$\sum_{j=1}^{m-1} \alpha_j \, m(x_k x_j) = m(x_k y),$$

also die k-te Gleichung des Systems (37a) von Kovarianzgleichungen.

Dieses für die k-te Gleichung gezeigte Resultat gilt allgemein. Das System der Normalgleichungen für unzentrierte Variable bei Anpassung einer Konstanten führt auf die gleichen Kovarianzgleichungen als Schätzgleichungen für die Koeffizienten α_j wie das System der Normalgleichungen für zentrierte Variablen. Damit ist die im ersten Teil dieses Abschnittes gemachte vorläufige Unterstellung, daß auch im Fall der multiplen Regressionsanalyse bei Zentrierung die Konstante α_0 vernachlässigt werden darf, gerechtfertigt. Aus diesem Grunde wird i.d.R. unterstellt werden, daß sämtliche Variablen vor der Analyse zentriert wurden. Wie gezeigt, werden die α_j ($j = 1 \ldots m - 1$) davon nicht berührt. Benötigt man für die ursprünglichen nicht-zentrierten Variablen die Konstante α_0, so berechnet man sie nach der Vorschrift (44).

3. Für die *multiple Regression mit standardisierten Variablen* wird angenommen, daß Z_y, Z_j ($j = 1 \ldots m - 1$) und Z_e durch Standardisierung aus den Variablen Y, X_j und e gewonnen wurden. Für deren Werte gilt also

$$z_{iy} = \frac{1}{s_y} (y_i - \bar{y})$$

$$z_{ij} = \frac{1}{s_j} (x_{ij} - \bar{x}_j)$$

$$z_{ie} = \frac{1}{s_e} (e_i - \bar{e})$$

mit s_y, s_j und s_e als den betreffenden Standardabweichungen.

Die Gleichung einer multiplen Regression der Variablen Z_y auf die erklärenden Variablen Z_j und die Residualvariable Z_e würde lauten

(45) $\quad z_{iy} = \beta_1 z_{i1} + \beta_2 z_{i2} + ... + \beta_{m-1} z_{im-1} + \beta_e z_{ie}$

(45a) $\quad z_y = \sum\limits_{j=1}^{m-1} \beta_j z_j + \beta_e z_e$

(45b) $\quad z_y = Z_{(1...m-1)} b + \beta_e z_e$.

Da sämtliche Variablen zentriert sind, muß eine Konstante nicht angesetzt werden.

Die β-Koeffizienten heißen *partielle standardisierte Regressionskoeffizienten*; „partiell" deshalb, weil sie analog zu den α-Koeffizienten mathematisch als partielle Ableitungen von Z_y nach den Z_j „bei Kontanz der restlichen Variablen Z_k" interpretiert werden können.

Die β_j-Koeffizienten ($j = 1 ... m-1$) werden in (45b) zu dem Koeffizientenvektor b zusammengefaßt.

Im Unterschied zum unstandardisierten Fall, wo der α-Koeffizient für die Residue gleich 1 gesetzt werden konnte, muß im standardisierten Fall auch für die Residue ein „Regressionskoeffizient" β_e vorgesehen werden.

Es stellt sich heraus (vgl. 1.2.5.3), daß das Quadrat dieses Koeffizienten gerade gleich dem Verhältnis der Varianz der beiden Variablen e und Y ist:

(46) $\quad \beta_e^2 = \dfrac{\text{Var}(e)}{\text{Var}(Y)}$.

$Z_{(1...m-1)}$ ist entsprechend eine Matrix, die aus der Beobachtungswertematrix $X_{(1...m-1)}$ der $m-1$ erklärenden Variablen durch Standardisierung entstanden ist.

Die Prognosegleichungen lauten: $\hat{z}_y = \sum \beta_j z_j = Z_{(1...m-1)} b$
und die Residuen $\beta_e z_e = z_y - \hat{z}_y$.

Die Kleinstquadrateschätzung für die β_j erhält man aus der Minimierung der Fehlerfunktion

$$Q(\beta_e z_e) = (\beta_e z_e)'(\beta_e z_e) = \beta_e^2 (z_e' z_e) = \beta_e^2 = \dfrac{s_e^2}{s_y^2}.$$

Da die Varianz s_y^2 von Y gegeben ist, ist diese Minimierungsbedingung äquivalent zur Bedingung der Minimierung der Fehlervarianz s_e^2 für die ursprüngliche Fehlervariable e.

Als Resultat erhält man die Normalgleichungen

(47) $\quad Z' z_y = Z'Z\, b \qquad$ bzw.

(48) $\quad r_y = R\, b$,

wobei $R = Z'Z$ die Matrix der Korrelationen der erklärenden Variablen untereinander und r_y der Vektor der Korrelationen der abhängigen Variablen mit den $m - 1$ erklärenden Variablen ist.

Sind die ursprünglichen Variablen X_j linear unabhängig, existiert zu R die inverse Matrix R^{-1} und b ergibt sich als

(49) $b = R^{-1} r_y$.

Das System der Normalgleichungen (48) liefert also auch in diesem Fall unter der Voraussetzung der Invertierbarkeit von R gerade soviele linear unabhängige Schätzgleichungen mit bekannten Korrelationen wie unbekannte Koeffizienten, so daß letztere eindeutig identifizierbar sind.

Dabei lautet die k-te Schätzgleichung unter Verwendung der Kovarianzen

(50.1) $m(Z_k, Z_y) = \beta_1 m(Z_k, Z_1) + \ldots \beta_k m(Z_k, Z_k) + \ldots \beta_{m-1}(Z_k, Z_{m-1})$

(50.2) $m(Z_k, Z_y) = \sum_{j=1}^{m-1} \beta_j \cdot m(Z_k, Z_j)$

bzw. unter Verwendung der Korrelationen

(51.1) $r_{yk} = \beta_1 r_{k1} + \ldots + \beta_k + \ldots + \beta_{m-1} r_{km-1}$

(51.2) $r_{yk} = \sum_{j=1}^{m-1} \beta_j \cdot r_{kj}$ (es gilt dabei $r_{kk} = 1$).

Andererseits erhält man im Falle nicht-standardisierter Variablen aus den Kovarianzgleichungen (37a) durch entsprechende Modifikationen mit Standardabweichungen ein neues Gleichungssystem, dessen k-te Gleichung lautet:

(52.1) $\alpha_1 \dfrac{s_1}{s_y} \cdot \dfrac{m_{k1}}{s_k s_1} + \alpha_2 \dfrac{s_2}{s_y} \dfrac{m_{k2}}{s_k s_2} + \ldots \alpha_k \dfrac{s_k}{s_y} + \ldots$

$\alpha_{m-1} \dfrac{s_{m-1}}{s_y} \dfrac{m_{km-1}}{s_k s_{m-1}} = \dfrac{m_{ky}}{s_k s_y}$ bzw.

(52.2) $\alpha_1^* r_{k1} + \alpha_2^* r_{k2} + \ldots \alpha_k^* + \ldots \alpha_{m-1}^* r_{km-1} = r_{yk}$

(53) $\sum_{j=1}^{m-1} \alpha_j^* r_{kj} = r_{yk}$ mit (54) $\alpha_j^* := \alpha_j \dfrac{s_j}{s_y}$.

Wie der Vergleich von (51.1) mit (52.2) zeigt, sind die Regressionskoeffizienten β_j für standardisierte Variable gleich den Koeffizienten α_j^*, die man aus den Regressionskoeffizienten α_j durch Standardisierung erhält.

1.2.5 Konsequenzen der Kleinstquadrateschätzung

1.2.5.1 Orthogonalitätsbeziehungen und quadratische Zerlegungen

Aus der Regressionsgleichung (31b) folgt $X'y = X'Xa + X'e$.

Andererseits führt die Kleinstquadrateschätzung gerade auf die Normalgleichungen $X'y = X'Xa$. Also wird durch sie $X'e = \mathbf{0}$ gesetzt, d.h. die Vektoren aller $m-1$ erklärenden Variablen sind mit dem Residuenvektor in der Untersuchungsgesamtheit unkorreliert.

Hieraus folgt wiederum, daß auch der *Vektor $\hat{y}$ der prognostizierten Werte* der abhängigen Variable als Linearkombination der erklärenden Variable *mit e unkorreliert* ist. Denn mit $Xa = \hat{y}$ gilt: $\hat{y}'e = a'X'e = a'\mathbf{0} = 0$.

Schließlich gilt folgende quadratische Zerlegung

(55) $\quad y'y = \hat{y}'\hat{y} + e'e$

Die Summe der quadrierten beobachteten Y-Werte läßt sich zerlegen in die Summe der quadrierten prognostizierten Y-Werte und die Summe der Fehlerquadrate. Denn aus $e'e = (y - Xa)'(y - Xa) = y'y - 2y'Xa + a'X'Xa$ ergibt sich unter Berücksichtigung, daß aus den Normalgleichungen folgt:

$$a'X'Xa = y'Xa$$

und der Tatsache, daß $a'X'Xa = \hat{y}'\hat{y}$, schließlich:

$$e'e = y'y - a'X'Xa$$
$$e'e = y'y - \hat{y}'\hat{y}.$$

Diese Resultate gelten ohne weitere Einschränkung bezüglich der Anpassung einer Regressionskonstanten (und a fortiori für zentrierte Variablen).

Paßt man eine Konstante α_0 an, so erhält man weitere Konsequenzen. Da die Kleinstquadrateschätzung nun in der Untersuchungsgesamtheit $X^{*'}e = \mathbf{0}$ setzt, gilt insbesondere auch $\mathbf{1}'e = 0$. Der fiktive Vektor $x_0 = \mathbf{1}$, ist mit e ebenfalls unkorreliert, d.h. der *mittlere Fehler* ist in der Untersuchungsgesamtheit *gleich Null: e ist zentriert*.

Weiterhin folgt aus der Prognosegleichung $\hat{y} = X^*a$

$$\mathbf{1}'\hat{y} = \mathbf{1}'X^*a = \mathbf{1}'(y-e) = \mathbf{1}'y - \mathbf{1}'e = \mathbf{1}'y.$$

Also sind in der Untersuchungsgesamtheit der Mittelwert der beobachteten Y-Werte und der Mittelwert der prognostizierten Y-Werte gleich: $\overline{\hat{y}} = \overline{y}$.

Aus diesem Grunde läßt sich die quadratische Zerlegung (55) auch schreiben

$$y'y - n\overline{y}^2 = \hat{y}'\hat{y} - n\overline{y}^2 + e'e - n\overline{e}^2$$

$$\frac{1}{n}y'y - \overline{y}^2 = \frac{1}{n}\hat{y}'\hat{y} - \overline{\hat{y}}^2 + \frac{1}{n}e'e - \overline{e}^2$$

(56) $\text{Var}(Y) = \text{Var}(\hat{Y}) + \text{Var}(e)$.

In der Untersuchungsgesamtheit läßt sich die *Varianz von* Y darstellen als *Summe der Varianzen von* $\hat{Y}$ *und* e.

Die Varianz $\text{Var}(\hat{Y})$ des Vektors der prognostizierten Y-Werte nennt man auch die durch einen linearen Zusammenhang mit den erklärenden Variablen „erklärte" Varianz von Y (engl.: variance „accounted for"). Durch die Regressionsanalyse läßt sich die *gesamte Varianz von* Y *zerlegen in eine „erklärte" Varianz und in eine Rest- oder Fehlervarianz*. Dabei sind die Regressionskoeffizienten gerade so beschaffen, daß bei gegebener Varianz von Y die Residualvarianz ein Minimum, die „erklärte" Varianz also ein Maximum wird.

Eine andere Darstellung des gleichen Sachverhalts verwendet statt der Varianzen Summen von Abweichungsquadraten.

$$n\,\text{Var}(Y) = n\,\text{Var}(\hat{Y}) + n\,\text{Var}(e)$$

(57) $\sum_{i=1}^{n}(y_i - \bar{y})^2 = \sum_{i=1}^{n}(\hat{y}_i - \bar{\hat{y}})^2 + \sum_{i=1}^{n} e_i^2$.

Die totale Summe der Abweichungsquadrate („Quadratsumme") aller beobachteten Y-Werte läßt sich zerlegen in eine Summe von Abweichungsquadraten von prognostizierten Y-Werten und die Summe der Fehlerquadrate. Da die Prognose unter Verwendung einer linearen Regressionsbeziehung aufgrund der bekannten Werte der erklärenden Variablen erfolgt, sagt man auch, daß die totale Quadratsumme (engl.: total sum of squares) sich zerlegen läßt in eine Quadratsumme als Ausdruck des in Form einer Regressionsbeziehung dargestellten Zusammenhangs von Y mit den X_j (Regressionsquadratsumme; regression sum of squares) und in eine residuelle Quadratsumme, die bei einer Beschreibung durch eine lineare Regressionsquadratsumme nicht berücksichtigt wird (error sum of squares).

1.2.5.2 Zusammenfassung der Beziehungen zwischen Varianzen und Kovarianzen

Mit den Regressoren X_j sowie den gegebenen Varianzen und Kovarianzen $\text{Var}(X_j)$, $\text{Cov}(X_k X_j)$ und $\text{Var}(e)$ gelten für Y und $\hat{Y}$ neben

$$\text{Var}(Y) = \text{Var}(\hat{Y}) + \text{Var}(e) \quad \text{und} \quad \text{Cov}(Xe) = \text{Cov}(\hat{Y}e) = 0$$

für die Varianzen noch folgende Beziehungen:

$$\text{Var}(\hat{Y}) = \sum_{j=1}^{m-1} \alpha_j^2 \,\text{Var}(X_j) + 2 \sum_{j<k} \alpha_k \alpha_j \,\text{Cov}(X_k X_j)$$

$$\text{Var}(Y) = \sum_{j=1}^{m-1} \alpha_j^2 \,\text{Var}(X_j) + 2 \sum_{j<k} \alpha_k \alpha_j \,\text{Cov}(X_k X_j) + \text{Var}(e)$$

Für die Kovarianzen gilt:

$$\text{Cov}(X_k Y) = \text{Cov}(X_k \hat{Y}) = \sum_{j=1}^{m-1} \alpha_j \cdot \text{Cov}(X_k X_j)$$

$$\text{Cov}(Y \hat{Y}) = \text{Cov}(\hat{Y}\hat{Y}) = \text{Var}(\hat{Y})$$

$$\text{Cov}(Ye) = \text{Var}(e)$$

und damit also auch:

$$\text{Var}(\hat{Y}) = \sum_{j=1}^{m-1} \alpha_j \, \text{Cov}(YX_j)$$

$$\text{Var}(Y) = \sum_{j=1}^{m-1} \alpha_j \cdot \text{Cov}(YX_j) + \text{Var}(e)$$

Für den bivariaten Fall erhält man folgende Spezialisierungen:

$$\text{Var}(\hat{Y}) = \alpha^2 \, \text{Var}(X)$$
$$\text{Var}(Y) = \alpha^2 \, \text{Var}(X) + \text{Var}(e)$$
$$\text{Cov}(XY) = \alpha \, \text{Var}(X).$$

1.2.5.3 Multiple Determination und multiple Korrelation

Als *multipler Determinationskoeffizient* $R^2_{Y \cdot 12 \ldots m-1}$ (Determination der abhängigen durch $m-1$ erklärende Variable aufgrund eines linearen Zusammenhangs) wird das Verhältnis der Varianz von $\hat{Y}$ zur Varianz von Y bezeichnet:

(58) $\quad R^2_{Y \cdot 12 \ldots m-1:} = \dfrac{\text{Var}(\hat{Y})}{\text{Var}(Y)}.$

Steht die abhängige Variable in einem perfekten linearen Zusammenhang mit den erklärenden, gilt

$$\text{Var}(Y) = \text{Var}(\hat{Y}) \text{ und } \text{Var}(e) = 0, \text{ also: } R^2 = 1.$$

Besteht überhaupt kein linearer Zusammenhang, ist also der durch die erklärenden Variablen „erklärte" Varianzanteil von Y gleich Null, gilt:

$$\text{Var}(\hat{Y}) = 0 \text{ und } \text{Var}(e) = \text{Var}(Y), \text{ also: } R^2 = 0.$$

Man kann zeigen, daß zwischen den mit der Methode der kleinsten Quadrate geschätzten partiellen Regressionskoeffizienten α_j und den standardisierten partiellen Regressionskoeffizienten β_j einerseits sowie dem multiplen Determinationskoeffizienten andererseits folgender Zusammenhang besteht:

$$(59) \quad R^2_{Y \cdot 1 \ldots m-1} = \frac{1}{s_y^2} \sum_{j=1}^{m-1} \alpha_j^2 s_j^2 + 2 \sum_{j<k} \alpha_j \alpha_k m_{jk}$$

$$= \sum_{j=1}^{m-1} \beta_j^2 + 2 \sum_{j<k} \beta_j \beta_k r_{jk} = \sum_{j=1}^{m-1} \beta_j r_{yj}$$

bzw. in Matrixschreibweise

$$(59a) \quad R^2_{Y \cdot 1 \ldots m-1} = b'R\,b = b'r_y.$$

Die Varianzzerlegung von Y erlaubt nun auch die Bestimmung des *Wertes des standardisierten Koeffizienten für die Residualvariable*, wenn der Koeffizient für die *un*standardisierte Variable e gleich 1 gesetzt wurde. Wenn Var(e) die Komponente der Varianz von Y ist, die der Residualvariable zugeschrieben wird, dann beträgt ihr Anteil $\dfrac{\text{Var}(e)}{\text{Var}(Y)}$.

Eine standardisierte Variable Z_e kann diese Varianz mit einem Koeffizienten β_e erzeugen, wenn gilt:

$$\text{Var}(\beta_e Z_e) = \frac{\text{Var}(e)}{\text{Var}(Y)}$$

Wegen Var$(\beta_e Z_e) = \beta_e^2$ Var$(Z_e) = \beta_e^2$ ergibt sich also

$$(60) \quad \beta_e = \frac{\sqrt{\text{Var}(e)}}{\sqrt{\text{Var}(Y)}}.$$

Aus (56) und (58) erhält man demnach

$$R^2_{Y \cdot 1 \ldots m-1} + \beta_e^2 = 1$$

oder $\quad \beta_e \quad\quad\quad = \sqrt{1 - R^2_{Y \cdot 1 \ldots m-1}}.$

Das Quadrat des standardisierten Koeffizienten für die Residualvariable ist also der Betrag, um den der multiple Determinationskoeffizient hinter dem Wert 1 zurückbleibt; er ist gerade der durch eine lineare Prognosegleichung *nicht* erklärte Varianzanteil von Y.

Als *multiple Korrelation* bezeichnet man die Korrelation zwischen der abhängigen Variablen Y und der prognostizierten Variablen $\hat{Y}$. Es läßt sich zeigen, daß das *Quadrat des Koeffizienten der multiplen Korrelation* gerade den *multiplen Determinationskoeffizienten* R^2 ergibt.

Für den *bivariaten Fall* ergeben sich die Spezialisierungen:

a) Multipler Determinationskoeffizient und Quadrat des Korrelationskoeffizienten sind identisch

$$r_{yx}^2 = R_{y \cdot x}^2$$

b) Desweiteren sind standardisierter Regressionskoeffizient und Korrelationskoeffizient identisch:

$$r_{yx} = \beta.$$

Das heißt aber auch, daß im Falle standardisierter Variablen eine Regression von Y auf X den gleichen Wert ergibt wie eine Regression von X auf Y, und daß standardisierte und nicht-standardisierte Regressionskoeffizienten genau dann gleich Null sind, wenn die Korrelation zwischen X und Y verschwindet.

1.2.6 Problem der Orthogonalität von Residue und Regressoren und die Verwendung von instrumentellen Variablen

1. Neben der Methode der kleinsten Fehlerquadrate führt eine zweite zur Schätzung der Koeffizienten, geht aber von etwas anderen Voraussetzungen aus. Wenn wir im bivariaten Fall für Y und X die Linearitätshypothese als gerechtfertigt annehmen, so kann man eine *Regressionsgleichung auch als Strukturgleichung interpretieren*, die zum Ausdruck bringt, daß die abhängige Variable von der erklärenden aufgrund eines „linearen Mechanismus" determiniert wird. Als weitere Y determinierende Variablen kommen eine Reihe impliziter Faktoren hinzu, die in der Residuenvariable *e* zusammengefaßt sind. Es geht nun nicht um eine möglichst gute Anpassung der Daten mit Hilfe einer linearen Regressionsfunktion, sondern um die Identifikation des unbekannten Parameters in der Strukturgleichung

(61) $\quad y = \alpha x + e.$

Hierbei wird die nicht einschränkende Voraussetzung gemacht, daß X und Y zentriert sind, was wiederum zur Konsequenz hat, daß auch e zentriert ist.

Eine zur Identifikation von α hinreichende *Annahme* ist, daß in der Untersuchungsgesamtheit die explizit berücksichtigte *erklärende Variable X und die Residualvariable* unkorreliert bzw. (da sie zentriert sind) *orthogonal* sind:
$m(X, e) = 0$.

Man wird dann die Orthogonalitätsbedingung so ausnutzen, daß man die Strukturgleichung mit x multipliziert und zu den Kovarianzen bzw. (nach deren Standardisierung) zu den Korrelationen übergeht:

$$x'y = \alpha(x'x) + x'e$$

(62) $\quad m(XY) = \alpha \, m(X^2) + m(Xe)$

(63) $\quad m(XY) = \alpha \, m(X^2)$

bzw. $\quad r_{yx} = \alpha \dfrac{s_x}{s_y}.$

Es ergeben sich die gleichen Werte wie bei der Kleinstquadrateschätzung, nämlich:

$$\alpha = \frac{m(XY)}{m(X^2)}$$

$$\beta = \alpha \frac{s_x}{s_y} = r_{yx}.$$

Damit ist auch gezeigt, daß eine zur erklärenden Variable orthogonal vorausgesetzte Residualvariable die Eigenschaft aufweist, in der Untersuchungsgesamtheit von minimaler Varianz zu sein. Umgekehrt wurde schon vorher gezeigt, daß die Fehlervariable der Kleinstquadrateschätzung mit den beobachteten Werten des Regressors in der *Untersuchungsgesamtheit* nicht korreliert.

Wie man sieht, kann diese Vorgehensweise für lineare Strukturgleichungen mit $m-1$ erklärenden Variablen dann verallgemeinert werden, wenn man unterstellen darf, daß sämtliche erklärenden Variablen mit der Residue unkorreliert sind.

Man hat nämlich dann $m-1$ strukturelle Parameter der Strukturgleichungen zu schätzen; andererseits stehen genau $m-1$ Orthogonalitätsbedingungen zur Verfügung:

$$m(X_j e) = 0 \quad (j = 1 \ldots m-1).$$

Multipliziert man die Strukturgleichung

$$y = \alpha_1 x_1 + \alpha_2 x_2 + \ldots + \alpha_{m-1} x_{m-1} + e$$

nacheinander mit den $m-1$ erklärenden Variablen, dann erhält man gerade $m-1$ Schätzgleichungen mit bekannten Kovarianzen bzw. Korrelationen und $m-1$ unbekannten Koeffizienten. Aus diesen Gleichungen sind unter der Voraussetzung der linearen Unabhängigkeit der erklärenden Variablen die strukturellen Parameter eindeutig identifizierbar.

2. Kann die Orthogonalität von Residue und erklärender Variable *nicht* vorausgesetzt werden, würde die Methode der Minimierung der Fehlerquadrate zu einer verzerrten und nicht konsistenten Schätzung für den strukturellen Parameter führen. Zwar ergibt die Kleinstquadrate-Methode auch in diesem Fall einen eindeutigen Wert für einen Regressionskoeffizienten, der im Sinne der Minimierung der Abweichungsquadrate eine „optimale" Anpassung der Daten durch eine lineare Funktion erlaubt. Aber dieser Wert ist für die Schätzung des unbekannten Parameters der vorausgesetzten linearen Strukturgleichung insofern ungeeignet, als die Kleinstquadrateschätzung in der Untersuchungsgesamtheit zur Orthogonalität von Residue und erklärender Variable führt, welche in der Strukturgleichung gerade nicht behauptet wird.

Aus der linearen Strukturgleichung (61) des bivariaten Falls folgt, daß die Kovarianzen immer Bedingung (62) erfüllen. Damit gilt

$$\frac{m(XY)}{m(X^2)} = \alpha + \frac{m(Xe)}{m(X^2)}, \text{ sofern } m(X^2) \neq 0.$$

Bezeichnen wir mit $\hat{\alpha}$ die Kleinstquadrateschätzung

$$\hat{\alpha} := \frac{m(XY)}{m(X^2)},$$

dann besteht zwischen dieser und dem strukturellen Parameter folgender Zusammenhang:

(64) $\quad \hat{\alpha} = \alpha + \dfrac{m(Xe)}{m(X^2)}.$

Nur wenn die erklärende Variable X in der Untersuchungsgesamtheit tatsächlich zu der Residualvariable orthogonal ist, ist $m(Xe) = 0$ und damit die Kleinstquadrateschätzung auch ein geeigneter Schätzwert für α. Andernfalls ergibt sich eine Differenz, die vom Ausmaß der Korrelation von X mit e in der Untersuchungsgesamtheit abhängt. Je größer diese Korrelation desto größer ist die Überschätzung von α durch $\hat{\alpha}$. Für die Variable X wird dann durch $\hat{\alpha}$ teilweise eine Wirkung ausgewiesen, die ihr nur deshalb zukommt, weil sie mit der Residualvariable, die ebenfalls auf Y wirkt, korreliert ist.

Falls man jedoch über eine weitere Variable Z verfügt, die folgende Eigenschaften in der Untersuchungsgesamtheit erfüllt:

(65.1) $\quad m(Ze) = 0$

(65.2) $\quad m(ZX) \neq 0$, kann man Z zur Schätzung des Parameters verwenden.

Man bilde die Kovarianzen der Variablen der linearen Strukturgleichung mit Z und erhält dann (Z sei wieder zentriert vorausgesetzt):

$$m(ZY) = \alpha\, m(ZX) + m(Ze)$$
$$m(ZY) = \alpha\, m(ZX), \qquad\qquad \text{also}$$

(66) $\quad \alpha = \dfrac{m(ZY)}{m(ZX)}.$

$\dfrac{m(ZY)}{m(ZX)}$ ist also ein geeigneter Schätzwert für α, obwohl die Kleinstquadrateschätzung $\dfrac{m(XY)}{m(X^2)}$ ungeeignet war. Variablen, die (65) erfüllen, nennt man *instrumentelle Variablen*. Eine erklärende Variable X einer Strukturgleichung, welche selbst (65) erfüllt, kann immer als instrumentelle Variable verwandt werden.

Die Generalisierung für $m - 1$ erklärende Variable liegt nahe: Treten in einer linearen Strukturgleichung für Y $m - 1$ erklärende Variable auf, so sind $m - 1$ strukturelle Parameter unbekannt. Um diese zu schätzen, benötigt man mindestens $m - 1$ Schätzgleichungen. Erfüllt eine spezielle erklärende Variable X_j die Bedingungen (65), so kann sie als instrumentelle Variable verwandt werden und liefert dementsprechend eine Schätzgleichung. Für jede erklärende Variable X_k, für welche (65) jedoch nicht gilt, benötigt man mindestens eine weitere (65) erfüllende Variable Z als instrumentelle Variable. Diese darf aber in der Strukturgleichung für Y selbst nicht auftreten, da sonst der „Vorteil" einer weiteren Schätzgleichung dadurch wiederum verloren geht, daß ein zusätzlicher Parameter zu schätzen ist.

Sei Z die (zentrierte) Beobachtungswertmatrix für $m - 1$ instrumentelle Variable, dann lauten die $m - 1$ *Orthogonalitätsbedingungen* von (65.1) in Matrixschreibweise:

(67) $\quad Z'e = 0$.

Unter Verwendung von (67) erhält man aus der linearen Strukturgleichung $y = Xa + e$ folgendes System von $m - 1$ Gleichungen:

$\qquad Z'y = Z'Xa + Z'e$, also schließlich

(68) $\quad Z'y = Z'Xa$.

Dieses Gleichungssystem in den $m - 1$ unbekannten Parametern (*Schätzgleichungen*) ist dann eindeutig lösbar, wenn $Z'X$ invertierbar ist.

Dies wiederum setzt nicht nur voraus, daß $Z'X$ quadratisch ist (also genau soviel instrumentelle wie erklärende Variablen vorliegen), sondern daß sowohl die instrumentellen als auch die erklärenden Variablen linear unabhängig sind.

Das durch die Verwendung von $m - 1$ instrumentellen Variablen gewonnene System (68) von Schätzgleichungen entspricht dem System der Normalgleichungen der Methode der kleinsten Fehlerquadrate. Letztere Methode ist insofern Spezialfall der Methode der instrumentellen Variablen, als die erklärenden Variablen einer Strukturgleichung immer dann als instrumentelle Variable einsetzbar sind, wenn sie die Bedingungen der Orthogonalität mit der Residue erfüllen.

1.3 „Kausalmodelle" und allgemeine lineare Abhängigkeitsstrukturen

1.3.1 Regressionsmodell als einfache lineare Abhängigkeitsstruktur

Die Regressionsanalyse ist ein Beispiel für die Beschreibung eines Systems von m Variablen mit Hilfe linearer Gleichungen, durch welche die Abhängigkeitsbeziehungen zwischen den Variablen modelliert werden. Allerdings liegt hier eine sehr spezielle Situation vor, insofern im Variablensystem genau eine als abhängige Variable Y ausgesondert wird und nur für Y *eine* lineare *Strukturgleichung* formuliert wird (*one equation model*). Variationen in den Werten von Y werden zurückgeführt auf Variationen in den Werten der restlichen Variablen X_j ($j = 1 ... m - 1$) und einer Residualvariable e, in denen die Wirkungen aller Faktoren auf die Werte von Y zusammengefaßt sind, die nicht im einzelnen durch das Modell explizert werden. Ist das Modell für den betreffenden Anwendungsbereich vollständig, dann drückt die lineare Strukturgleichung $y = Xa + e$ aus, daß die Werte von Y eindeutig bestimmt sind durch die Werte der erklärenden Variablen X_j, der Residualvariablen e und des Vektors a der $m-1$ strukturellen Parameter.

Tatsächlich sind die Parameter ebenso wie die Werte der Residualvariablen jedoch unbekannt. Bekannt sind lediglich die Beobachtungswerte der X_j und Y (die Datenmatrix). Man benötigt also mindestens $m-1$ linear unabhängige Gleichungen (*Schätzgleichungen*), um anhand bekannter Werte die unbekannten Werte der Parameter zu schätzen.

Wie gezeigt wurde, erhält man die erforderliche Zahl von Schätzgleichungen entweder als die Normalgleichungen der Methode der kleinsten Fehlerquadrate oder in äquivalenter Form aufgrund von $m-1$ Annahmen über die Orthogonalität der Residualvariable zu sämtlichen erklärenden Variablen.

Aus dem System der Schätzgleichungen

$$\frac{1}{n} X'X a = \frac{1}{n} X'y \quad \text{bzw.} \quad R'b = r_y$$

mit den empirischen Kovarianzen bzw. Korrelationen lassen sich eindeutige Schätzwerte für die unstandardisierten bzw. standardisierten Parameter berechnen, sofern die erklärenden Variablen linear unabhängig sind. Es gibt dann gerade soviele linear unabhängige Schätzgleichungen wie zu schätzende Parameter: Das aus einer Strukturgleichung bestehende System ist *gerade identifiziert*.

Grundsätzlich wäre es, wie schon im Abschnitt 1.2.2 angedeutet wurde, möglich, in einem System von m Variablen eine jede als abhängige auszusondern und die jeweils restlichen zu erklärenden Variablen zu erklären. Dementsprechend würde man bis zu m verschiedene Regressionsmodelle und dazu gehörige Koeffizientenvektoren erhalten. Insofern gibt es bis zu m verschiedene Regressionsmodelle, die alle mit den gleichen empirischen Kovarianzen bzw. Korrelationen vereinbar sind. In diesem Sinne sind alle m Regressionsmodelle anhand der Beobachtungen nicht unterscheidbar, worauf schon im Spezialfall von zwei Variablen hingewiesen wurde: die symmetrische Sichtweise erlaubt zwei verschiedene asymmetrische Interpretationen.

Welches der alternativen Regressionsmodelle nun angemessen ist, ist aufgrund der durch Kovarianzen und Korrelationen repräsentierten Daten nicht entscheidbar. Vielmehr muß das Problem der Modell-Wahl schon als (aufgrund externer Informationen) gelöst vorausgesetzt werden, damit eines der möglichen Regressionsmodelle überhaupt angewandt werden kann. Daß eine Vielzahl von Regressionsmodellen im Hinblick auf die vorgegebenen Beobachtungsdaten nicht unterscheidbar ist, liegt daran, daß die Koeffizienten jeweils als freie Parameter behandelt werden, deren Werte aus den empirischen Daten geschätzt werden.

1.3.2 „Kausalmodelle" und ihre graphische Darstellung

Von der Analyse einer Menge empirischer Daten unter Verwendung eines („kausalen") *Modells* soll dann gesprochen werden, wenn folgende *Bedingungen* erfüllt sind.

1. Die für die betreffende Problemstellung als relevant vermuteten Variablen werden soweit wie möglich explizit berücksichtigt. Man arbeitet also mit einer (endlichen) Menge *expliziter Variablen*, bei denen zwischen *endogenen* und *exogenen* zu unterscheiden ist.

    Endogene Variable des Systems sind solche, die als von anderen Variablen des Systems abhängig betrachtet werden; Variationen in den Werten der endogenen Variablen sind zu „erklären". *Exogene Variable* des Systems sind dagegen solche, deren Werte durch Faktoren außerhalb des betrachteten Systems determiniert sind. Für einen vorliegenden Untersuchungszusammenhang sind ihre Werte gegeben und werden als nicht erklärungsbedürftig angesehen.

2. Hypothesen („Annahmen") über die *Struktur* und die *Art der Abhängigkeits- oder Wirkungsbeziehungen* zwischen den explizit erwähnten Variablen werden spezifiziert: Dabei bezeichnet „Struktur" die Gesamtheit von qualitativen Aussagen darüber, welche Variable auf welche andere wirkt. Unter „Art" der Beziehungen sei die Form der funktionalen Abhängigkeiten verstanden.

3. Da i.a. nicht alle relevanten Variablen berücksichtigt werden können, müssen Annahmen über das Verhalten der nicht berücksichtigten (implizit gelassenen) Faktoren, die *Residualvariablen* formuliert werden. Durch die Einführung von Residualvariablen erreicht man eine Schließung des Systems der betrachteten Variablen. In einem formalen Sinne sind auch die Residualvariablen exogen, da ihre Werte ebenfalls als außerhalb des Variablensystem determiniert angesehen werden.

Im speziellen Fall der *linearen Abhängigkeitsstrukturen* werden die ein „Kausalmodell" definierenden allgemeinen *Bedingungen* in folgender Weise präzisiert:

1a. Die expliziten Variablen sind *metrisch,*
1b. Die Werte der expliziten Variablen werden durch *direkte Meßoperationen* bestimmt, d.h. die Variablen sind fehlerfrei gemessen.
2a. Alle endogenen Variablen sind *Linearkombinationen* der sie direkt erklärenden Variablen und bestimmter Residualvariablen.

Zur Unterscheidung „endogen/exogen" bzw. „abhängig/(direkt) erklärend" ist nachzutragen, daß sich die erste auf das gesamte Variablensystem bezieht, die zweite hingegen auf einzelne Strukturgleichungen. Für exogene Variablen werden keine Strukturgleichungen aufgestellt, da sie nicht als von anderen Variablen abhängig betrachtet werden. Andererseits müssen abhängige Variable (die sicher endogen sind) nicht als ausschließlich von exogenen Variablen (und Residualvariablen) abhängig angesehen werden. Als sie direkt erklärend können auch endogene Variablen zugelassen werden, im allgemeinsten Fall sogar solche, die von ihnen selbst wiederum direkt abhängig sind (interdependente endogene Variable).

Der Begriff der „erklärenden" Variable ist demnach ein relationaler Begriff: eine Variable ist (direkt) erklärend in bezug auf eine andere, die von ihr (direkt) abhängig ist. Dementsprechend kann sie in bezug auf eine dritte selbst als abhängig angesehen werden, welche dann wiederum in bezug auf sie (direkt) erklärend ist.

Eine Variable X_j ist bezüglich einer Variablen X_k *prädeterminiert*, wenn beginnend mit den von den exogenen Variablen direkt abhängigen endogenen Variablen die Strukturgleichungen so angeordnet werden können, daß die Werte von X_j

bestimmt werden können, ohne daß dazu schon die Werte von X_k bekannt sein müssen. Exogene Variable sind bezogen auf jede endogene Variable prädeterminiert, während prädeterminierte Variablen nicht immer exogen sein müssen.

Wenn man mit zeitlich verzögerten Vairablen arbeitet, gehören zu den in einer Zeitperiode jeweils prädeterminierten Variablen neben den exogenen Variablen solche endogenen Variablen, deren Werte in der gerade betrachteten Zeitperiode gegeben sind, weil sie in vorangegangenen Perioden determiniert wurden (→ **VII: Dierkes, Zeitreihenanalyse 4.7**).

Ist die lineare Abhängigkeitsstruktur durch die Modell-Gleichungen vollständig beschrieben, dann gibt es für *jede* endogene Variable eine Strukturgleichung, die diese in Abhängigkeit von den sie direkt erklärenden Variablen und einem zusätzlichen Term, in dem die Wirkungen sämtlicher implizit gelassener Faktoren zusammengefaßt sind, darstellt. Zu den sie direkt erklärenden Variablen können exogene Variable, im Hinblick auf sie prädeterminierte oder sonstige endogene Variable gehören.

Die Vollständigkeit des Modells ist dann gegeben, wenn die Werte sämtlicher endogener Variablen durch die Werte der exogenen Variablen und der Residualvariablen aufgrund der Koeffizienten der Strukturgleichungen eindeutig bestimmt sind. Die Struktur des Modells läßt sich in folgender Weise veranschaulichen:

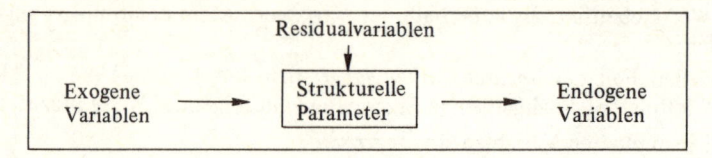

```
                    Residualvariablen
                           ↓
    Exogene      →    Strukturelle     →    Endogene
    Variablen         Parameter              Variablen
```

Darstellung 1: Logische Struktur eines Modells

Tatsächlich sind jedoch die strukturellen Parameter und die Werte der Residualvariablen unbekannt. Bekannt sind lediglich mit den Werten exogener und endogener Variablen ihre empirischen Kovarianzen bzw. Korrelationen. Ziel der Analyse ist deshalb eine möglichst gute Schätzung der Parameter der Strukturgleichungen, in denen Richtung und Größe der Abhängigkeiten der Variablen zum Ausdruck kommen. Um die erforderliche Anzahl von Schätzgleichungen aufstellen zu können, bedarf es jedoch neben den Informationen über empirische Kovarianzen und Korrelationen weiterer Annahmen, z.B. über das Verhalten der Residuen.

Die durch das Gleichungssystem beschriebene *Abhängigkeitsstruktur kann durch einen Graphen dargestellt* werden: Den Punkten des Graphen entsprechen die durch Variablen repräsentierten Eigenschaften der zugrundegelegten Gesamtheit von Einheiten; für zwei Punkte existiert genau dann ein Pfeil, wenn es in dem die Abhängigkeitsstruktur beschreibenden System von Hypothesen eine Aussage gibt, die eine *direkte* Wirkung zwischen den betreffenden Variablen behauptet. Diese Beziehungen werden als nicht-symmetrisch angesetzt; der Abhängigkeitsstruktur entspricht also ein *gerichteter* Graph (mit Pfeilen zu den endogenen Variablen).

Neben der Existenz „direkter" Wirkungen zwischen zwei Variablen entnimmt man dem Graphen auch „indirekte" Abhängigkeitsbeziehungen, die durch *intervenie-*

rende Variablen vermittelt werden: solchen indirekten Beziehungen entsprechen im Graphen *Pfade* (d.h. Folgen von Pfeilen, die die betreffenden Punkte miteinander verbinden). Aus Gründen der Anschaulichkeit kann der Graph zu einem „*Kausaldiagramm*" dadurch erweitert werden, daß zwischen exogenen Variablen Doppelpfeile eingetragen werden, sofern zwischen diesen (inhaltlich nicht weiter interessierende, aber in der Analyse möglicherweise benutzte) korrelative Zusammenhänge bestehen, und/oder Pfeile von den Residualvariablen zu den endogenen Variablen eingetragen werden.

In einer *gegebenen linearen Abhängigkeitsstruktur* sind dann folgende Aussagen äquivalent:

a) Von X_j nach X_k besteht eine *direkte* Wirkung (X_j „beeinflußt" X_k oder „determiniert" X_k direkt; X_k ist direkt von X_j „kausal abhängig" etc.).
b) In der Strukturgleichung für X_k ist der Koeffizient α_{kj} von Null verschieden.
c) Im Graphen verläuft von X_j nach X_k ein Pfeil.

Die Verwendung nicht-symmetrischer Beziehungen in den linearen Abhängigkeitsstrukturen entspricht der intuitiven Vorstellung von „Wirkung" als einer nichtsymmetrischen Relation. Andererseits schließt diese Vorgehensweise die Analyse von Rückkoppelungen, Interdependenzen (Wechselwirkungen) und zirkulären Abhängigkeiten nicht prinzipiell aus. Allerdings wird z.B. die Wechselwirkung zwischen zwei Variablen durch zwei Pfeile (und nicht einen Doppelpfeil!) dargestellt. Dies bedeutet, daß es zwei logisch voneinander unabhängige Koeffizienten gibt, die einmal die direkte Wirkung von X_j auf X_k und einmal die davon prinzipiell verschiedene direkte Wirkung von X_k auf X_j beschreiben.

Zur Veranschaulichung sei folgende Wirkungsstruktur und das dazu gehörige System von Strukturgleichungen formuliert:

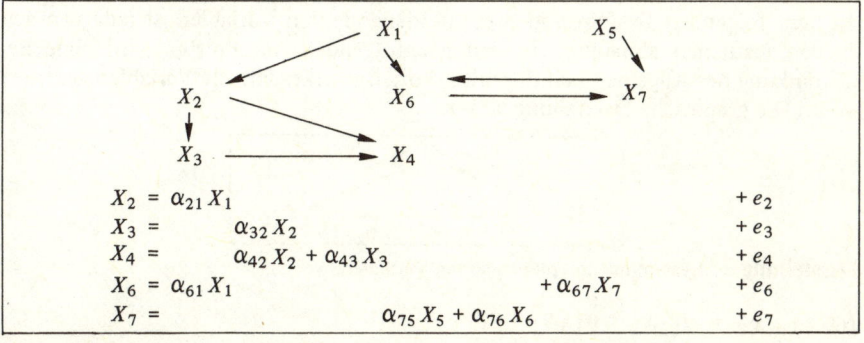

$$X_2 = \alpha_{21} X_1 + e_2$$
$$X_3 = \alpha_{32} X_2 + e_3$$
$$X_4 = \alpha_{42} X_2 + \alpha_{43} X_3 + e_4$$
$$X_6 = \alpha_{61} X_1 + \alpha_{67} X_7 + e_6$$
$$X_7 = \alpha_{75} X_5 + \alpha_{76} X_6 + e_7$$

Darstellung 2: Beispiel für eine allgemeine lineare Wirkungsstruktur

Das System ist vollständig spezifiziert, da für jede *endogene* Variable X_2, X_3, X_4, X_6, X_7 eine Gleichung formuliert wird. X_1 und X_5 sind *exogen;* von ihnen sind die beiden *interdependenten* Variablen X_6 und X_7 direkt abhängig. Zu den X_6 direkt erklärenden Variablen gehört neben X_1 auch die endogene Variable X_7.

Allerdings ist X_7 in bezug auf X_6 *nicht prädeterminiert*, da die Werte von X_7 nicht bestimmt werden können, ohne die Werte von X_6 zu kennen (und umgekehrt). X_6 und X_7 sind *simultan* von X_1 und X_5 abhängig: wenn die Werte der exogenen Variablen (sowie der Residuen und der Parameter) bekannt sind, sind die Werte sowohl von X_6 als auch von X_7 eindeutig gegeben. X_2 und X_6 sind von der exogenen Variable X_1 *gemeinsam abhängig*. X_3 und X_4 sind von X_1 *indirekt abhängig*, und zwar über die *intervenierende Variable* X_2. In bezug auf X_2 sind nicht nur die exogenen Variablen sondern auch X_6 und X_7 *prädeterminiert*, da man deren Werte bestimmen kann ohne die von X_2 zu kennen. In Bezug auf X_4 sind alle anderen Variablen prädeterminiert.

1.3.3 Allgemeine strukturelle Systeme und Identifikationsprobleme

Würde man in einem m-Variablen-System aufgrund der Vermutung, daß „alles mit allem zusammenhänge" alle m Variablen simultan als endogen und als von den jeweils restlichen $m - 1$ Variablen abhängig ansetzen, dann wären mehr Werte von strukturellen Parametern zu schätzen als empirische Werte in Form von Kovarianzen gegeben sind. Es stünden grundsätzlich weniger Schätzgleichungen als Unbekannte zur Verfügung. Damit würden die Gleichungen keine eindeutige Lösung für die Parameter erlauben, das System von Schätzgleichungen wäre nicht *identifiziert* („unteridentifiziert"). Das hieße aber auch: wenn es überhaupt eine Lösung gibt, dann gibt es mehrere, voneinander verschiedene. Damit wären voneinander verschiedene Mengen von Werten für die Parameter mit den gleichen empirischen Kovarianzen vereinbar, könnten hinsichtlich ihrer beobachtbaren Konsequenzen also nicht unterschieden werden. Mit solchen Identifikationsproblemen ist in komplexen Abhängigkeitsstrukturen mit mehreren endogenen Variablen (*simultaneous equation models*) im allgemeinen zu rechnen, es sei denn, man kann eine ausreichende Anzahl von Modell-Restriktionen formulieren und dadurch die für die Identifikation der Parameter erforderliche Menge linear unabhängiger Schätzgleichungen erhalten.

In dem folgenden System von drei interdependenten Variablen ist jede von den beiden restlichen abhängig. (In den nachfolgenden Abschnitten wird ohne Beschränkung der Allgemeinheit durchweg vorausgesetzt, daß alle Variablen zentriert sind.) Die graphische Darstellung lautet:

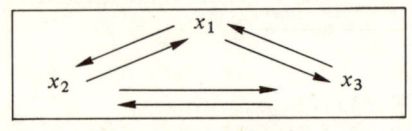

Darstellung 3: System mit interdependenten Variablen

(69.1) $\quad x_1 = \alpha_{12} x_2 + \alpha_{13} x_3 + e_1$

(69.2) $\quad x_2 = \alpha_{21} x_1 + \alpha_{23} x_3 + e_2$

(69.3) $\quad x_3 = \alpha_{31} x_1 + \alpha_{32} x_2 + e_3$

$$(x_1 \, x_2 \, x_3) \begin{pmatrix} 1 & -\alpha_{21} & -\alpha_{31} \\ -\alpha_{12} & 1 & -\alpha_{32} \\ -\alpha_{13} & -\alpha_{23} & 1 \end{pmatrix} = (e_1 \, e_2 \, e_3).$$

$$XA = E$$

Gesucht sind 6 Werte für die Parameter; empirisch gegeben sind nur 3 Kovarianzen $m(X_1 X_2), m(X_1 X_3)$ und $m(X_2 X_3)$.

Berücksichtigt man, daß die drei Strukturgleichungen die Beziehungen zwischen den Variablen und den Residuen für n Einheiten beschreiben, dann sind $3 \times n$ Gleichungen (allgemein: $m \cdot n$) mit bekannten X-Werten und $3 \times n$ (allgemein $m \cdot n$) unbekannten e-Werten gegeben. Unbekannt sind weiterhin 6 Parameter (allgemein: $m(m-1)$). Man benötigt also noch mindestens 6 (allgemein: $m(m-1)$) zusätzliche Bedingungsgleichungen.

Es wäre nicht möglich, jede einzelne der drei Strukturgleichungen isoliert zu betrachten und durch eine multiple Regressionsanalyse auszuwerten. Zwar würde die Anwendung der Kleinstquadrateschätzung auf die erste Gleichung zu zwei Schätzgleichungen für α_{12} und α_{13} mit den gegebenen Kovarianzen $m(X_2 X_1), m(X_3 X_1), m(X_3 X_2)$ und Varianzen $m(X_2^2)$ und $m(X_3^2)$ führen. Aber die durch die Kleinstquadrateschätzungen in der Untersuchungsgesamtheit erzeugten Orthogonalitätsbeziehungen $m(X_2 e_1) = 0$ bzw. $m(X_3 e_1) = 0$ stehen im Widerspruch zur ersten und zweiten (bzw. dritten) Strukturgleichung, nach denen X_2 von X_1 (bzw. X_3 von X_1) direkt abhängig sind und X_1 wiederum von e_1 direkt abhängig ist. Dies aber impliziert $m(X_2 e_1) \neq 0$ bzw. $m(X_3 e_1) \neq 0$.

In allgemeinen strukturellen Systemen werden also erklärende Variable und Residue nicht ohne weiteres orthogonal sein.

Andererseits wurde in 1.2.6 gezeigt, daß bei Korrelation von Residue und Regressor der Einsatz geeigneter instrumenteller Variablen zum Erfolg führen kann. Bezogen auf die erste Strukturgleichung werden demnach mindestens 2 Variablen gesucht, die mit e_1 unkorreliert sind, aber mit X_2 und X_3 korrelieren. Diese dürfen aber auf X_1 nicht direkt wirken, da sich sonst die Zahl der zu schätzenden Parameter wieder erhöhen würde.

Darstellung 4 zeigt ein Beispiel für ein allgemeines strukturelles System, das wir nun analysieren wollen: Y_1 und Y_2 sind zwei interdependente endogene sowie X_3 und X_4 zwei exogene Variablen. Dabei ist die direkte Wirkung von X_3 spezifisch: X_3 wirkt direkt nur auf Y_1 und nicht auf Y_2 (entsprechend für X_4 und Y_2).

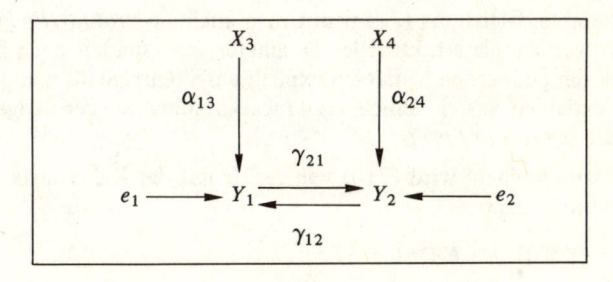

Darstellung 4: Gerade identifiziertes strukturelles System mit interdependenten endogenen Variablen

1.3.3.1 Identifikation der strukturellen Parameter durch Anwendung instrumenteller Variablen

Die Strukturgleichungen für die Vektoren der Beobachtungswerte von Y_1, Y_2, X_3 und X_4 und der Residuenvektoren lauten:

(70.1) $\quad y_1 = \gamma_{12} y_2 + \alpha_{13} x_3 + e_1$

(70.2) $\quad y_2 = \gamma_{21} y_1 + \alpha_{24} x_4 + e_2$

Bringt man die endogenen Variablen auf die linke Seite, so erhält man

$$y_1 - \gamma_{12} y_2 = \alpha_{13} x_3 + e_1$$

$$y_2 - \gamma_{21} y_1 = \alpha_{24} x_4 + e_2$$

(71a) $\quad (y_1 y_2) \begin{pmatrix} 1 & -\gamma_{21} \\ -\gamma_{12} & 1 \end{pmatrix} = (x_3 x_4) \begin{pmatrix} \alpha_{13} & 0 \\ 0 & \alpha_{24} \end{pmatrix} + (e_1 e_2)$

(71b) $\quad Y\Gamma = XA + E$

mit Y, X als Beobachtungswertmatrizen für die endogenen und exogenen Variablen;

Γ als Matrix der strukturellen Parameter für die direkten Beziehungen unter den endogenen Variablen. (Diese Matrix ist immer quadratisch. Weiterhin sei vorausgesetzt, daß die endogenen Variablen linear unabhängig sind. Dann existiert zu Γ die Kehrmatrix Γ^{-1});

A als Matrix der Strukturparameter für die *direkten* Beziehungen von den exogenen zu den endogenen Variablen;

E als Matrix aller Residuen für alle Einheiten bezüglich aller endogenen Variablen;

(71) ist die Verallgemeinerung der Gleichung (31b) für mehrere interdependente endogene Variable. Gleichung (71) nennt man auch die *strukturelle Form* des Systems. In ihr werden alle strukturellen Parameter, insbesondere auch für die Interdependenzen der endogenen Variablen explizit aufgeführt. Stellt man hingegen die endogenen Variablen ausschließlich als Linearkombination der exogenen dar, so erhält man die *reduzierte Form*.

Um diese auszuschreiben, wird (71b) von rechts mit der Kehrmatrix Γ^{-1} multipliziert. Man erhält dann:

$$Y = XA\Gamma^{-1} + E\Gamma^{-1}$$

(72) $\quad Y = X\Pi + V$

mit $\Pi := A\Gamma^{-1}$ und $V := E\Gamma^{-1}$

In unserem Fall ergibt sich demnach

$$(y_1 y_2) = (x_3 x_4)\begin{pmatrix} \pi_{13} & \pi_{23} \\ \pi_{14} & \pi_{24} \end{pmatrix} + (v_1 v_2)$$

(72) ist ebenfalls eine Verallgemeinerung von $y = X\,a + e$ für den Fall mehrerer endogener Variablen, die gleichzeitig von den exogenen Variablen abhängig sind. Im Unterschied zu (71) kommen die Interdependenzen zwischen den endogenen Variablen nicht mehr explizit zum Ausdruck. Als erklärend treten nur noch exogene Variablen auf. In der Koeffizientenmatrix Π sind die *direkten und indirekten* (über andere endogene Variablen vermittelten) Wirkungen der exogenen Variablen auf die endogenen konfundiert.

Π zeigt, welche Werte die endogenen Variablen nach einer Variation der exogenen Variablen „schließlich" annehmen werden, wenn sämtliche Wechselwirkungen zwischen ihnen zur Auswirkung gekommen sind, so daß sich ein „neues Gleichgewicht" eingestellt hat.

Die Koeffizienten der reduzierten Form sind unter den üblichen Orthogonalitätsannahmen immer berechenbar. Fraglich ist aber, ob man eine regressionsanalytisch ermittelte Koeffizientenmatrix Π so in ein Produkt

$$\Pi = A\,\Gamma^{-1}$$

zerlegen kann, daß auch die Matrizen A und Γ der Parameter der strukturellen Form berechenbar sind. Ist dies der Fall, heißt die Strukturgleichung *identifiziert*.

In der uns geläufigen Sichtweise besteht das Problem der Identifikation der Parameter darin, ob man mindestens genausoviel linear unabhängige Schätzgleichungen aufstellen kann wie Werte für die Parameter zu schätzen sind. Hat man für eine Strukturgleichung weniger Schätzgleichungen als unbekannte Parameter, dann ist die Gleichung *nicht identifiziert* („unter-identifiziert"). Hat man mindestens so viel linear unabhängige Schätzgleichungen, dann ist die Strukturgleichung *identifiziert*; und zwar *gerade identifiziert*, wenn die Zahl der linear unabhängigen Schätzgleichungen genau gleich der Zahl der Parameter ist, sonst ist sie *über-identifiziert* (mehr Schätzgleichungen als Parameter).

Dabei bezieht sich die Identifizierbarkeit auf die Parameter einzelner Strukturgleichungen. Für ein System mehrerer Strukturgleichungen könnten u.U. insgesamt mindestens soviel Schätzgleichungen wie zu schätzende Parameter zur Verfügung stehen und dennoch einzelne Strukturgleichungen nicht identifiziert sein; dafür wären dann andere über-identifiziert.

Betrachten wir im Beispiel die Strukturgleichung (70.1): Gesucht sind Werte für die beiden Parameter γ_{12} und α_{13}. Die Annahme der Orthogonalität der erklärenden exogenen Variable X_3 mit e_1 würde eine erste Schätzgleichung liefern. Die exogene Variable X_3 wäre also eine geeignete instrumentelle Variable im Sinne von Abschnitt 1.2.6; nicht jedoch die endogene Variable Y_2, die Y_1 ebenfalls direkt beeinflußt. Eine behauptete Orthogonalität von Y_2 mit e_1 stünde nämlich im Widerspruch dazu, daß beide Strukturgleichungen eine (über Y_1 vermittelte) indirekte Wirkung von e_1 auf Y_2 implizieren.

Die Annahme der Orthogonalität der Residue e_1 mit der anderen exogenen Variable X_4, welche in der Strukturgleichung für Y_1 nicht auftritt (obwohl sie indirekt über Y_2 auf Y_1 wirkt), würde dagegen keinen Widerspruch erzeugen. Kann man also die exogene Variable X_4 ebenfalls als instrumentelle Variable einsetzen, so erhält man aus den beiden Orthogonalitätsannahmen

$$m(X_3 e_1) = m(X_4 e_1) = 0$$

in der bekannten Weise zwei Schätzgleichungen, aus denen die beiden Parameter i.a. eindeutig identifizierbar sind:

$$m(X_3 Y_1) = \gamma_{12} m(X_3 Y_2) + \alpha_{13} m(X_3^2) + m(X_3 e_1)$$
$$m(X_4 Y_1) = \gamma_{12} m(X_4 Y_2) + \alpha_{13} m(X_4 X_3) + m(X_4 e_1).$$

Unter Beachtung des Verschwindens der letzten Terme beider Gleichungen liefert der Übergang zu Korrelationen:

(73) $\quad r_{13} = \gamma_{12}^* r_{23} + \alpha_{13}^*$

$\quad\quad\quad r_{14} = \gamma_{12}^* r_{24} + \alpha_{13}^* r_{34}$

$$\begin{pmatrix} r_{13} \\ r_{14} \end{pmatrix} = \begin{pmatrix} r_{23} & 1 \\ r_{24} & r_{34} \end{pmatrix} \begin{pmatrix} \gamma_{12}^* \\ \alpha_{13}^* \end{pmatrix}$$

(Zur Vereinfachung werden in diesem Kapitel die standardisierten Koeffizienten bzw. Parameter mit * gekennzeichnet).

Sofern die Matrix

$$\begin{pmatrix} r_{23} & 1 \\ r_{24} & r_{34} \end{pmatrix}$$

der Korrelation der exogenen Variablen untereinander und ihrer Korrelationen mit der Y_1 direkt erklärenden endogenen Variablen Y_2 invertierbar ist, ergeben sich folgende eindeutige Lösungen für γ_{12}^* und α_{13}^*:

(74) $\quad \begin{pmatrix} \gamma_{12}^* \\ \alpha_{13}^* \end{pmatrix} = \dfrac{1}{r_{23} r_{34} - r_{24}} \begin{pmatrix} r_{34} & -1 \\ -r_{24} & r_{23} \end{pmatrix} \begin{pmatrix} r_{13} \\ r_{14} \end{pmatrix}$

also:

(74.1) $\quad \gamma_{12}^* = \dfrac{r_{34} r_{13} - r_{14}}{r_{23} r_{34} - r_{24}} = \dfrac{r_{14} - r_{13} r_{34}}{r_{24} - r_{23} r_{34}}$

(74.2) $\quad \alpha_{13}^* = \dfrac{-r_{13} r_{24} + r_{14} r_{23}}{r_{23} r_{34} - r_{24}} = \dfrac{r_{13} r_{24} - r_{14} r_{23}}{r_{24} - r_{23} r_{34}}.$

Die Zeilen der gerade erwähnten Korrelationsmatrix werden durch die beiden eingesetzten instrumentellen Variablen erzeugt. Es wird einmal die direkt wirkende exogene Variable X_3 genommen und einmal die nicht direkt wirkende exogene Variable X_4. Die Spalten dieser Matrix wiederum werden durch die Variablen erzeugt, die Y_1 direkt erklären, und zwar entweder als endogene Variable Y_2 oder als exogene Variable X_3.

Damit diese Matrix invertierbar ist, müssen deshalb folgende Bedingungen erfüllt sein:

1. Die Matrix muß quadratisch sein: Die *Zahl der Y_1 direkt erklärenden Variablen muß gleich der Zahl der eingesetzten instrumentellen sein.* Das bedeutet wiederum, daß es für die endogene Variable, die in einer Strukturgleichung als direkt erklärend auftritt, eine exogene Variable geben muß, die in der Strukturgleichung *nicht* auftritt.
2. Die in der Strukturgleichung insgesamt als *direkt erklärend* auftretenden endogenen und exogenen Variablen müssen *linear unabhängig* sein.
3. Alle als *instrumentelle* Variablen eingesetzten exogenen Variablen, und zwar sowohl diejenigen, die in der Strukturgleichung als direkt erklärend auftreten, als auch diejenigen, die nicht auftreten (aber als „Instrumente" verwandt werden), müssen *linear unabhängig* sein.
4. Keine der eingesetzten instrumentellen Variablen darf mit allen direkt erklärenden Variablen unkorreliert sein.

Völlig analog kann im vorliegenden Beispiel die Schätzung der Parameter γ_{21} und α_{24} der Strukturgleichung (70.2) erfolgen: Als erste instrumentelle Variable ist X_4 einsetzbar, als zweite X_3, welche Y_2 nicht direkt erklärt. In der Tat erhält man aus den beiden Orthogonalitätsannahmen

$$m(X_3 e_2) = m(X_4 e_2) = 0$$

folgende Korrelationsgleichungen als Schätzgleichungen

(75) $\quad \begin{pmatrix} r_{23} \\ r_{24} \end{pmatrix} = \begin{pmatrix} r_{13} & r_{34} \\ r_{14} & 1 \end{pmatrix} \begin{pmatrix} \gamma_{21}^* \\ \alpha_{24}^* \end{pmatrix}$

und hieraus wiederum bei vorausgesetzter Invertierbarkeit der relevanten Korrelationsmatrix:

(76) $\quad \begin{pmatrix} \gamma_{21}^* \\ \alpha_{24}^* \end{pmatrix} = \frac{1}{r_{13} - r_{14} \cdot r_{34}} \begin{pmatrix} 1 & -r_{34} \\ -r_{14} & r_{13} \end{pmatrix} \begin{pmatrix} r_{23} \\ r_{24} \end{pmatrix}$

(76.1) $\quad \gamma_{21}^* = \dfrac{r_{23} - r_{24} r_{34}}{r_{13} - r_{14} r_{34}}$

(76.2) $\quad \alpha_{24}^* = \dfrac{-r_{14}r_{23} + r_{13}r_{24}}{r_{13} - r_{14}r_{34}} = \dfrac{r_{13}r_{24} - r_{14}r_{23}}{r_{13} - r_{14}r_{34}}$

1.3.3.2 Methode der indirekten kleinsten Quadrate

Für *gerade identifizierte* Strukturgleichungen führt die Methode der *indirekten kleinsten Quadrate* zu eindeutigen Schätzwerten für die strukturellen Parameter, und zwar erhält man das gleiche Ergebnis wie im Falle eines Einsatzes der exogenen Variablen als instrumentelle Variablen.

Dazu stellt man zunächst alle endogenen Variablen als Linearkombination nur von exogenen Variablen (und zusätzlicher Residuen) dar. Für diese *reduzierte Form* erhält man dann unter der Annahme der Orthogonalität der Residuen zu den exogenen Variablen eindeutige Schätzwerte für die Koeffizienten. Falls nun eine Strukturgleichung gerade identifiziert ist, kann man aus den Schätzwerten für die Koeffizienten der reduzierten Form eindeutige Schätzwerte für die Parameter der strukturellen Form berechnen.

Für das Beispiel in Darstellung 4 erhält man aus der strukturellen Form durch Einsetzen von (70.1) in (70.2) und umgekehrt und Auflösung nach den *Y:*

$$y_1 = \gamma_{12}[\gamma_{21}y_1 + \alpha_{24}x_4 + e_2] + \alpha_{13}x_3 + e_1$$
$$y_2 = \gamma_{21}[\gamma_{12}y_2 + \alpha_{13}x_3 + e_1] + \alpha_{24}x_4 + e_2$$
$$y_1 = \gamma_{12}\gamma_{21}y_1 + \gamma_{12}\alpha_{24}x_4 + \alpha_{13}x_3 + \gamma_{12}e_2 + e_1$$
$$y_2 = \gamma_{21}\gamma_{12}y_2 + \gamma_{21}\alpha_{13}x_3 + \alpha_{24}x_4 + \gamma_{21}e_1 + e_2$$

und damit schließlich als reduzierte Form:

$$y_1 = \frac{\alpha_{13}}{1 - \gamma_{12}\gamma_{21}} x_3 + \frac{\gamma_{12}\alpha_{24}}{1 - \gamma_{12}\gamma_{21}} x_4 + \frac{1}{1 - \gamma_{12}\gamma_{21}} [\gamma_{12}e_2 + e_1]$$
$$y_2 = \frac{\gamma_{21}\alpha_{13}}{1 - \gamma_{12}\gamma_{21}} x_3 + \frac{a_{24}}{1 - \gamma_{12}\gamma_{21}} x_4 + \frac{1}{1 - \gamma_{12}\gamma_{21}} [\gamma_{21}e_1 + e_2]$$

Definiert man die Koeffizienten und Residuen der reduzierten Form in folgender Weise:

$$\pi_{13} := \frac{\alpha_{13}}{1 - \gamma_{12}\gamma_{21}} \quad \pi_{14} := \frac{\gamma_{12}\alpha_{24}}{1 - \gamma_{12}\gamma_{21}}$$

$$\pi_{23} := \frac{\gamma_{21}\alpha_{13}}{1 - \gamma_{12}\gamma_{21}} \quad \pi_{24} := \frac{a_{24}}{1 - \gamma_{12}\gamma_{21}}$$

(78) $\quad v_1 := \dfrac{1}{1 - \gamma_{12}\gamma_{21}} [\gamma_{12}e_2 + e_1]$

$$v_2 := \frac{1}{1-\gamma_{12}\gamma_{21}} [\gamma_{21} e_1 + e_2] ,$$

so kann man die reduzierte Form auch schreiben als:

(79.1) $\quad y_1 = \pi_{13} x_3 + \pi_{14} x_4 + v_1$

(79.2) $\quad y_2 = \pi_{23} x_3 + \pi_{24} x_4 + v_2 \qquad$ bzw. als

$$(y_1 y_2) = (x_3 x_4) \, \Pi + (v_1 v_2)$$

Wie man sich überzeugt, erfüllen Π und die v die Definitionsbeziehungen (72).

Falls die exogenen Variablen zu den Residuen e_1, e_2 der strukturellen Form orthogonal sind, sind sie es auch zu den Residuen v_1 und v_2 der reduzierten Form, da diese Linearkonbinationen der e_1 und e_2 darstellen. Die Voraussetzungen für die Anwendung der Methode der kleinsten Fehlerquadrate zur Schätzung der Koeffizienten der reduzierten Form sind damit erfüllt und man erhält z.B. aus (79.1) für π_{13} und π_{14} die beiden Schätzgleichungen

$$m(X_3 Y_1) = \pi_{13} m(X_3^2) + \pi_{14} m(X_3 X_4)$$
$$m(X_4 Y_1) = \pi_{13} m(X_4 X_3) + \pi_{14} m(X_4^2)$$

bzw. nach Übergang zu Korrelationen

$$\begin{pmatrix} r_{13} \\ r_{14} \end{pmatrix} = \begin{pmatrix} 1 & r_{34} \\ r_{34} & 1 \end{pmatrix} \begin{pmatrix} \pi_{13}^* \\ \pi_{14}^* \end{pmatrix} .$$

Die Lösung für den standardisierten Koeffizientenvektor der ersten Gleichung der reduzierten Form lautet

$$\begin{pmatrix} \pi_{13}^* \\ \pi_{14}^* \end{pmatrix} = \frac{1}{1-r_{34}^2} \begin{pmatrix} 1 & -r_{34} \\ -r_{34} & 1 \end{pmatrix} \begin{pmatrix} r_{13} \\ r_{14} \end{pmatrix}$$

Also ergeben sich als standardisierte Koeffizienten

(80.1) $\quad \pi_{13}^* = \dfrac{r_{13} - r_{14} r_{34}}{1-r_{34}^2}$

(80.2) $\quad \pi_{14}^* = \dfrac{r_{14} - r_{13} r_{34}}{1-r_{34}^2}$.

Entsprechend erhält man für die Koeffizienten π_{23}^* und π_{24}^* der zweiten Gleichung der reduzierten Form (nach ihrer Standardisierung)

$$\begin{pmatrix} \pi^*_{23} \\ \pi^*_{24} \end{pmatrix} = \frac{1}{1-r_{34}^2} \begin{pmatrix} 1 & -r_{34} \\ -r_{34} & 1 \end{pmatrix} \begin{pmatrix} r_{23} \\ r_{24} \end{pmatrix}$$

(81.1) $\quad \pi^*_{23} = \dfrac{r_{23} - r_{24} r_{34}}{1 - r_{34}^2}$

(81.2) $\quad \pi^*_{24} = \dfrac{r_{24} - r_{23} r_{34}}{1 - r_{34}^2}$

Nachdem man die π^*-Koeffizienten der reduzierten Form berechnet hat, lassen sich aus ihnen die gesuchten strukturellen Parameter gewinnen.

Dazu beachte man, daß sich nach (78) die *strukturellen Parameter* als *Funktionen der Koeffizienten der reduzierten Form* schreiben lassen:

$$\gamma^*_{12} = \pi^*_{14}/\pi^*_{24} \qquad \gamma^*_{21} = \pi^*_{23}/\pi^*_{13}$$

$$\alpha^*_{13} = \frac{1}{\pi^*_{24}} (\pi^*_{24} \cdot \pi^*_{13} - \pi^*_{14} \pi^*_{23})$$

$$\alpha^*_{24} = \frac{1}{\pi^*_{13}} (\pi^*_{24} \pi^*_{13} - \pi^*_{14} \pi^*_{23}).$$

Andererseits sind die standardisierten Koeffizienten π^*_{jk} der reduzierten Form nach (80) und (81) wiederum Funktionen der empirischen Korrelationen r_{13}, r_{14}, r_{23}, r_{24} sowie r_{34}.

Nimmt man die erforderlichen Substitutionen vor, so erhält man tatsächlich:

$$\gamma^*_{12} = \frac{r_{14} - r_{13} r_{34}}{r_{24} - r_{23} r_{34}} \qquad \gamma^*_{21} = \frac{r_{23} - r_{24} r_{34}}{r_{13} - r_{14} r_{34}}$$

$$\alpha^*_{13} = \frac{r_{13} r_{24} - r_{14} r_{23}}{r_{24} - r_{23} r_{34}} \qquad \alpha^*_{24} = \frac{r_{13} r_{24} - r_{14} r_{23}}{r_{13} - r_{14} r_{34}}$$

Wie man sieht, sind das die gleichen Werte wie (74) und (76), welche in Abschnitt 1.3.3.1 gefunden wurden.

1.3.3.3 Weitere Beispiele für nicht-identifizierte und identifizierte Systeme

In den beiden vorangehenden Abschnitten wurden zwei Möglichkeiten zur Bestimmung der strukturellen Parameter vorgestellt:

1. Man berechnet *mit Hilfe der Kleinstquadratemethode* zunächst die *Koeffizienten der reduzierten Form* und versucht dann, aus diesen die gesuchten Parameter

der strukturellen Form zu bestimmen. Sofern die Residuen der endogenen Variablen orthogonal sind zu den exogenen Variablen sind die Koeffizienten der reduzierten Form immer bestimmbar. Aber nur in gerade identifizierten Systemen erhält man aus diesen Koeffizienten wiederum die gesuchten strukturellen Parameter. Denn während die Koeffizienten der reduzierten Form immer als Funktionen der strukturellen Parameter definiert sind (vgl. (78)), sind nur im gerade identifizierten Fall auch umgekehrt die strukturellen Parameter als Funktionen der Koeffizienten der reduzierten Form darstellbar.

2. Man verwendet solche Variablen, die zu den Residuen orthogonal sind und mit den die endogene Variable direkt erklärenden Variablen korrelieren, als *instrumentelle Variable*. Als instrumentielle Variable kommen einmal die erklärenden exogenen Variablen selbst in Frage. Deren Zahl reicht aber nicht aus, sofern daneben auch endogene Variable auf die betrachtete direkt wirken. Deshalb benötigt man für jede direkt erklärende endogene Variable mindestens noch eine weitere instrumentelle Variable, die aber in der betreffenden Strukturgleichung nicht auftreten darf, da sich sonst die Zahl der zu schätzenden strukturellen Parameter erhöhen würde.

Man kann nun zeigen, daß zur Identifizierbarkeit der Koeffizienten einer Strukturgleichung die Erfüllung des folgenden Kriteriums *notwendig*, wenn auch nicht hinreichend ist, falls man die Modell-Restriktionen überhaupt in der Form des Verschwindens bestimmter Koeffizienten formuliert (*Ordnungskriterium*): Die Zahl der *exogenen* Variablen, die auf der rechten Seite der Strukturgleichung *nicht* auftreten, muß mindestens so groß sein wie die Zahl der dort auftretenden *endogenen* Variablen.

Ist das Identifizierbarkeitskriterium nicht erfüllt, lassen sich zwar die Koeffizienten der reduzierten Form berechnen, nicht aber daraus die gesuchten strukturellen Parameter gewinnen. Dies bedeutet andererseits, daß für die betreffende Strukturgleichung nicht genügend instrumentelle Variable zur Verfügung stehen. In gerade identifizierten Systemen führt die Verwendung aller exogenen Variablen als instrumentelle Variable zum gleichen Ergebnis wie der Weg über die reduzierte Form. In einer über-identifizierten Strukturgleichung hat man mehr instrumentelle Variable und damit mehr Schätzgleichungen für die Parameter.

Das Konzept der Identifizierbarkeit sei abschließend an drei weiteren Beispielen erläutert.

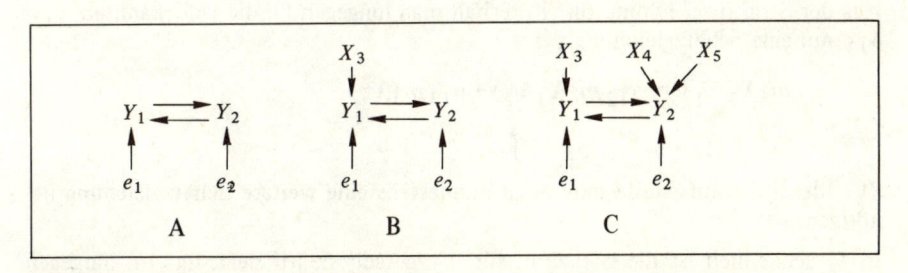

Darstellung 5: Weitere Beispiele allgemeiner struktureller Systeme

In A sind beide Strukturgleichungen nicht-identifiziert; da es überhaupt keine exogenen Variablen gibt, ist eine reduzierte Form nicht angebbar.

In B ist die strukturelle Form

$$y_1 = \gamma_{12} y_2 + \alpha_{13} x_3 + e_1$$
$$y_2 = \gamma_{21} y_1 + e_2$$

in folgende reduzierte Form transformierbar

$$y_1 = \frac{\alpha_{13}}{1 - \gamma_{12} \gamma_{21}} x_3 + \frac{1}{1 - \gamma_{12} \gamma_{21}} (\gamma_{12} e_2 + e_1)$$

$$y_2 = \frac{\gamma_{21} \alpha_{13}}{1 - \gamma_{12} \gamma_{21}} x_3 + \frac{1}{1 - \gamma_{12} \gamma_{21}} (\gamma_{21} e_1 + e_2).$$

Ist X_3 zu e_1 und e_2 orthogonal, erhält man für die reduzierte Form die Kleinstquadrateschätzungen

$$\frac{m(X_3 Y_1)}{m(X_3^2)} \quad \text{bzw.} \quad \frac{m(X_3 Y_2)}{m(X_3^2)},$$

für $\quad \pi_{13} = \dfrac{\alpha_{13}}{1 - \gamma_{12} \gamma_{21}} \quad$ und $\quad \pi_{23} = \dfrac{\gamma_{21} \alpha_{13}}{1 - \gamma_{12} \gamma_{21}}.$

Aus diesen ist zwar $\gamma_{21} = \pi_{23}/\pi_{13}$ bestimmbar (und zwar erhält man nach Standardisierung $\frac{r_{23}}{r_{13}}$) nicht aber γ_{12} und α_{13}.

In der Tat ist die Gleichung für Y_2 gerade identifiziert, denn die Verwendung der einzigen exogenen Variable X_3 des Systems als instrumentelle Variable führt auf die Schätzgleichung für γ_{21}

$$m(X_3 Y_2) = \gamma_{21} m(X_3 Y_1)$$
$$r_{23} = \gamma_{21}^* r_{13}$$

Aus der Strukturgleichung für Y_1 erhält man hingegen für die Unbekannten γ_{12}, α_{13} nur eine Schätzgleichung

$$m(X_3 Y_1) = \gamma_{12} m(X_3 Y_2) + \alpha_{13} m(X_3^2)$$

bzw. $\quad r_{13} = \gamma_{12}^* r_{23} + \alpha_{13}^*.$

Zur Identifikation würde man noch mindestens eine weitere Schätzgleichung benötigen.

In C schließlich ist die Gleichung für Y_2 gerade identifiziert, für Y_1 hingegen über-identifiziert. Die Verwendung der exogenen Variablen X_4 und X_5 als instrumentelle Variablen führt nämlich auf folgende drei Schätzgleichungen für die beiden strukturellen Parameter γ_{12}, α_{13}:

$$m(X_3 Y_1) = \gamma_{12} m(X_3 Y_2) + \alpha_{13} m(X_3^2)$$

$$m(X_4 Y_1) = \gamma_{12} m(X_4 Y_2) + \alpha_{13} m(X_4 X_3)$$

$$m(X_5 Y_1) = \gamma_{12} m(X_5 Y_2) + \alpha_{13} m(X_5 X_3)$$

bzw. $\quad r_{13} = \gamma_{12}^* r_{23} + \alpha_{13}^*$

$\quad\quad r_{14} = \gamma_{12}^* r_{24} + \alpha_{13}^* r_{34}$

$\quad\quad r_{15} = \gamma_{12}^* r_{25} + \alpha_{13}^* r_{35}$.

Hier würden i.a. jeweils zwei Gleichungen zur Identifikation der unbekannten Parameter ausreichen. Wäre das Gleichungssystem konsistent, müßte die Lösung für die beiden Unbekannten unabhängig davon sein, welche Gleichungen man auswählt. I.a. kommt man aber zu verschiedenen Lösungen. Durch die Konstruktion und den Einsatz geeigneter instrumenteller Variablen kann man aber auch für überidentifizierte Strukturgleichungen, bei denen man sonst mit einem inkonsistenten System von Schätzgleichungen rechnen müßte, zu einer eindeutigen Parameter-Schätzung mit bestimmten wünschenswerten statistischen Eigenschaften gelangen.

Eine Einführung in das Identifikationsproblem findet man bei R. J. WONNACOTT und Th. H. WONNACOTT 1970, Kap. 8 - 9 und 18 - 20 und bei O. D. DUNCAN 1975, Kap. 5 - 7; für allgemeine Darstellungen siehe F. M. FISHER 1966, J. JOHNSTON 1972, Kap. 12 und A. S. GOLDBERGER und O. D. DUNCAN 1973, Kap. 1 - 10.

1.3.4 Rekursive Strukturen als Spezialfälle identifizierter Systeme

Lassen sich die Strukturgleichungen für die endogenen Variablen so anordnen, daß in einem ersten Schritt aufgrund der Werte der exogenen Variablen und der Residuen bei gegebenen Strukturparametern die Werte der von diesen Variablen direkt abhängigen endogenen Variablen eindeutig bestimmt sind, und sind dann in einem zweiten Schritt die Werte der von diesen wiederum direkt abhängigen Variablen eindeutig bestimmt, und läßt sich dieses Vorgehen wiederholen bis die Strukturgleichungen erschöpft sind, so handelt es sich um ein *rekursives System*. Korrespondierend zur Anordnung der Strukturgleichungen wird in der Menge der Variablen mit der nicht-symmetrischen Relation der „direkten" Wirkung eine partielle Ordnung erzeugt (vgl. 1.3.2). Die Relation ist nicht notwendig transitiv, wohl aber asymmetrisch.

Da für die reduzierte Form immer gilt, daß sämtliche endogenen Variablen als von allen exogenen Variablen eindeutig determiniert angesetzt werden können, ist die genannte partielle Ordnung nur dann interessant, wenn sie für die Gleichungen der strukturellen Form vorliegt. Weiterhin dürfen durch die Anordnung von Strukturgleichungen bzw. Variablen keine Korrelationen zwischen den Residualvariablen erzeugt werden. Rekursive Anordnung der Strukturgleichungen und partielle Ordnung der Variablen sind dann eindeutig, wenn erlaubte mathematische Transformationen der Strukturgleichungen, die deren Anordnung ändern würden, gleichzeitig auch Korrelationen zwischen den Residuen erzeugen würden.

Verallgemeinert man den Begriff der direkten Wirkung zum Begriff der Wirkung, dann ist mit seiner Hilfe die *rekursive Strukturen definierende Bedingung der Nicht-Zirkularität* formulierbar: Wenn im System der Strukturgleichungen eine Variable X_k als Wirkung von X_j angesetzt wird, dann darf X_j nicht als direkte Wirkung von X_k angesetzt werden. In rekursiven Systemen gibt es also keine zirkuläre Abhängigkeit und damit auch keine Wechselwirkung und keine Rückkopplung. Dabei ist eine Variable X_k eine Wirkung von X_j, wenn in dem die Abhängigkeitsstruktur darstellenden Graphen ein Pfad von X_j nach X_k verläuft. Für die Wirkungsbeziehung gilt, daß sie transitiv ist.

Da in rekursiven Systemen die Relation der direkten Wirkung asymmetrisch ist, werden rekursive Systeme auch als *asymmetrisch* bezeichnet. Für die Parameter gilt:

$$\alpha_{jk} \neq 0 \text{ impliziert } \alpha_{kj} = 0.$$

Andererseits entspricht das Vorliegen einer partiellen Ordnung der Variablen der intuitiven Vorstellung von kausaler Abfolge, so daß rekursive Systeme auch als *asymmetrische Kausalmodelle* bezeichnet werden.

Bezogen auf X_j „kausal vorangehend" heißen solche Variablen, für welche die Strukturgleichungen eine (u.U. über Drittvariablen vermittelte) Wirkung auf X_j spezifizieren; „kausal nachfolgend" sind solche Variablen, für die Wirkungen von X_j spezifiziert werden. Exogene und hinsichtlich X_j prädeterminierte Variablen sind sicher nicht kausal nachfolgend, müssen aber auch nicht alle kausal vorangehend sein. Umgekehrt sind alle kausal nicht nachfolgenden Variablen prädeterminiert.

In Darstellung 2 bildet das aus X_1, X_2, X_3, X_4 und X_6 bestehende Variablensystem eine rekursive Struktur. Würde man in der allgemeinen Struktur der Darstellung 3, in der die 6 Parameter nicht identifizierbar sind, Gründe für die drei Annahmen $\alpha_{12} = \alpha_{13} = \alpha_{23} = 0$ haben, so läge eine rekursive Struktur vor. Die Parameter-Matrix nähme Dreiecksform an

$$A = \begin{pmatrix} 1 & -\alpha_{21} & -\alpha_{31} \\ 0 & 1 & -\alpha_{32} \\ 0 & 0 & 1 \end{pmatrix};$$

damit wären nur noch drei Parameter unbekannt. (Im allgemeinen Fall sind in rekursiven Strukturen höchstens $m(m-1)/2$ Werte von Parametern zu schätzen.) Zu deren Identifikation würde man also nur noch mindestens drei (allgemein: $m(m-1)/2$) Schätzgleichungen benötigen. Dazu wären die Bedingungen der *Nicht-Korrelation der Residuen* geeignet, denn für m Residuen erhält man $m(m-1)/2$ Orthogonalitätsbedingungen der Art $m(e_j e_k) = 0$ $(j \neq k)$.

Diese könnte man verwenden, um $m(m-1)/2$ Schätzgleichungen mit den empirischen Kovarianzen aufzustellen.

Strukturgleichungen von rekursiven Systemen mit k endogenen Variablen ($k \leqslant m-1$) und $m-k$ exogenen Variablen sind *identifiziert*. Insbesondere sind *vollständige* rekursive Strukturen *gerade identifiziert*. In vollständigen rekursiven Systemen ist $k = m-1$ und es gilt für jedes Paar von Variablen X_j und X_k; entweder ist X_k direkte Wirkung von X_j oder umgekehrt (beides ist nicht möglich, da dann die Rekursivität nicht mehr gegeben wäre). In vollständigen rekursiven Systemen ist nicht nur die Beziehung der Wirkung, sondern auch die der *direkten* Wirkung *transitiv*. Dann aber ist eine *lineare Ordnung* (im strengen Sinne) aller Variablen des Systems möglich. Insbesondere gibt es genau *eine* exogene Variable, von der alle anderen direkt abhängig sind, und unter den endogenen genau eine Variable, die von allen anderen direkt abhängig ist.

Solche *unvollständigen* rekursiven Systeme mit mehr als einer exogenen Variable und in denen *jede* der k *endogenen* Variablen ($k < m-1$) *von allen Variablen*, die im Hinblick auf sie *prädeterminiert* sind, direkt abhängt, sind ebenfalls gerade identifiziert. Wie in Abschnitt 1.4.1 und 1.4.2 zu zeigen ist, führen für gerade identifizierte Systeme die Bedingungen der Orthogonalität von Residuen und prädeterminierten Variablen zu der benötigten Anzahl von Schätzgleichungen.

Die Strukturgleichung der *multiplen Regression* ist der Spezialfall einer gerade identifizierten unvollständigen rekursiven Struktur mit nur einer endogenen und $m-1$ exogenen Variablen. Alle sonstigen unvollständigen rekursiven Strukturen, die nicht gerade identifiziert sind, sind bei Beibehaltung der Orthogonalitätsbedingungen für die Residuen über-identifiziert.

1.4 Die Analyse der Korrelationen in rekursiven Mehr-Variablen-Systemen

1.4.1 Identifikation der Koeffizienten in vollständigen rekursiven Systemen

In *vollständigen* rekursiven Systemen mit m Variablen gibt es genau $m-1$ endogene Variable und damit $m-1$ Strukturgleichungen sowie eine exogene Variable. Alle Variablen von der exogenen bis zur „letzten abhängigen" Variablen können in eine eindeutige Abfolge gebracht werden, so daß jede in der Abfolge „spätere" Variable von allen „kausal" vorangehenden direkt abhängig ist.

Bezogen auf jede in einer bestimmten Strukturgleichung als abhängig betrachtete endogene Variable sind — wegen der Vollständigkeit — neben der exogenen Variable auch alle prädeterminierten endogenen Variablen kausal vorangehend. Alle kausal vorangehenden Variablen wirken auf die betreffende endogene Variable *direkt* mit einem unbekannten Parameter. Die Anzahl der Parameter beträgt für das System insgesamt $m(m-1)/2$.

H. SIMON (1954) hat als erster in den Sozialwissenschaften derartige Abhängigkeitsstrukturen untersucht, hinreichende Bedingungen für die Lösung des Identifikationsproblems formuliert und Konsequenzen für die empirischen Korrelationen für den Fall untersucht, daß man bestimmte Parameter gleich Null setzt, also unterstellt, daß keine direkten Abhängigkeiten vorliegen.

Wir wollen die Vorgehensweise an einem vollständigen rekursiven System mit drei Variablen erläutern, aber im Unterschied zu SIMON für die *exogene Variable keine Strukturgleichung mit Residualfaktoren* ansetzen und dementsprechend die zur Lösung verwandten zusätzlichen Bedingungen anders formulieren.

In der folgenden Drei-Variablen-Konfiguration wird zum Ausdruck gebracht, daß X_1 eine exogene Variable ist, daß die endogene Variable X_2 von X_1 abhängt und daß die endogene Variable X_3 von X_2 und X_1 gleichzeitig abhängt.

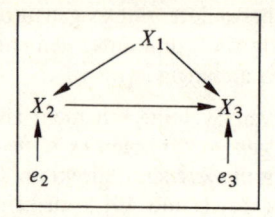

Darstellung 6: Vollständiges rekursives System

Das diese Aussagen formalisierende Gleichungssystem lautet also

(82.1) $\quad x_2 = \alpha_{21} x_1 + e_2$

(82.2) $\quad x_3 = \alpha_{31} x_1 + \alpha_{32} x_2 + e_3$

bzw. in Matrixform, aus der die Rekursivität noch deutlicher wird:

(82a) $\quad (x_1 x_2 x_3) \begin{pmatrix} -\alpha_{21} & -\alpha_{31} \\ 1 & -\alpha_{32} \\ 0 & 1 \end{pmatrix} = (e_2\, e_3).$

Zur Schätzung der drei unbekannten Parameter werden also noch drei Bedingungen benötigt. Diese betreffen das Verhalten der Residualvariablen, insbesondere deren Korrelationen mit den explizit berücksichtigten Variablen. Wir werden diese als Orthogonalitätsbedingungen in der Form von R. BOUDON (1968) formulieren: *Jede Residualvariable e_k wirkt direkt auf genau eine endogene Variable X_k.*

Mit dieser Bedingung der *Spezifizität der direkten Wirkungen der Residualfaktoren* ist nicht nur gemeint, daß e_k und alle direkt auf X_k wirkenden Variablen (allgemeiner: alle X_k kausal vorangehenden) unkorreliert sind, sondern auch, daß es keinen (evtl. unberücksichtigt gelassenen) *Faktor* gibt, der *gemeinsame Ursache* von e_k als auch einer direkt auf X_k wirkenden bzw. ihr kausal vorangehenden Variable ist.

In vollständigen rekursiven Systemen gehen alle im Verhältnis zu X_k prädeterminierten Variablen ihr auch kausal voran, und alle kausal vorangehenden werden mit einem direkten Effekt zur Erklärung von X_k herangezogen. Somit besagt die Bedingung der Spezifizität der Residualfaktoren, daß man für jede endogene Variable

1. Kapitel: Grundzüge der Regressions- und Korrelationsanalyse 61

genauso viele Annahmen über die Orthogonalität von Residualfaktoren und prädeterminierten Variablen formulieren kann wie unbekannte Parameter zu schätzen sind. Die *Orthogonalitätsbedingungen von BOUDON* lauten:

$$m(X_j, e_k) = 0, \text{ falls } X_j \text{ prädeterminierte Variable hinsichtlich } X_k$$

Im Hinblick auf (1.4.4) können wir die BOUDON-Bedingungen auch als „starkes System" der Orthogonalitätsbedingungen bezeichnen; in vollständigen rekursiven Systemen garantieren diese die Identifizierbarkeit der Parameter.

Im vorliegenden Beispiel lauten die Annahmen über das Verhalten der Residualfaktoren also, daß e_3 unkorreliert ist mit X_2 und X_1, welche beide sowohl hinsichtlich X_3 prädeterminiert sind, als auch für X_3 als direkt erklärend angesehen werden, und daß weiterhin e_2 unkorreliert ist mit der exogenen Variable X_1, welche X_2 ebenfalls direkt erklärt:

(83) $\quad m(X_2 e_3) = m(X_1 e_3) = m(X_1 e_2) = 0.$

Man wird nun die Orthogonalitätsbedingungen so ausnutzen, daß man die erste Gleichung mit X_1 und die zweite Gleichung mit X_1 und X_2 multipliziert und dann zu den Kovarianzen (und Varianzen) übergeht:

$$m(X_1, X_2) = \alpha_{21} m(X_1, X_1) + m(X_1, e_2)$$

$$m(X_1, X_3) = \alpha_{31} m(X_1, X_1) + \alpha_{32} m(X_1, X_2) + m(X_1, e_3)$$

$$m(X_2, X_3) = \alpha_{31} m(X_2, X_1) + \alpha_{32} m(X_2, X_2) + m(X_2, e_3)$$

Berücksichtigt man, daß die Kovarianzen mit den Residuen verschwinden, so erhält man folgende drei Gleichungen mit den drei unbekannten Parametern und bekannten Varianzen und Kovarianzen:

(84)
$$m(X_1, X_2) = \alpha_{21} m(X_1^2)$$
$$m(X_1, X_3) = \alpha_{31} m(X_1^2) + \alpha_{32} m(X_1, X_2)$$
$$m(X_2, X_3) = \alpha_{31} m(X_2, X_1) + \alpha_{32} m(X_2^2).$$

Verwendet man statt Kovarianzen Korrelationskoeffizienten, so erhält man drei äquivalente Gleichungen mit Korrelationskoeffizienten, strukturellen Parametern und Standardabweichungen s_j:

(85)
$$r_{12} = \alpha_{21} \frac{s_1}{s_2}$$
$$r_{13} = \alpha_{31} \frac{s_1}{s_3} + \alpha_{32} \frac{s_2}{s_3} r_{12}$$
$$r_{23} = \alpha_{31} \frac{s_1}{s_3} r_{12} + \alpha_{32} \frac{s_2}{s_3}.$$

Unter Verwendung der BOUDONschen Schreibweise d_{kj} für die standardisierten Koeffizienten (*Pfadkoeffizienten, Dependenzkoeffizienten*) ergibt sich schließlich:

(86.1) $\quad r_{12} = d_{21}$

(86.2) $\quad r_{13} = d_{31} + d_{32} \cdot r_{12}$

(86.3) $\quad r_{23} = d_{31} \cdot r_{12} + d_{32}$.

Welche Darstellungsweise auch gewählt wird, man kann die unstandardisierten „*Pfadregressionskoeffizienten*" α_{kj} bzw. die *standardisierten Pfadkoeffizienten* d_{kj} aus den gegebenen empirischen Kovarianzen bzw. Korrelationen berechnen.

SIMON kam zu dem gleichen Resultat, indem er als Bedingung verlangte, daß die Residuen untereinander unkorreliert sind. Dabei setzte er für die exogene Variable X_1 eine zusätzliche Gleichung an, durch die X_1 und eine Residualvariable e_1 miteinander identifiziert werden:

(82.3) $\quad X_1 \equiv e_1$

und ergänzte dementsprechend die Strukturgleichungen (82).

Die entsprechenden Orthogonalitätsannahmen für dieses Beispiel lauten dann

$$m(e_3 e_2) = m(e_3 e_1) = m(e_2 e_1) = 0$$

oder allgemein

$$m(e_k, e_j) = 0 \: (k \neq j) \quad \text{(Orthogonalitätsbedingungen von SIMON)}.$$

Wenn man für jede explizit berücksichtigte Variable eine für sie spezifische Residualvariable ansetzt, kann man zeigen, daß in vollständigen rekursiven Systemen die BOUDON- und SIMON-Bedingungen äquivalent sind. Demnach gilt auch: in vollständigen rekursiven Systemen erlauben die SIMON-Bedingungen die Identifizierbarkeit der gesuchten strukturellen Parameter.

Betrachten wir nochmals die Strukturgleichung (82.2) für X_3 mit den beiden unbekannten Parametern. Aufgrund von zwei Orthogonalitätsbedingungen erhält man hieraus genau zwei Gleichungen, die zur Schätzung der beiden unbekannten Parameter anhand der gegebenen empirischen Informationen verwandt werden können. Die Matrixschreibweise macht dies besonders deutlich

(87) $\quad \begin{pmatrix} r_{13} \\ r_{23} \end{pmatrix} = \begin{pmatrix} 1 & r_{12} \\ r_{12} & 1 \end{pmatrix} \begin{pmatrix} d_{31} \\ d_{32} \end{pmatrix}$

$\quad\quad\quad r_3 = R_{(12)} \cdot d_3$

r_3 ist der Vektor der gegebenen Korrelationen der endogenen Variable mit den Variablen, die in Bezug auf sie prädeterminiert sind; d_3 der entsprechende Vektor der gesuchten Parameter und $R_{(12)}$ die symmetrische Matrix der gegebenen Korrelation der prädeterminierten Variablen untereinander. Falls $R_{(12)}$ invertierbar ist, erhält man als die gesuchte Transformation den Vektor

(88) $\quad d_3 = R_{(12)}^{-1} \cdot r_3$.

Dabei kann man solange von der Invertierbarkeit von $R_{(12)}$ ausgehen, als die prädeterminierten Variablen linear unabhängig sind.

Im übrigen zeigt ein Vergleich von (88) mit (49), daß man im Falle vollständiger rekursiver Systeme für die endogene Variable X_3 die gleichen Schätzgleichungen erhält wie im Falle der multiplen Regressionsanalyse. Auch macht die Transformation der Korrelationen r_{13} und r_{23} in die Koeffizienten d_{31} und d_{32} nur von den Korrelationen der prädeterminierten Variablen Gebrauch, ist also unabhängig davon, wie die Abhängigkeitsstruktur dieser Korrelationen wiederum analysiert wird. Eine Pfad- oder Dependenzanalyse entspricht somit einer Menge konventioneller Regressionsanalysen.

1.4.2 Pfadtheorem für vollständige und gerade identifizierte Systeme

In der Drei-Variablen-Konfiguration in Darstellung 6 läßt sich die Korrelation zwischen den Variablen X_1 und X_3 mit Hilfe der Dependenzkoeffizienten (standardisierten Pfadkoeffizienten) darstellen als:

(89) $\quad r_{13} = d_{31} + d_{32} \cdot r_{12} = d_{31} + d_{32} \cdot d_{21}$.

Die Korrelation zwischen beiden Variablen ist die Summe eines direkten und indirekten Effektes, welche sie miteinander verbinden. Hierbei ist der indirekte Effekt selbst ein Produkt von direkten Effekten. Die Verallgemeinerung dieses Sachverhaltes läßt sich als *Pfadtheorem* in folgender Weise formulieren: Die Korrelation r_{kj} zwischen einer abhängigen Variable X_k und einer auf sie direkt wirkenden Variable X_j läßt sich in vollständigen rekursiven Systemen darstellen als:

(90) $\quad r_{kj} = d_{kj} + \sum\limits_{l \neq j} d_{kl} \cdot r_{lj}$

bzw. unter Berücksichtigung, daß $r_{jj} = 1$ als:

(90a) $\quad r_{kj} = \sum\limits_{l} d_{kl} \cdot r_{lj}$.

Die Summierung erfolgt über alle Variablen, die der abhängigen Variablen X_k kausal vorangehen. (Kausal nachgeordnete Variablen können in rekursiven Modellen keinen Effekt auf X_k haben.)

Dieses Theorem erhält man, wenn man für X_k z.B. die folgende Gleichung ansetzt:

$$x_k = \alpha_{kj} x_j + \sum\limits_{l \neq j} \alpha_{kl} x_l + e_k$$

Unter Ausnutzung der Orthogonalität von e_k und X_j erhält man für die Kovarianzen

$$m(X_j X_k) = \alpha_{kj} m(X_j X_j) + \sum_{l \neq j} \alpha_{kl} \cdot m(X_j X_l)$$

und daraus nach Standardisierung die behauptete Beziehung (90) für die Korrelationen.

Häufig werden in diesem Zusammenhang Regeln formuliert, nach denen man einer graphisch dargestellten Abhängigkeitsstruktur direkt die Gleichungen für die Korrelations- und Dependenzkoeffizienten entnehmen kann. Statt eine solche „Faustregel" zu verwenden, empfiehlt es sich, vor allem in unübersichtlichen Fällen, die Strukturgleichungen für die vermutete Struktur explizit zu formulieren, die Orthogonalitätsbedingungen für die Residualfaktoren zu spezifizieren und erst dann systematisch die Dependenz- oder Pfadkoeffizienten zu bestimmen.

Wir sagten, daß man (89) auch aus einer Regressionsanalyse mit X_3 als abhängiger und X_1 und X_2 als erklärenden Variablen erhalten hätte; die d-Koeffizienten sind gleich den β-Koeffizienten der Regression. Betrachtet man also in einer vollständigen rekursiven Struktur eine abhängige Variable, dann sind *partielle Regressionskoeffizienten und Dependenzkoeffizienten* als Maß des direkten Einflusses der erklärenden Variablen identisch. Da die Regressionsanalyse eine Analyse der Korrelationen zwischen den kausal vorangehenden Variablen nicht erfordert, sind auch die Werte der Dependenzkoeffizienten bezüglich der Kausalstruktur der erklärenden Variablen invariant. Das heißt jedoch nicht, daß sie als Maß des gesamten kausalen Einflusses interpretierbar sind, sondern lediglich als Maß des *direkten* Einflusses.

Alle bis jetzt gewonnenen Ergebnisse für vollständige rekursive Systeme lassen sich auf *gerade identifizierte rekursive Systeme* verallgemeinern. Die folgende Struktur der Variablen $X_1 \ldots X_5$ ist ein Beispiel für ein gerade identifiziertes, aber nicht vollständiges rekursives System. Insgesamt gibt es 10 empirische Korrelationen, von denen jedoch drei die Variablen X_1, X_2 und X_3 betreffen, welche als exogen angenommen werden. Für die endogenen Variablen X_4 und X_5 gilt, daß ihre *Teilstruktur „vollständig"* ist *und* daß beide *von allen drei exogenen Variablen direkt* abhängig sind. Es gibt somit sieben unbekannte Koeffizienten, zu deren Schätzung die sieben Korrelationskoeffizienten zur Verfügung stehen, die nicht ausschließlich exogene Variablen involvieren.

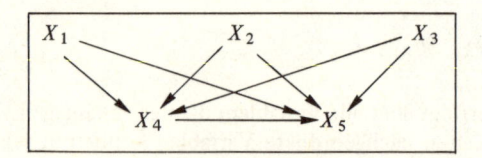

Darstellung 7: Unvollständiges gerade identifiziertes rekursives System

Um deutlich zu machen, daß die Koeffizienten tatsächlich identifizierbar sind, sollen die Schätzgleichungen zum Teil formuliert werden. Die Strukturgleichung für X_5 lautet:

$$x_5 = \alpha_{51} x_1 + \alpha_{52} x_2 + \alpha_{53} x_3 + \alpha_{54} x_4 + e_5.$$

1. Kapitel: Grundzüge der Regressions- und Korrelationsanalyse

Bezogen auf X_5 sind die Variablen X_1 bis X_4 prädeterminiert. Wendet man die BOUDON-Bedingungen auch auf diese Struktur an, so erhält man vier Orthogonalitätsannahmen:

$$m(X_1 e_5) = m(X_2 e_5) = m(X_3 e_5) = m(X_4 e_5) = 0.$$

Unter deren Ausnutzung ergeben sich in der schon bekannten Weise aus der Strukturgleichung für X_5 genau vier Schätzgleichungen:

$$\begin{pmatrix} r_{15} \\ r_{25} \\ r_{35} \\ r_{45} \end{pmatrix} = \begin{pmatrix} 1 & r_{12} & r_{13} & r_{14} \\ r_{12} & 1 & r_{23} & r_{24} \\ r_{13} & r_{23} & 1 & r_{34} \\ r_{14} & r_{24} & r_{34} & 1 \end{pmatrix} \begin{pmatrix} d_{51} \\ d_{52} \\ d_{53} \\ d_{54} \end{pmatrix}$$

bzw. $\quad r_5 = R_{(1234)} \cdot d_5$

Solange die hinsichtlich X_5 prädeterminierten Variablen nicht linear abhängig sind, ist $R_{(1234)}$ invertierbar, und damit sind die gesuchten Parameter berechenbar. Das Resultat ist unabhängig davon, in welcher Weise die Korrelationen zwischen den prädeterminierten Variablen analysiert werden.

Für gerade identifizierte Systeme läßt sich das folgende *Zerlegungstheorem* nach BOUDON (1967, S. 121) formulieren: Wenn man in einer Abhängigkeitsstruktur die Variablen in zwei disjunkte Klassen E und F so zerlegen kann, daß keine Variable aus E kausal von einer Variablen aus F abhängt, dann ist die „Kausalanalyse" von Korrelationen, sofern nicht beide korrelierte Variable aus E sind, invariant gegenüber der Abhängigkeitsstruktur von E.

Ansonsten ist festzuhalten: In gerade identifizierten Systemen garantieren die BOUDON-Bedingungen die Identifizierbarkeit der Koeffizienten. Das Pfadtheorem gilt allgemein für gerade identifizierte Systeme. Des weiteren ergibt sich, insbesondere unter Berücksichtigung des Zerlegungstheorems: 1. Man kann in gerade identifizierten rekursiven Strukturen z.B. zunächst die Dependenzkoeffizienten der $m - 1$ prädeterminierten Variablen auf die „letzte" abhängige Variable X_m bestimmen. In einem nächsten Schritt berechnet man die Dependenzkoeffizienten der verbleibenden prädeterminierten $m - 2$ Variablen auf die „vorletzte" abhängige Variable usw. bis alle endogenen Variablen untersucht wurden. Auf allen Stufen dieses Prozesses kann man die Rechenroutinen der Regressionsanalyse verwenden. Die Werte einer jeden Koeffizientenmenge auf jeder Stufe dieses Vorgehens sind unabhängig von den schon vorliegenden Resultaten der vorangegangenen Stufen sowie von den noch zu ermittelnden Resultaten späterer Stufen. Aufgrund dieser Invarianz ist es letztlich gleichgültig, in welcher Reihenfolge man die Dependenzkoeffizienten der endogenen Variablen bestimmt. Man kann die einzelnen Regressionsanalysen in beliebiger Reihenfolge durchführen. 2. Das Ergebnis der Analyse von gerade identifizierten rekursiven Strukturen ist invariant gegenüber der Abhängigkeitsstruktur von Variablen, die von den betrachteten Variablen abhängen, letztere aber nicht beeinflussen.

Entsprechend diesen Überlegungen können *analysierte rekursive Strukturen* in (vielleicht *unbekannte*) komplexere Strukturen eingebettet sein. Die Ergebnisse würden sich nicht ändern, selbst wenn man Faktoren berücksichtigen würde (oder könnte), die die exogenen Variablen beeinflussen oder die von den endogenen Variablen beeinflußt werden. „Gefährlich" sind „lediglich" solche nicht berücksichtigte Variablen, die mindestens zwei endogene Variablen oder eine exogene und eine endogene Variable beeinflussen. In diesem Fall würde die Bedingung der Spezifizität der direkten Wirkungen der impliziten Faktoren auf die endogenen Variablen verletzt. Dies bedeutet, daß u.U. in der Analyse ein direkter Effekt zwischen zwei Variablen ausgewiesen wird, der tatsächlich das Resultat einer gemeinsamen vorangehenden, aber außer acht gelassenen Variablen ist.

Weiterhin kann man in rekursiven Strukturen intervenierende Variablen vernachlässigen. Ihre explizite Berücksichtigung ändert nichts an den Dependenzkoeffizienten der Variablen, die durch sie verknüpft werden, mit dritten Variablen; lediglich der vorher als „direkt" ausgewiesene Effekt zwischen zwei Variablen wird durch explizite Einführung einer intervenierenden Variablen ggfs. in einen indirekten und direkten zerlegt (zur Einbettung reduzierter Strukturen in komplexere s. auch O. D. DUNCAN u.a. 1972, S. 23 ff.).

1.4.3 Korrelationszerlegung: Direkte, indirekte und konfundierte Effekte

Man betrachte den folgenden Spezialfall eines gerade identifizierten Systems bestehend aus den beiden exogenen Variablen X_1 und X_2 und den endogenen Variablen X_3 und X_4.

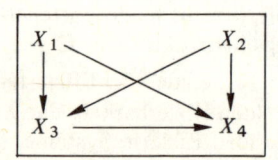

Darstellung 8: Unvollständiges gerade identifiziertes rekursives System

Gemäß Zerlegungstheorem (E bestehe z.B. aus den Variablen X_1 und X_2) sind die Pfadkoeffizienten d_{41}, d_{42}, d_{43} bzw. d_{31} und d_{32} unabhängig von der Abhängigkeitsstruktur der beiden exogenen Variablen. Würde man des weiteren r_{12} z.B. im Sinne einer direkten Wirkung von X_1 nach X_2 analysieren, wäre die Gesamtstruktur vollständig und das Pfadtheorem würde a fortiori gelten.

Eine multiple Regression von X_4 auf X_1, X_2 und X_3 ergibt das gleiche Resultat wie eine Dependenzanalyse. Gemäß Pfadtheorem ist die Korrelation zwischen X_1 und X_4 darstellbar als:

(91) $\quad r_{14} = \beta_{41} + \beta_{42} r_{12} + \beta_{43} r_{13} = d_{41} + d_{42} r_{12} + d_{43} r_{13}$

Die Korrelation r_{14} ist also die Summe direkter Effekte in Höhe von $d_{41} = \beta_{41}$ sowie indirekter und korrelierter Effekte, deren Gesamtsumme als Differenz der

Korrelation r_{14} und der direkten Effekte angegeben werden kann. Da die Korrelationen zwischen den erklärenden Variablen von X_4 noch nicht analysiert wurden, sind die indirekten Effekte auch noch nicht im einzelnen angebbar. Allerdings wissen wir aufgrund des Zerlegungstheorems, daß sich bei einer Korrelationsanalyse für die erklärenden Variablen von X_4 (E bestehe aus X_1, X_2 und X_3) die schon ermittelten Dependenzkoeffizienten d_{41}, d_{42} und d_{43} nicht mehr ändern werden. Im nächsten Schritt zerlegt man die Korrelation r_{13} und erhält:

(92) $\quad r_{13} = d_{31} + d_{32} r_{12}$.

Da r_{12} nicht zerlegbar ist, erhält man insgesamt für r_{14} die Zerlegung:

(93) $\quad r_{14} = d_{41} + d_{42} r_{12} + d_{43}(d_{31} + d_{32} r_{12})$
$\phantom{(93) \quad r_{14}} = d_{41} + d_{43} d_{31} + (d_{42} + d_{43} d_{32}) r_{12}$

Die Korrelation zwischen X_1 und X_4 setzt sich additiv zusammen:
1. aus einem *direkten* Effekt von X_1 auf X_4 in Höhe von d_{41};
2. aus einem *indirekten* Effekt von X_1 vermittelt durch die Variable X_3 in Höhe von $d_{43} \cdot d_{31}$;
3. aus einem Effekt von X_1, der mit einem Effekt der mit ihr *korrelierten* Variablen X_2 *konfundiert* ist, und der in seinen Gesamtbetrag abhängig ist von der Korrelation von X_1 mit X_2 und von der Summe der direkten und indirekten Effekte von X_2 auf X_4.

Betrachtet man nun in entsprechender Weise die Korrelation der beiden endogenen Variablen X_3 und X_4, so erhält man gemäß Regressions- oder Dependenzanalyse zunächst folgende Darstellung von r_{34}:

$$r_{34} = d_{43} + d_{42} r_{23} + d_{41} r_{13}.$$

Benutzt man die schon bekannte Zerlegung von r_{13} sowie folgende Zerlegung von

$$r_{23} = d_{32} + d_{31} r_{12}$$

so ergibt sich:

$$r_{34} = d_{43} + d_{42}(d_{32} + d_{31} r_{12}) + d_{41}(d_{31} + d_{32} r_{12})$$
$$\phantom{r_{34}} = d_{43} + d_{42} d_{32} + d_{41} d_{31} + d_{42} r_{12} d_{31} + d_{41} r_{12} d_{32}.$$

Es zeigt sich also, daß in diesem Fall die Korrelation zwischen X_3 und X_4 zerlegbar ist:
1. in einen *direkten* Effekt von X_3 auf X_4;
2. in zwei Komponenten, $d_{42} d_{32}$ und $d_{41} d_{31}$, die darauf zurückzuführen sind, daß es zwei Variablen X_1 und X_2 gibt, die beiden Variablen X_3 und X_4 kausal vorangehen und auf beide jeweils direkte Effekte d_{41}, d_{42}, d_{31}, d_{32} ausüben (*Effekte aufgrund gemeinsamer kausal vorangehender Variablen);*
3. in zwei weitere Komponenten, in denen die Wirkungen der beiden kausal vor-

angehenden und direkte Effekte ausübenden Variablen *konfundiert* sind, da X_1 und X_2 miteinander *korrelieren*.

Hinsichtlich der Korrelation von r_{13} ist festzuhalten, daß diese zerlegbar ist in einen direkten Effekt d_{31} von X_1 auf X_3 und einen weiteren Effekt $d_{32}r_{12}$, in welchem die Wirkung von X_1 mit der mit ihr korrelierten Variable X_2 konfundiert ist. Analoges gilt für r_{23}. Für r_{24} gilt die zu r_{14} symmetrische Zerlegung in einen direkten Effekt (d_{42}), einen indirekten Effekt $(d_{43}d_{32})$ und einen weiteren Effekt $(d_{41} + d_{43}d_{31})r_{12}$, in dem die Wirkungen von X_2 konfundiert sind mit Wirkungen der mit ihr korrelierten Variable X_1, welche sich wiederum auf X_4 durch einen direkten (d_{41}) und indirekten Effekt über X_3 in Höhe von $d_{43} \cdot d_{31}$ auswirkt.

Falls man weiterhin annehmen kann, daß die bis jetzt unanalysierte Korrelation r_{12} auf einen direkten Effekt, z.B. von X_1 auf X_2 zurückführbar ist, kann in allen genannten Zerlegungen $d_{21} = r_{12}$ gesetzt werden. Unter dieser zusätzlichen Hypothese sind dann alle bis jetzt konfundierten Wirkungen der Variablen X_1 und X_2 separierbar; es gibt dann nur Zerlegungen in direkte, indirekte und Effekte aufgrund gemeinsamer vorangehender Variablen,

z.B. für r_{14}: 1. direkter Effekt von X_1 auf X_4: d_{41}
             2. indirekter Effekt a) über X_3 : $d_{43}d_{31}$
                                  b) über X_2 : $d_{42}d_{21}$
             3. indirekter Effekt über X_2 und X_3 : $d_{43}d_{32}d_{21}$

und für r_{34}: 1. direkter Effekt von X_3 auf X_4: d_{43}

        2a. Effekt aufgrund der gemeinsamen kausal vorangehenden Variablen X_2, die auf X_3 und X_4 direkt wirkt: $d_{42}d_{32}$
        2b. desgleichen für X_1 : $d_{41}d_{31}$
        3a. Effekt aufgrund der gemeinsamen kausal vorangehenden Variablen X_1, welche auf X_3 direkt wirkt und auf X_4 indirekt über X_2
           $d_{31} \cdot d_{42} \cdot d_{21}$
        3b. Effekt aufgrund der gemeinsamen kausal vorangehenden Variablen X_1, welche auf X_4 direkt wirkt und auf X_3 indirekt über X_2
           $d_{41} \cdot d_{32} \cdot d_{21}$

1.4.4 Unvollständige Strukturen und über-identifizierte Systeme: Konsistenztests

Analyse und Zerlegung der empirischen Korrelationen in Komponenten sind möglich, weil die Orthogonalitätsbedingungen gerade die benötigte Anzahl von Gleichungen für die Korrelationen liefern, um aus ihnen die Werte der zunächst unbekannten Parameter in den Strukturgleichungen für die endogenen Variablen eindeutig zu berechnen (unter der Voraussetzung, daß das Gesamtsystem aller explizit betrachteten Variablen nicht linear abhängig ist). Da nämlich in *gerade identi-*

fizierten rekursiven Systemen alle für eine endogene Variable prädeterminierten Variablen diese endogene Variable auch direkt determinieren und für jede prädeterminierte Variable auch eine entsprechende Orthogonalitätsbedingung formuliert wird, erhält man genauso viele Schätzgleichungen wie Parameter.

Für jede Menge von Werten, die die Eigenschaften von Korrelationskoeffizienten aufweisen, ansonsten aber keinerlei Restriktionen unterworfen sind, erhält man dann eine Menge von Werten von strukturellen Parametern, die abgesehen davon, daß sie als lineare Transformation der ersten Menge eindeutig definiert sind, ebenfalls keinen weiteren Restriktionen unterliegen. Aus diesen Parametern lassen sich dann die direkten Effekte unmittelbar ablesen und die indirekten und korrelierten rekursiv berechnen.

Dabei bildet jede endogene Variable mit den sie direkt erklärenden prädeterminierten Variablen insofern ein abgeschlossenes System, als die Pfad- oder Dependenzkoeffizienten, welche die direkten Effekte zum Ausdruck bringen, sich nicht ändern, wenn man die Annahme über die Abhängigkeitsstruktur der kausal vorangehenden oder kausal folgenden Variablen ändert. (Solche Modifikationen haben jedoch Konsequenzen für die Aufteilung der Summe der indirekten und korrelierten Effekte über intervenierende und gemeinsame vorangehende Variable, wobei diese Summe als Differenz von einfacher Korrelation und standardisiertem Pfadkoeffizienten insgesamt jedoch konstant ist.) Insofern ist diese Pfadanalyse die natürliche Verallgemeinerung der multiplen Regressionsanalyse für einen Spezialfall komplexer Mehr-Variablen-Systeme, wobei es erstens für das Resultat unerheblich ist, in welcher Reihenfolge man die gerade identifizierte Struktur analysiert, und man zweitens auf allen Stufen der Analyse von Rechenroutinen der Regressionsanalyse Gebrauch machen kann.

Ein Identifikationsproblem gibt es also nicht; für *jede* hypothetisch zugrundegelegte Abhängigkeitsstruktur gibt es genau eine Menge von Werten der gesuchten Koeffizienten zur gegebenen Kovarianz- bzw. Korrelationsmatrix. Eine Entscheidung über die Art der Abhängigkeitsstruktur muß aber getroffen werden, bevor die Analyse beginnen kann. Tatsächlich sind für m Variablen $m!$ verschiedene vollständige rekursive Strukturen möglich, so daß alle diese verschiedenen Strukturen sich hinsichtlich der empirischen Konsequenzen nicht unterscheiden.

Die heißt aber auch, daß es *nicht* möglich ist, in gerade identifizierten Systemen die Strukturannahmen anhand der Beobachtungen zu testen. Ein derartiger Test würde voraussetzen, daß weniger Parameter zu schätzen sind als Schätzgleichungen zur Verfügung stehen.

Erst wenn man mehr (linear unabhängige) Schätzgleichungen als Parameter hat, kann die Konsistenz sämtlicher Modell-Annahmen und ihre Verträglichkeit mit bestimmten empirischen Daten geprüft werden. Umgekehrt wird es erst dann möglich, bei gegebenen empirischen Daten *bestimmte* die Abhängigkeitsstruktur definierende Annahmen zu testen, wenn man bezüglich der restlichen Annahmen unterstellen kann, daß sie nicht problematisch sind. Mehr Schätzgleichungen als Parameter erhält man dann, wenn in der rekursiven Struktur die Zahl der direkten Abhängigkeitsbeziehungen von den exogenen zu den endogenen sowie unter den endogenen geringer ist als die Zahl, die in einem gerade identifizierten rekursiven

Modell maximal möglich ist. Es gibt dann mindestens eine endogene Variable, für die die Zahl der prädeterminierten Variablen größer ist als die Zahl der sie determinierenden (die in „ihrer Gleichung" als erklärend aufgeführt sind). Läßt man nun die Zahl der Orthogonalitätsbedingungen unverändert, so erhält man für diese Variable mehr Schätzgleichungen als gesuchte Parameter. Das System der Schätzgleichungen ist überbestimmt (die Strukturgleichung über-identifiziert): eine echte Teilmenge davon würde schon ausreichen, die gesuchten Parameter zu identifizieren; falls sich die Modell-Annahmen insgesamt nicht widersprechen und mit der Menge der Beobachtungen verträglich sind, müßten jedoch alle zur Identifikation hinreichenden Teilmengen von Schätzgleichungen zum gleichen Resultat führen.

In *über-identifizierten Systemen* sind einige Parameter für mögliche direkte Beziehungen von prädeterminierten Variablen gleich Null gesetzt, können also nicht mehr frei variieren. Umgekehrt bedeutet dies, daß bei Beibehaltung der sonstigen Modellannahmen den empirischen Korrelationswerten bestimmte Restriktionen auferlegt sind.

Eine Möglichkeit, die Verträglichkeit der Modellannahmen eines überidentifizierten Systems mit empirischen Daten zu überprüfen, könnte darin bestehen, zunächst die freien Parameter mittels einer gerade hinreichend großen Teilmenge von Schätzgleichungen zu bestimmen und anschließend aus ihnen diejenigen Korrelationskoeffizienten zu berechnen, die noch nicht verwandt wurden, um schließlich die berechneten („erwarteten") mit den beobachteten Werten zu vergleichen (Ableitung von Testgleichungen für Korrelationen mit Hilfe von Koeffizienten, zu deren Berechnung die Korrelationen nicht benötigt wurden). Oder anders: Prüfen, ob die empirischen Korrelationen tatsächlich den behaupteten Restriktionen genügen (Ableitung von Testgleichungen für Beziehungen zwischen Korrelationen).

Eine *weitere* Möglichkeit besteht darin, die Abhängigkeitsstruktur des über-identifizierten Systems unter Berücksichtigung der Rekursivitätsforderung so zu „ergänzen", daß man ein gerade identifiziertes (oder sogar vollständiges) System erhält („erweitertes" System). Nach Identifikation aller Parameter des erweiterten Systems wird man dann prüfen, ob die Parameter, die im ursprünglichen System fixiert waren, tatsächlich der zusätzlichen Bedingung genügen, Null zu sein.

Drittens besteht die Möglichkeit, das über-identifizierte System dadurch zu einem gerade identifizierten zu modifizieren, daß man die Orthogonalitätsbedingungen gerade um diejenigen reduziert, in denen die Orthogonalität der Residue auch mit solchen prädeterminierten Variablen behauptet wird, die auf die endogene Variable nicht direkt wirken. Letztere Vorgehensweise ist in der *Pfadanalyse* allgemein üblich: Man verlangt dann lediglich, daß die Residue der endogenen Variable nur mit den Variablen unkorreliert ist, die in der Gleichung für die endogene Variable als erklärende Variable (d.h. mit einem potentiell von Null verschiedenen und damit gesuchten Koeffizienten) explizit auftreten. Korrelationen der Residue mit prädeterminierten Variablen, sofern diese auf die endogene nicht direkt einwirken, sind somit zugelassen:

$$m(X_j e_k) = 0, \text{ falls } X_j \text{ direkt auf } X_k \text{ wirkt}$$

(Schwaches System der Orthogonalitätsbedingungen der Pfadanalyse)

Dadurch, daß man für jede endogene Variable nur die schwächeren Bedingungen der Pfadanalyse fordert, erhält man für jede Strukturgleichung genau so viele

Schätzgleichungen wie unbekannte Parameter in ihr auftreten. Damit sind für jede Strukturgleichung die Parameter i.a. eindeutig identifizierbar und zwar wieder in der Weise, daß man auf die Rechenroutinen der Regressionsanalyse zurückgreifen kann.

Im übrigen kann auch hier ein Konsistenztest für das Kausalmodell durchgeführt werden: Statt ein über-identifiziertes System zu einem gerade identifizierten zu erweitern und nach Ausnutzung *sämtlicher starker* Orthogonalitätsbedingungen zu prüfen, ob die betreffenden Parameter tatsächlich verschwinden, wie die Struktur des über-identifizierten Systems unterstellt, kann man umgekehrt unter Ausnutzung lediglich der schwachen Orthogonalitätsbedingungen nur die gemäß Annahme frei variierender Parameter bestimmen und anschließend prüfen, ob weitere Orthogonalitätsbedingungen für die Residuen erfüllt sind.

Im folgenden sollen die drei Möglichkeiten, die *Struktur über-identifizierter Systeme* zu *testen*, nämlich

a) die Ableitung von Testgleichungen für die Korrelationskoeffizienten;

b) die Erweiterung zu gerade identifizierten Systemen und Prüfung, ob bestimmte strukturelle Parameter wie erwartet verschwinden;

c) die Verwendung der schwachen Orthogonalitäts-Bedingungen der Pfadanalyse und Prüfung von Residuen-Korrelationen

anhand eines einfachsten Beispiels kurz erläutert werden, bei dem auch deutlich wird, daß alle drei Verfahren äquivalent sind.

Für die Drei-Variablen-Konfiguration in Darstellung 6 ergab sich für die Korrelationen und Parameter:

(86.1) $\quad r_{12} = d_{21}$

(86.2) $\quad r_{13} = d_{31} + d_{32} \cdot r_{12}$

(86.3) $\quad r_{23} = d_{31} \cdot r_{12} + d_{32}$

Nimmt man nun — *statt* der *vollständigen* rekursiven — zwei Abhängigkeitsstrukturen an, in denen entweder kein direkter Effekt von X_1 nach X_3 ($\alpha_{31} = d_{31} = 0$) oder kein direkter Effekt von X_2 nach X_3 ($\alpha_{32} = d_{32} = 0$) unterstellt wird, so erhält man unter weiterer Beibehaltung aller drei (starken) Orthogonalitätsbedingungen zwei überdeterminierte Gleichungssysteme für die Korrelationen:

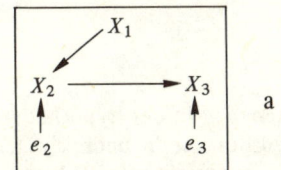

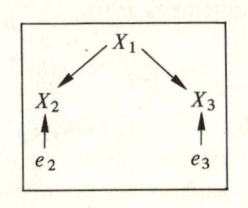

Darstellung 9: Unvollständige über-identifizierte rekursive Systeme

(94.1a) $r_{12} = d_{21}$ (94.1b) $r_{12} = d_{21}$

(94.2a) $r_{13} = d_{32} \cdot r_{12}$ bzw. (94.2b) $r_{13} = d_{31}$

(94.3a) $r_{23} = d_{32}$ (94.3b) $r_{23} = d_{31} \cdot r_{12}$

Insbesondere sind die Gleichungen für r_{13} und r_{23} überdeterminiert, weil in (a) auch die Orthogonalität von e_3 mit der exogenen Variable X_1, welche X_3 nicht direkt determiniert, und in (b) die Orthogonalität von e_3 mit der prädeterminierten Variable X_2, welche X_3 nicht direkt determiniert, vorausgesetzt wird, Würde man im Sinne der Pfadanalyse diese Orthogonalitätsannahmen nicht treffen, so könnte man (94.2a) bzw. (94.3b) nicht ableiten und die Schätzgleichungssysteme wären nicht über-determiniert.

Genau diese nur unter Annahme der zusätzlichen Orthogonalitätsbedingungen gewonnenen Gleichungen erlauben nun aber folgende *Beziehungen zwischen den empirischen Korrelationen* zu formulieren.

(95a) $r_{13} = r_{12} \cdot r_{23}$

(95b) $r_{23} = r_{12} \cdot r_{13}$.

In über-identifizierten rekursiven Systemen erzeugt das Gesamtsystem aller Annahmen, wenn man die starken Orthogonalitätsbedingungen beibehält, eine Reihe von *Restriktionen* für die *beobachteten Korrelationen*. Da letztere nicht mehr frei variieren können, läßt sich die Konsistenz über-identifizierter Modelle anhand empirischer Daten testen. Die *Konsistenzprüfung* des Systems aller Annahmen läßt sich als Test der Hypothese von der *Nicht-Existenz bestimmter direkter Abhängigkeitsbeziehungen* (und damit zu einem Test eines Teils der Annahmen über die Abhängigkeitsstruktur) verwenden, falls man die restlichen Annahmen als nicht problematisch unterstellt.

Im übrigen erzeugt jede Hypothese der Art $\alpha_{kj} = d_{kj} = 0$ genau eine Restriktion für die beobachteten Korrelationen. Hierzu schreiben wir für die vollständige Struktur der Drei-Variablen-Konfiguration (86.2) und (86.3) folgendermaßen:

(a) $\quad d_{31} = r_{13} - d_{32} \cdot r_{12}$

(b) $\quad d_{32} = r_{23} - d_{31} r_{12}$

Daß sich dieser Sachverhalt verallgemeinern läßt, sieht man an folgender Schreibweise des Pfadtheorems (90):

$$d_{kj} = r_{kj} - \sum_{l \neq j} d_{kl} \cdot r_{lj}$$

Dem Verschwinden eines Depedenzkoeffizienten d_{kj} in der hypothetischen Abhängigkeitsstruktur entspricht genau eine Restriktion für die beobachteten Korrelationen, die wiederum als *Testgleichung* für r_{kj} aufgefaßt werden kann: Man bestimmt zunächst aus den restlichen Korrelationen die Abhängigkeitskoeffizienten und berechnet dann einen durch das *Modell implizierten Wert* für die Korrelation und prüft, ob dieser (zumindest näherungsweise) mit dem *Beobachtungswert* übereinstimmt.

Wegen der Äquivalenz des Verschwindens genau eines Dependenzkoeffizienten und der Existenz einer zusätzlichen Restriktion für die beobachteten Korrelationswerte kann man die Konsistenz eines über-identifizierten Systems statt anhand der Frage, ob die Restriktion erfüllt ist, auch auf eine zweite Weise prüfen. Man *erweitert* das zunächst überidentifizierte System durch Ergänzung direkter Effekte (unter Beachtung der Rekursivitätsbedingung) zu *einem* (i.a. gibt es mehrere) gerade identifizierten. Nach Berechnung der Parameter des gerade identifizierten Systems prüft man, ob der im erweiterten Modell zugelassene direkte Effekte (näherungsweise) gleich Null ist, wie das ursprüngliche Modell behauptete.

Beide Konsistenzprüfungen benutzen das starke System der Orthogonalitätsannahmen, da nur dadurch mehr Schätzgleichungen für die Korrelationen abgeleitet werden konnten, als Parameter zu identifizieren waren. Bei der dritten Möglichkeit einer Konsistenzprüfung des über-identifizierten Modells reduziert man zunächst die Zahl der Orthogonalitätsannahmen soweit, daß die Zahl der Schätzgleichungen und unbekannten Parameter gleich ist, und prüft in einem zweiten Schritt, ob auch die weiteren Orthogonalitätsannahmen erfüllt sind, die das ursprüngliche System zu einem über-identifizierten gemacht haben.

Man kann nun zeigen, daß zwischen dem Verschwinden einzelner Dependenzkoeffizienten und bestimmten *Korrelationen von Residuen* im folgenden Sinne eine Korrespondenz besteht: In gerade identifizierten Systemen erlaubt das starke System der Orthogonalitätsbedingungen die eindeutige Berechnung aller Werte der Dependenzkoeffizienten anhand eines gegebenen Satzes empirischer Korrelationen. Die Dependenzkoeffizienten variieren frei. Statt nun die Orthogonalitätsbedingungen zu fixieren und die Dependenzkoeffizienten frei variieren zu lassen, kann man umgekehrt Dependenzkoeffizienten gleich Null setzen, muß dann aber für jede Restriktion $d_{kj} = 0$ eine entsprechende Korrelation für bestimmte Residuen von X_k und/oder X_j frei variieren lassen. Damit steht aber nur noch das schwache System der Orthogonalitätsbedingungen zur Parameterschätzung zur Verfügung, die restlichen Bedingungen können nicht verwandt werden. Ein unvollständiges rekursives System, das bei Verwendung des starken Systems der Orthogonalitätsbedingungen überidentifiziert wäre, ist mit einem gegebenen Satz empirischer Korrelationen genau dann vereinbar, wenn in einem entsprechenden System, in dem nur noch von dem schwachen System der Orthogonalitätsbedingungen Gebrauch gemacht wird, für jede Restriktion $d_{kj} = 0$ die entsprechende Korrelation zwischen Residuen verschwindet.

Genau wie ein Konsistenztest für ein über-identifiziertes Modell also darin bestehen kann, zu prüfen, ob die Dependenzkoeffizienten den Restriktionen genügen, (näherungsweise) zu verschwinden, kann umgekehrt geprüft werden, ob Residuenkorrelationen, welche bei der Parameterschätzung nicht verwandt wurden, näherungsweise gleich Null sind.

Man kann weiterhin zeigen, daß die zum Test verwandten Residualkorrelationen bestimmten partialisierten Korrelationen gleich sind. Läßt man in Darstellung 9a eine Korrelation zwischen e_3 und X_1 zu, dann stehen nur noch die zwei (schwachen) Orthogonalitätsbedingungen der Pfadanalyse zur Verfügung. Man erhält genau die Schätzgleichungen (94.1a) und (94.3a) für die gesuchten Koeffizienten und diese sind i.a. identifizierbar (im vorliegenden Fall gleich r_{12} und r_{23}).

Eliminiert man aus X_3 den Anteil, der auf einen linearen Zusammenhang mit X_2 zurückführbar ist, erhält man $e_3 = X_3 - \alpha_{32} \cdot X_2$.

Die Varianz von e_3 beträgt $\text{Var}(e_3) = (1 - r_{23}^2) \text{Var}(X_3)$ und die Kovarianz von e_3 mit X_1:

$$m(X_1, e_3) = (r_{13} - r_{23} \cdot r_{12}) \left(\sqrt{\text{Var}(X_1)} \sqrt{\text{Var}(X_3)}\right)$$

Dementsprechend ist die Korrelation zwischen X_1 und e_3:

$$\text{Corr}(X_1, e_3) = \frac{r_{13} - r_{23} \cdot r_{12}}{\sqrt{1 - r_{23}^2}}.$$

Dies ist eine partialisierte Korrelation zwischen X_1 und X_3, wobei aus X_3 der lineare Effekt von X_2 eliminiert wurde, X_1 aber nicht verändert wurde.

Entsprechend erhält man im Fall 9b ebenfalls genau zwei Schätzgleichungen (94.1b) und (94.2b), aus denen d_{31} und d_{21} berechenbar sind, wenn man auf die Orthogonalitätsbedingung $m(X_2 e_3) = 0$ (nach BOUDON) bzw. $m(e_2 e_3) = 0$ (nach SIMON) verzichtet. e_3 und e_2 sind die Residuen der Variablen X_3 und X_2, aus denen die linearen Effekte der gemeinsamen vorangehenden Variable X_1 eliminiert wurden,

$$e_3 = X_3 - \alpha_{31} X_1$$
$$e_2 = X_2 - \alpha_{21} X_1.$$

Berechnet man ihre Korrelation, so erhält man

$$\text{Corr}(e_2, e_3) = \frac{r_{23} - r_{12} \cdot r_{13}}{\sqrt{1 - r_{12}^2} \cdot \sqrt{1 - r_{13}^2}}.$$

Diese Residuenkorrelation kann als eine Korrelation zwischen X_2 und X_3 aufgefaßt werden, wobei *aus beiden* die linearen Effekte von X_1 herausgezogen wurden (allgemeiner bekannt auch als *Partial-Korrelation* $r_{23.1}$ zwischen X_2 und X_3 „unter Kontrolle" von X_1).

Wie man den Formen für die Residuenkorrelationen in den Fällen (a) und (b) entnimmt, sind diese genau dann gleich Null, wenn gilt:

(a) $r_{13} = r_{23} \cdot r_{12}$ bzw.

(b) $r_{23} = r_{12} \cdot r_{13}$.

Die Prüfung der Residuenkorrelation entspricht also völlig der Prüfung von Testgleichungen für die Korrelationen im überidentifizierten System (und diese wiederum dem Test der Parameter im erweiterten gerade identifizierten System).

H. SIMON und H. BLALOCK haben als erste die Strategie der Betrachtung von Partial-Korrelationen zur Prüfung der Existenz von direkten Wirkungsbeziehungen in rekursiven Abhängigkeitsstrukturen verwandt. Alle drei Verfahren sind jedoch äquivalent: Soll eine überidentifizierte Struktur mit den vorgegebenen empirischen Daten vereinbar sein, müssen also erstens entsprechende Pfad- oder Dependenzkoeffizienten (näherungsweise) gleich Null sein, zweitens die anhand der Testgleichungen prognostizierten Korrelationswerte mit den empirisch gegebenen (näherungsweise) übereinstimmen und drittens die entsprechende Residuenkorrelationen verschwinden.

Statt die „Überschuß-Information" zur Konsistenzprüfung zu verwenden, kann in Systemen, die als rekursive überidentifiziert wären, auch die Zahl der Variablen und/oder der Abhängigkeitsbeziehungen erhöht werden. Das erste erlaubt die Einführung nicht-gemessener hypothetischer Variablen, das zweite den Übergang von rekursiven zu allgemeineren, nicht-rekursiven Systemen (vgl. 1.3.2 und 1.3.3).

Literaturverzeichnis

BLALOCK, H. M., Causal Inferences in Non-Experimental Research, Chapel Hill, N. C. 1961.
BLALOCK, H. M. (Hrsg.), Causal Models in the Social Sciences, Chicago/New York 1971.
BOUDON, R., L'analyse mathématique des faits sociaux, Paris 1967.
BOUDON, R., A New Look at Correlation Analysis, in: BLALOCK, H. M. UND A. B. BLALOCK (Hrsg.), Methodology in Social Research, New York etc. 1968; dtsch. in: HUMMELL/ZIEGLER 1976a.
CHRIST, C., Econometric Models and Methods, New York 1966.
DRAPER, N. UND H. SMITH, Applied Regression Analysis, New York 1981.
DUNCAN, O. D., Path Analysis, in: American Journal of Sociology 72, 1966, 1 - 15; dtsch. in: HUMMELL/ZIEGLER 1976a.
DUNCAN, O. D., Introduction to Structural Equation Models, New York 1975.
DUNCAN, O. D., D. L. FEATHERMAN UND B. DUNCAN, Socioeconomic Background and Achievement, New York 1972.
FISHER, F. M., The Identification Problem in Econometrics, New York 1966.
GOLDBERGER, A. S., Econometric Theory, New York 1964.
GOLDBERGER, A. S. UND O. D. DUNCAN (Hrsg.), Structural Equation Models in the Social Sciences, New York etc. 1973.
HARDER, TH., Daten und Theorie, München 1975.
HEISE, D. R., Causal Analysis, New York 1975.
HOLM, K., Das allgemeine lineare Modell, in: HOLM K. (Hrsg.), Die Befragung 6, München 1979.
HUMMELL, H. J. UND R. ZIEGLER (Hrsg.), Korrelation und Kausalität, Stuttgart 1976 (a).
HUMMELL, H. J. UND R. ZIEGLER, Zur Verwendung linearer Modelle bei der Kausalanalyse nicht-experimenteller Daten, in: HUMMELL/ZIEGLER 1976 (b).
JOHNSTON, J., Econometric Methods, New York 1972.
LAZARSFELD, P. F., Interpretation of Statistical Relations as a Research Operation, in: LAZARSFELD, P. F. UND M. ROSENBERG (Hrsg.), The Language of Social Research, Glencoe, Ill. 1955; dtsch. in: HUMMELL/ZIEGLER 1976a.

NAMBOODIRI, N. K., L. F. CARTER UND H. M. BLALOCK, Applied Multivariate Analysis and Experimental Designs, New York 1975.

OPP, K. D. UND P. SCHMIDT, Einführung in die Mehrvariablenanalyse, Reinbek b. Hamburg 1976.

SCHÖNFELD, P., Methoden der Ökonometrie, Berlin/Frankfurt 1969.

SIMON, H. A., Spurious Correlation: A Causal Interpretation, in: Journal of the American Statistical Association, 49, 1954, 467 - 479; dtsch. in: HUMMELL/ZIEGLER 1976a.

URBAN, D., Regressionstheorie und Regressionstechnik, Stuttgart 1982.

WEEDE, E., Hypothesen, Gleichungen und Daten, Kronberg 1977.

WONNACOTT, R. J. UND TH. H. WONNACOTT, Econometrics, New York etc. 1970.

WRIGHT, S., The Methods of Path Coefficients, in: Annals of Mathematical Statistics, 5, 1934, 161 - 215.

2. Pfadmodelle mit latenten Variablen: Eine Einführung in das allgemeine lineare Modell LISREL*

von Wolfgang Jagodzinski

Einleitung

Die im Beitrag von H.-J. HUMMELL vorgestellten Modelle der Regressions- und Pfadanalyse setzen deterministische oder zumindest fehlerfrei gemessene *exogene* Variablen voraus. Diese Annahme wird gerade in den nichtexperimentellen Sozialwissenschaften als unangemessen restriktiv empfunden. Denn ob wir den Einfluß von konfessioneller Bindung auf die Wahlabsicht, von Schichtzugehörigkeit auf Intelligenz, von Alter auf Konservativismus oder von Einkommensungleichheit auf Wirtschaftswachstum untersuchen, in vielen Fällen werden unsere Meßergebnisse vom wahren Wert abweichen, werden die Werte von gemessenen oder *beobachteten Variablen* und *latenten* oder *theoretischen Variablen* auseinanderklaffen: ausweislich unseres Fragebogens etwa ist eine Person konfessionell nicht gebunden, obwohl tatsächlich starke konfessionelle Bindungen bestehen, ausweislich eines Tests ist eine Person nicht intelligent, obwohl sie tatsächlich überdurchschnittlich begabt ist. Derartige Abweichungen der Meßergebnisse von den wahren Werten sollen hier als *Meßfehler* bezeichnet werden, wobei dieser Begriff nachfolgend sehr weit gefaßt wird. Meßfehler in diesem Sinne resultieren nicht nur aus unpräzisen Frageformulierungen, bewußt oder unbewußt falsch gegebenen Antworten, sie entstehen auch dann, wenn aus einer zutreffenden Antwort im Durchschnitt zwar richtig, in Ausnahmefällen aber fehlerhaft auf ein latentes Merkmal geschlossen wird, wenn wir also aus hoher Kirchgangshäufigkeit immer auf eine konfessionelle Bindung, oder aus der Altersangabe in Jahren einheitlich auf das „geistige" oder „soziale Alter" schließen. Meßfehler in diesem Sinne sind aber nicht zu verwechseln mit Stichprobenfehlern, also mit der Streuung von Stichprobenkennwerten um die Populationsparameter, die auch dann noch auftreten, wenn eine Variable völlig fehlerfrei gemessen worden ist.

Meßfehler sind traditionell eine Domäne der *psychometrischen Testtheorie*. Der *Regressionsansatz*, das klassische Modell zur Analyse der asymmetrischen Beziehungen zwischen einer metrischen abhängigen und mehreren unabhängigen Variablen, ist in der Ökonometrie ausgearbeitet und verfeinert worden. In der Biologie und – sehr viel später – in der Soziologie suchte man nach Methoden, die die

Überprüfung von *komplexeren Kausalstrukturen* gestatten. K. G. JÖRESKOG (1970a; 1973a) und seinen Mitarbeitern gebührt zweifelsohne das Verdienst, diese drei Strömungen integriert zu haben[1]. Mit LISREL (**li**near **s**tructural **rel**ationship) schufen sie einen Ansatz, der Elemente der Testtheorie, des Regressionsmodells und der Pfadanalyse in sich vereint. Von der exploratorischen Faktorenanalyse übernimmt das Modell LISREL die Unterscheidung zwischen beobachteten Variablen (Indikatoren) und latenten Variablen (Faktoren), es gestattet aber in sehr viel umfassenderer Weise, Abhängigkeiten unter den latenten Variablen zu analysieren. Das ist nur eine sehr vorläufige und unzureichende Charakterisierung, denn es lassen sich keineswegs nur „kausale" Abhängigkeiten unter latenten Variablen untersuchen. Vielmehr schließt LISREL als Spezialfälle u.a. Regressions-, Varianz- und Kovarianzanalysen, Simultangleichungssysteme, hypothesentestende Faktorenanalyse, Multitrait-Multimethod-Matrizen, True-Score-Modelle und verschiedene Modelle der Panelanalyse ein.

Nachfolgend wird dieses allgemeine lineare Modell zunächst in seinen Grundzügen dargestellt. Unter 2.1.1 werden kurz Variablen, Modellgleichungen und Modellannahmen beschrieben, sodann werden einige Interpretationsprobleme (2.1.2) und das in LISREL geforderte Meßniveau der beobachteten Variablen (2.1.3) behandelt. So wenig wie die Kleinstquadrateschätzung inhärenter Bestandteil der Regression ist, so wenig ist LISREL logisch notwendig an ein bestimmtes Schätzverfahren gebunden. Faktisch hat man im Rahmen von LISREL bislang aber nur solche Methoden in Erwägung gezogen, die letztlich die Differenzen zwischen beobachteten und modellimplizierten Korrelationen bzw. Kovarianzen zu minimieren suchen. Für alle diese Verfahren sind die unter 2.1.4 besprochenen Indikatorkovarianz- bzw. -korrelationsgleichungen (*IK-Gleichungen*) von zentraler Bedeutung; durchweg sind konsistente Schätzungen nur möglich, wenn dieses Gleichungssystem identifiziert oder überidentifiziert ist. Unter 2.1.5 werden einige Probleme der klassischen LISREL-Schätzmethode, der Maximum-Likelihood-Schätzung, besprochen, im Anschluß daran wird knapp auf das Testen von Hypothesen (2.1.6) und die Modellkorrektur bei Fehlspezifikationen (2.1.7) einzugehen sein. Der zweite Teil des Aufsatzes widmet sich dann einigen speziellen Modellen und Designs, die in LISREL spezifiziert werden können.

Anknüpfend an den Beitrag ↔ **Bd. VIII Hummell: Regressions- und Korrelationsanalyse** wird LISREL hier aus dem Blickwinkel der Pfadanalyse interpretiert. Weil dort Modelle mit *standardisierten* Variablen dominieren, werden in den folgenden Beispielen meist auch standardisierte Variablen vorausgesetzt, obwohl LISREL in erster Linie auf unstandardisierte Variablen (Kovarianzstrukturen) zugeschnitten ist. Wie in der Pfadanalyse, so ist auch nachfolgend oft von Kausalbeziehungen oder kausalen Effekten die Rede, doch nichts zwingt dazu, diesen vielleicht als problematisch empfundenen Sprachgebrauch (vgl. 2.1.2) zu übernehmen. Ganz generell sollte man strikt zwischen dem statistischen Ansatz und den Interpretationen trennen, die ihm im Zuge von empirischen Anwendungen gegeben werden. Sind letztere anfechtbar, so ist das noch kein Einwand gegen den ersteren.

Der Einführungscharakter bedingt eine verhältnismäßig untechnische Darstellung, wobei die deskriptive Betrachtungsweise im Vordergrund steht. Nur sehr sporadisch wird auf inferenzstatistische Fragen hingewiesen.

2.1 Das Modell[2] LISREL

2.1.1 Modellgleichungen, Modellannahmen und Spezifikation

Wie in der exploratorischen Faktorenanalyse, so wirken auch in LISREL die latenten oder theoretischen Variablen bzw. die Faktoren *linear und additiv* auf die Indikatoren, jedoch sind in LISREL daneben auch linear-additive Beziehungen unter den Faktoren zugelassen. Daher differenziert man zwischen exogenen latenten Variablen Ksi (ξ)[3], denen keine anderen Variablen kausal vorgeordnet sind, und endogenen latenten Variablen Eta (η), die von anderen latenten Variablen abhängig sein *können*. Die Indikatoren zu den endogenen Variablen werden mit y, die zu den exogenen Variablen mit x symbolisiert. Außerdem sind in LISREL Residuen Zeta (ζ), Epsilon (ϵ) und Delta (δ) zu den latenten endogenen Variablen, den x- und den y-Indikatoren vorgesehen[4].

Die Abhängigkeiten unter diesen Variablen werden in älteren LISREL-Versionen durch folgende drei Gleichungen beschrieben:

(1) $B\eta = \Gamma\xi + \zeta$

(2) $y = \Lambda_y \eta + \epsilon$

(3) $x = \Lambda_x \xi + \delta$

Die vier Matrizen in den Gleichungen enthalten *asymmetrische Abhängigkeitskoeffizienten* oder (kausale) Effekte, die Matrix Gamma (Γ) die Effekte von exogenen auf endogene Variablen, die Matrix Beta (B) die Effekte von endogenen auf andere endogene Variablen, die Matrizen Lambda y (Λ_y) und Lambda x (Λ_x) die Effekte von latenten Variablen auf die ihnen zugeordneten Indikatoren[5]. In LISREL sind nur die nach (1) – (3) darstellbaren Effekte gestattet. Weder können also als x- oder y-Indikatoren definierte Variablen direkt auf latente Variablen wirken, noch können direkte Effekte von exogenen Variablen auf y-Indikatoren oder von endogenen Variablen auf x-Indikatoren spezifiziert werden, was zu dem Schluß verleiten könnte, mit dem Begriff *allgemeines* lineares Modell werde Etikettenschwindel betrieben, weil der Ansatz auf restriktiven Annahmen basiert. Dieser Verdacht wird noch bestärkt, wenn man sich die anderen *allgemeinen Modellannahmen* vergegenwärtigt. Wie in der Regressionsanalyse so dürfen auch in LISREL die Residuen der beobachteten Variablen nicht mit den direkten Ursachen korrelieren, die Residuen ϵ also nicht mit den endogenen Variablen und die Residuen der x-Indikatoren nicht mit den exogenen Variablen. Alle Residuen haben einen Erwartungswert von Null. Außerdem werden die Residuen ζ der endogenen Variablen als von den exogenen Variablen unabhängig vorausgesetzt und es müssen die Residuen δ, ϵ und ζ wechselseitig unkorreliert sein. Es darf also ein Residuum δ_i nicht mit einem Residuum ϵ_j korrelieren, wohl aber können Korrelationen innerhalb einer Gruppe von Residuen – z.B. unter den ϵ – zugelassen werden. Damit die Parameter geschätzt werden können, müssen außerdem lineare Abhängigkeiten in der Matrix Beta und in der Matrix S der beobachteten Varianzen und Kovarianzen bzw. Korrelationen[6] ausgeschlossen werden.

Die Modellannahmen scheinen damit zu verbieten, daß Jasagetendenzen, sozial erwünschtes Antwortverhalten und andere Fehlerfaktoren gleichzeitig auf Indikatoren der exogenen wie auf solche der endogenen Variablen wirken, denn sonst müßten zumindest Korrelationen unter den Residuen beider Variablengruppen zugelassen werden können. Es ist auch nicht ohne weiteres zu sehen, weshalb die multiple Regression ein Spezialfall von LISREL sein soll, wo doch direkte Beziehungen zwischen Beobachtungsvariablen in (1) − (3) nicht vorgesehen sind.

Doch solche Restriktionen können im Zuge der *Modellspezifikation* häufig umgangen werden. Ein spezielles LISREL-Modell geht aus den Gleichungen (1) − (3) hervor, indem man zunächst einmal über die Anzahl der verschiedenen Variablen entscheidet. Darüber hinaus kann man den Koeffizienten bzw. Parametern in den vier Matrizen von vornherein bestimmte numerische Werte zuweisen, wobei die mit Abstand bedeutsamste Festsetzung die Nullrestriktion ist[7]: Wenn eine Variable keinen direkten Effekt auf eine andere Variable haben soll, dann wird dem entsprechenden Abhängigkeitskoeffizienten der Wert Null zugewiesen.

Zugriff hat der Anwender aber nicht nur auf die Matrizen der Abhängigkeitskoeffizienten, sondern auch auf die drei Varianz-Kovarianzmatrizen der Residuen ζ, δ und ϵ und auf die Varianz-Kovarianzmatrix der exogenen Variablen ξ (Matrizen Ψ, Θ_δ, Θ_ϵ und Φ).

In Abbildungen kann man Nullrestriktionen am Fehlen an sich zulässiger Pfeile erkennen. Da in Abb. 1 weder die Residuen δ noch die Residuen ϵ durch Doppelpfeile verbunden sind, sind offenbar die Kovarianzen unter den Residuen mit Null fest vorgegeben worden. *Freie, nicht restringierte Parameter*, deren Werte geschätzt werden sollen, werden in Darstellung 1 durch ihren Namen repräsentiert. (Von Null verschiedene, fest vorgegebene Werte würden direkt neben den zugehörigen Pfeil geschrieben und unterstrichen). Nicht entnehmen läßt sich dem Schaubild, ob die Variablen standardisiert oder zumindest zentriert sind. Obwohl in dem Programm LISREL die (Einheits-)Varianz der η-Variablen nicht fixiert werden kann, soll vorläufig Standardisierung aller latenten und beobachteten Variablen unterstellt werden (*vollstandardisiertes Modell*).

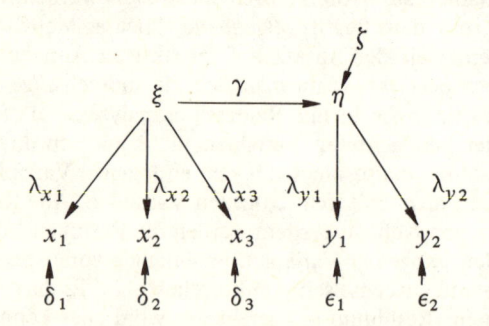

Darstellung 1: Kausalmodell mit einer endogenen und einer exogenen latenten Variablen

Von der Standardisierung und den Residualkorrelationen abgesehen sind bei dem Modell in Darstellung 1 keinerlei Restriktionen notwendig, da Effekte von ξ auf die *y*-Indikatoren und von η auf die *x*-Indikatoren ja schon kraft allgemeiner Modellannahmen ausgeschlossen sind und da in umgekehrter Richtung — von unten nach oben — überhaupt keine Effekte zugelassen sind. Die Gleichungen (1) — (3) können in ganz einfacher Weise für das spezielle Kausalmodell konkretisiert werden. Man braucht nämlich nur gemäß pfadanalytischen Regeln die Modellgleichungen aufzustellen[8]:

(4) $\quad \eta = \gamma \xi + \zeta$

(5) $\quad y_1 = \lambda_{y1} \eta + \epsilon_1;$
$\quad\quad y_2 = \lambda_{y2} \eta + \epsilon_2$

(6) $\quad x_1 = \lambda_{x1} \xi + \delta_1;$
$\quad\quad x_2 = \lambda_{x2} \xi + \delta_2;$
$\quad\quad x_3 = \lambda_{x3} \xi + \delta_3$

(4) ist die spezielle Fassung des *theoretischen Modells* oder des Strukturgleichungsmodells (1), das die Abhängigkeiten unter den latenten Variablen wiedergibt. (5) bzw. (6) sind Spezialisierungen von (2) bzw. (3) und konstituieren das *Meßmodell*. Häufig werden die Gleichungen des Meßmodells als Korrespondenzregeln (COSTNER 1969) oder hilfstheoretische Annahmen (BLALOCK 1969) bezeichnet.

Parameterrestriktionen können nun auch benutzt werden, um die allgemeinen Modellannahmen zu umgehen. Zwar sind die Gleichungen (1) — (3) nicht abänderbar, doch sind vielfältige Spezifikationen in dem dadurch abgesteckten Rahmen möglich. Einige Gestaltungsmöglichkeiten werden noch im zweiten Teil des Beitrags zur Sprache kommen, hier seien nur zwei besonders wichtige erwähnt. Erstens einmal kann jede exogene Variable zu einem endogenen Faktor gemacht werden, der nur von einem Residuum ζ_i abhängig ist. Diese Umdefinition hat für sich allein noch keinen Einfluß auf die Parameterschätzung; man ermittelt also dieselben Werte für die Abhängigkeitskoeffizienten, unabhängig davon, ob man eine exogene Variable *in LISREL* als exogene oder endogene einführt. Ziel einer solchen Maßnahme kann sein, direkte Effekte der vormals exogenen Variablen auf y-Indikatoren zuzulassen oder die Modellannahme zu umgehen, daß die Residuen der x- und y-Indikatoren voneinander unabhängig sind. Infolge einer einfachen Manipulation entfallen also viele der oben erwähnten Beschränkungen. Werden jetzt vorher nicht mögliche Effekte spezifiziert, so kann das natürlich zu völlig anderen Schätzungen führen.

Zweitens kann man beobachtete in latente Variablen (in LISREL) verwandeln. Man tut dabei so, als sei eine latente Variable durch genau einen Indikator fehlerfrei gemessen worden. Durch diesen Kunstgriff wird es möglich, direkte Effekte von einer Beobachtungsvariablen auf einen Faktor bzw. auf Beobachtungsvariablen, die mit η-Variablen gleichgesetzt worden sind, zuzulassen. Damit ist ein zweites durch die allgemeinen Modellannahmen errichtetes Hindernis überwunden[9].

2.1.2 Interpretation der Variablen und Beziehungen

Viele Sozialwissenschaftler würden zustimmen, daß sich Konzepte wie Anomie (WHEATON et al. 1977), Liberalismus (LORENCE und MORTIMER 1979), intellektuelle Flexibilität (KOHN und SCHOOLER 1978), Expressivität (SCHMIDT 1977) in Individualanalysen oder weltpolitischer Gefährdung (JAGODZINSKI und WEEDE 1980) in Aggregatanalysen einer direkten Beobachtung entziehen und nur mit hohem Fehlerrisiko gemessen werden können. Da dies als Charakteristikum theoretischer Eigenschaften gilt, ist die These vertreten worden, LISREL diene vor allem der Formalisierung und Überprüfung von Theorien, die nach der Zwei- oder Mehrstufenkonzeption der Wissenschaftssprache aufgebaut seien (vgl. SCHMIDT 1977; SCHMIDT und GRAFF 1975).

M.E. ist es weder notwendig noch sinnvoll, LISREL mit den Komplikationen der Zweistufenkonzeption zu befrachten, die in der Wissenschaftstheorie nicht unumstritten ist (vgl. dazu etwa STEGMÜLLER 1970; 1973a m.w.Nachw.). Mit OPP (1976^2, S. 364 f.) ist zu befürchten, daß in den Sozialwissenschaften noch viel weniger als in den Naturwissenschaften Konsens zu erzielen sein wird, wo die Grenze zwischen beobachteten und theoretischen Konzepten zu ziehen ist[10]. In jedem Fall wird man, wenn man den Status einer Variablen zu bestimmen sucht, auf die direkteste Form der Messung abstellen. Danach wären Alter und Einkommen, möglicherweise sogar die Einkommensungleichheit beobachtbarer Größen, denn im Prinzip lassen sie sich exakt messen. Nur ist dem empirischen Sozialforscher häufig dieser Weg versperrt, weil er auf Umfragedaten oder nicht minder problematische amtliche Statistiken angewiesen ist. Nicht Beobachtbarkeit und Theoretizität, sondern primär die Qualität des *gerade benutzten Meßinstruments* entscheidet darüber, ob eine Variable *in LISREL* als latent oder beobachtbar eingestuft wird. So wäre es jedenfalls, wenn ein ausreichendes Arsenal an multiplen Indikatoren vorrätig wäre. Daß wir faktisch zu Abstrichen gezwungen sind, weil wir nicht genügend Indikatoren haben, daß wir dann so tun, als seien die mutmaßlich am wenigsten fehlerbehafteten Variablen direkt beobachtet worden, soll nicht geleugnet werden. Aber in jedem Fall sind für die Einteilung in beobachtete und latente Variablen in LISREL andere Kriterien maßgeblich als für die epistemologische Einordnung. *Theoretisch in LISREL* sollte daher *nicht* mit *theoretisch im Sinne der Zweistufenkonzeption* gleichgesetzt werden.

Vordringlicher noch scheint mir jedoch die Klärung eines anderen Problems, wie nämlich die Abhängigkeiten unter den Variablen zu deuten sind. Meist spricht man von kausalen Abhängigkeiten, bezeichnet daher in Darstellung 1 ξ als Ursache und η als Wirkung. Der Feststellung von OPP, der verwendete Kausalbegriff sei äußerst vage (1976^2, S. 85 f.), kann nur beigepflichtet werden. Unbestritten ist wohl, daß zwischen den Variablen keine deterministischen Beziehungen bestehen (vgl. HUMMELL und ZIEGLER 1976, WEEDE 1977) und schon aus diesem Grunde von dem in der Wissenschaftstheorie dominanten Sprachgebrauch (vgl. etwa STEGMÜLLER 1969) abgewichen wird. Die Figur der deterministischen Mittelwertaussage (SCHMIDT 1977; SCHMIDT und GRAFF 1975) ist m.E. keine tragfähige Alternative[11]. Als solche käme eher ein probabilistischer Kausalbegriff in Betracht, aber die einschlägigen Arbeiten von SUPPES (1970; 1975) sind in der pfadanalytischen Literatur noch kaum zur Kenntnis genommen, geschweige denn in ihren Implikationen für Mehrvariablenmodelle untersucht worden. In der Praxis sieht man eine Kausalhypothese als bestätigt an, wenn der Effekt einer unabhängigen Variablen in LISREL bei „Konstanthalten"[12] der übrigen Prädiktoren nicht verschwindet[13]. So werden Kausalbeziehungen von bivariaten Korrelationen unterschieden. Häufig wird *unterstellt*, daß die Veränderung der unabhängigen Variablen der Veränderung der abhängigen zeitlich vorausgeht[14]. In diesem vagen Sinne wird auch im folgenden von Kausalität gesprochen. Die Begriffe „direkte Kausalbeziehung", „direkter Effekt" und „unmittelbare Wirkung" werden synonym gebraucht.

2.1.3 Meßniveau der beobachteten Variablen

Die Varianzen und Kovarianzen der Indikatoren sind die für die Parameterschätzung in LISREL notwendige *Beobachtungsinformation*. Vorausgesetzt werden dabei kontinuierliche, multinormalverteilte Zufallsvariablen. Stehen, wie häufig in der Umfrageforschung, nur Ordinalskalen zur Verfügung, dann kann man die Abhängigkeiten unter mehreren Variablen auch mit Ansätzen wie NONMET oder ECTA (KÜCHLER 1979; → **Bd. VIII: Langeheine, Log-lineare Modelle**) oder aber mit den multivariaten Verallgemeinerungen von Maßen der Tauklasse (sog. ordinale Strategie: vgl. HAWKES 1971; PLOCH 1974; SMITH 1974) analysieren. Jede Vorgehensweise hat ihre Nachteile. In Modellen für nominalskalierte Daten (ECTA, NONMET) ist bei Ordinalskalen mit drei, fünf oder mehr Ausprägungen eine Zusammenlegung von Kategorien fast unvermeidlich, man erzeugt dann (etwa bei Dichotomisierung am Median) stichprobenspezifische Metriken und riskiert verzerrte Koeffizientenschätzungen (REYNOLDS 1977 und 1978; dazu GILLESPIE 1978). Aber auch die multiplen Taumaße sind, zumindest *dies* lassen die Analysen von KIM (1975 und 1978; s.a. SMITH 1978) vermuten, nicht optimal: Die Kausalbeziehungen unter kontinuierlichen latenten Variablen, die nur über Ordinalskalen (als Indikatoren) erfaßt werden können, spiegeln sie häufig nicht wider. Nach den bislang vorliegenden Simulationsergebnissen scheint die Verwendung von Pearson's r dann unproblematisch, wenn die theoretische Größe nicht zu schief verteilt ist (O'BRIEN 1979 m.w. Nachw.), wenn der Wertebereich der Indikatoren groß genug ist (LABOVITZ 1970) und wenn die Ordinalskala durch *nicht allzu verzerrende* Transformation aus der Intervallskala hervorgeht (SCHWEITZER und SCHWEITZER 1971; MAYER und ROBINSON 1978). Besser noch dürfte es sein, unter diesen Voraussetzungen polychorische Korrelationskoeffizienten zu verwenden (vgl. zu entsprechenden Problemen in der Faktorenanalyse ARMINGER 1979).

2.1.4 IK-Gleichungen, Parameter- und Modellidentifikation

2.1.4.1 Indikatorvarianz- und -kovarianzgleichungen

Sind die Modellparameter in den vier Effektmatrizen (B, Γ, Λ_x, Λ_y) und in den vier Varianz-Kovarianzmatrizen (Φ, Ψ, Θ_δ, Θ_ϵ) bekannt, so können algebraisch oder in einfachen Fällen unter Anwendung pfadanalytischer Korrelationszerlegungsregeln (LAND 1969; WEEDE 1977) jene Gleichungen abgeleitet werden, die Indikatorvarianzen, -kovarianzen bzw. -korrelationen und Modellparameter zueinander in Beziehung setzen (*IK-Gleichungen*). So gilt in Darstellung 1, falls alle Indikatoren standardisiert sind und falls die Varianz der latenten Variablen mit Eins fest vorgegeben wird (vollstandardisiertes Modell),

— für die Korrelationen der x-Indikatoren:

(7) $\quad \sigma_{x1x2} = \lambda_{x1} \lambda_{x2}; \; \sigma_{x1x3} = \lambda_{x1} \lambda_{x3}; \; \sigma_{x2x3} = \lambda_{x2} \lambda_{x3}$

— für die Interkorrelationen zwischen x- und y-Indikatoren:

(8) $\quad \begin{cases} \sigma_{x1y1} = \lambda_{x1} \gamma \lambda_{y1}; \; \sigma_{x2y1} = \lambda_{x2} \gamma \lambda_{y1}; \; \sigma_{x3y1} = \lambda_{x3} \gamma \lambda_{y2} \\ \sigma_{x1y2} = \lambda_{x1} \gamma \lambda_{y2}; \; \sigma_{x2y2} = \lambda_{x2} \gamma \lambda_{y2}; \; \sigma_{x3y2} = \lambda_{x3} \gamma \lambda_{y2} \end{cases}$

— und für die Korrelation der beiden y-Indikatoren:

(9) $\quad \sigma_{y1y2} = \lambda_{y1} \lambda_{y2}$

Die Varianz eines Indikators ist nach dem Modell gleich der Summe aus Fehlervarianz und quadrierter Faktorladung:

(10) $\quad \begin{cases} \sigma_{x1}^2 = \lambda_{x1}^2 + \text{Var}(\delta_1); \; \sigma_{x2}^2 = \lambda_{x2}^2 + \text{Var}(\delta_2) \\ \sigma_{x3}^2 = \lambda_{x3}^2 + \text{Var}(\delta_3) \end{cases}$

(11) $\quad \sigma_{y1}^2 = \lambda_{y1}^2 + \text{Var}(\epsilon_1); \; \sigma_{y2}^2 = \lambda_{y2}^2 + \text{Var}(\epsilon_2)$

Im *Programm* LISREL kann die Varianz der latenten Variablen η dann nicht restringiert werden, wenn sie von anderen expliziten Variablen kausal abhängig ist. In diesem Fall, wenn also Var (η) ein freier Parameter ist, und wenn alle übrigen Variablen standardisiert sind, ändern sich die Gleichungen (9) und (11) folgendermaßen:

(9') $\quad \sigma_{y1y2} = \lambda_{y1} \lambda_{y2} \sigma_\eta^2$

(11') $\quad \sigma_{y1} = \lambda_{y1}^2 \sigma_\eta^2 + \text{Var}(\epsilon_1); \; \sigma_{y2}^2 = \lambda_{y2}^2 \sigma_\eta^2 + \text{Var}(\epsilon_2)$,

wobei σ_η^2 die Varianz der Variablen Eta ist[15].

2.1.4.2 Identifikation

a. Während man aus bekannten Modellparametern immer die Indikatorvarianzen und -kovarianzen (im folgenden kurz: *Indikatorkovarianzen*) berechnen kann, gilt das Umgekehrte nicht unbedingt, es ist also nicht sicher, ob wir auch für jeden Modellparameter einen und nur einen Wert finden, wenn wir so tun, als seien die linken Seiten der IK-Gleichungen gegeben. Die Frage läßt sich im allgemeinen durch Auflösung der IK-Gleichungen nach den unbekannten Modellparametern klären. Die Gleichung $\lambda_1 \lambda_2 = \sigma_{12}$ hätte für sich allein sicher keine eindeutige Lösung, da eine Auflösung nach λ_1 und λ_2 nicht gelingt und da unendlich viele Zahlenpaare ein Produkt σ_{12} haben, gleichgültig welchen numerischen Wert man für σ_{12} einsetzt. Selbst wenn eine Auflösung nach den Modellparametern im Regelfall möglich ist, kann ein Modell für spezifische numerische Werte der Indikatorkovarianzen mehrere Lösungen oder keine Lösung haben. Die beiden Gleichungen $\lambda_1 = \sigma_{11}$ und $\lambda_1 \lambda_2 = \sigma_{12}$ haben im allgemeinen eine eindeutige Lösung, sie haben aber keine, falls $\sigma_{11} = \sigma_{12} = 0$ (vgl. auch BURT et al. 1979)[16].

Existieren für einen Parameter mehrere Lösungen, so ist er nicht identifiziert. Dieser Sachverhalt läßt sich noch etwas genauer ausdrücken. Wir wollen von einer *Parameterfolge* dann sprechen, wenn der Reihe nach allen Parametern eines Modells spezifische Werte zugewiesen werden. Wenn $a_1, \ldots a_{12}$ numerische Werte repräsentieren, so ist also $\langle \lambda_{x1} = a_1, \lambda_{x2} = a_2 \ldots \text{Var}(\epsilon_2) = a_{12}\rangle$ eine Parameterfolge[17]. Zwei *Parameterfolgen* sind *voneinander verschieden*, wenn mindestens einem Parameter in beiden Folgen unterschiedliche Werte zugeordnet sind. Zwei voneinander verschiedene Parameterfolgen werden als *beobachtungsäquivalente Lösungen*[18] bezeichnet, wenn die Parameterwerte, in die IK-Gleichungen eingesetzt, identische Indikatorkovarianzen produzieren. Ein *Parameter* ist genau dann *identifiziert*, wenn er in allen beobachtungsäquivalenten Lösungen den gleichen Wert annimmt. Sind alle Parameter eines Modells identifiziert, so ist auch das *Modell identifiziert*. Sind einige Parameter in einem Modell identifiziert, andere nicht identifiziert, so ist das Modell *teilweise unteridentifiziert*.

Um herauszufinden, ob ein Modell ganz oder teilweise *überidentifiziert oder gerade identifiziert* ist, kann man versuchen, aus den IK-Gleichungen funktionale Beziehungen zwischen den Indikatorkovarianzen abzuleiten. $\sigma_{xiyj} = \sigma_{xkyj}$ wäre ein Beispiel für eine solche Beziehung oder Restriktion. Nun ist ein *Modell* genau dann *gerade identifiziert*, wenn alle Parameter identifiziert sind und wenn es den Indikatorvarianzen und -kovarianzen keinerlei derartige Restriktionen auferlegt. Ein *Modell* ist *überidentifiziert*, wenn alle Parameter identifiziert sind und wenn die IK-Gleichungen die Indikatorkovarianzen restringieren. Ein *Modell* ist *teilweise unteridentifiziert* und *teilweise überidentifiziert*, wenn einige Parameter nicht identifiziert sind, wenn aber die Indikatorkovarianzen restringiert werden.

Ob die wahren Indikatorvarianzen und -kovarianzen (Populationsmomente) den Restriktionen genügen, wissen wir nie mit Sicherheit. Die *unter den Modellannahmen geschätzten* Indikatorkovarianzen (modellimplizierte Kovarianzen bzw. Korrelationen; vgl. WEEDE 1977) müssen ihnen aus logischen Gründen genügen, denn sie werden aus den IK-Gleichungen berechnet, nachdem die Schätzwerte der Modellparameter eingesetzt worden sind. Die *beobachteten* Indikatorkovarianzen können jedoch gegen die Restriktionen verstoßen, weshalb man zutreffend von *Beobachtungsrestriktionen* spricht. Überidentifizierte Modelle harmonieren praktisch nie perfekt mit den Daten. Aber die Beobachtungsrestriktionen sollten wenigstens näherungsweise erfüllt sein. Dafür, wann ein Modell in diesem Sinne akzeptabel ist, gibt es quantitative Maße (overall goodness of fit), die an späterer Stelle besprochen werden.

b. Wie der Identifikationsstatus eines einfachen Modells untersucht werden kann, soll kurz an dem Kausalmodell in Darstellung 1 illustriert werden. Wir beginnen mit dem vollstandardisierten Modell, unterstellen also Einheitsvarianz der Variablen η. Zunächst werden die drei Gleichungen in (7) nach den Faktorenladungen aufgelöst:

(12)
$$\lambda_{x1} = \sqrt{\frac{\sigma_{x1x2}\,\sigma_{x1x3}}{\sigma_{x2x3}}} \qquad \lambda_{x2} = \sqrt{\frac{\sigma_{x1x2}\,\sigma_{x2x3}}{\sigma_{x1x3}}}$$
$$\lambda_{x3} = \sqrt{\frac{\sigma_{x1x3}\,\sigma_{x2x3}}{\sigma_{x1x2}}}$$

Indem wir (8_1) mit (8_4) multiplizieren und durch (9) dividieren, erhalten wir eine Gleichung für γ:

(13) $$\gamma = \sqrt{\frac{(\sigma_{x1y1}\,\sigma_{x1y2})}{(\lambda_{x1}^2\,\sigma_{y1y2})}} = \sqrt{\frac{\sigma_{x1y1}\,\sigma_{x1y2}\,\sigma_{x2x3}}{\sigma_{y1y2}\,\sigma_{x1x2}\,\sigma_{x1x3}}}$$

Ist γ bekannt, so lassen sich die Gleichungen (8) nach den beiden Ladungen der y-Indikatoren auflösen, was hier nicht vorgeführt werden soll.

Das Gleichungssystem ist also im allgemeinen identifiziert. Im konkreten Fall könnten Schwierigkeiten dann auftreten, wenn einzelne Indikatoren voneinander unabhängig sind, da Korrelationen ja auch in den Nennern vorkommen. Doch sieht man von diesen Ausnahmefällen ab, so haben wir es sogar mit einem überidentifizierten Modell zu tun. Um dies zu zeigen, sollen einige überidentifizierende Restriktionen abgeleitet werden. Aus (7) und (8) lassen sich Gleichungen des folgenden Typs gewinnen:

(14)
$$\frac{\lambda_{x1}}{\lambda_{x2}} = \frac{\sigma_{x1x3}}{\sigma_{x2x3}} ;$$
$$\frac{\lambda_{x1}}{\lambda_{x2}} = \frac{\sigma_{x1y1}}{\sigma_{x2y1}} ;$$
$$\frac{\lambda_{x1}}{\lambda_{x2}} = \frac{\sigma_{x1y2}}{\sigma_{x2y2}} .$$

Aus (14) folgen sofort die folgenden Restriktionen:

(15)
$$\frac{\sigma_{x1x3}}{\sigma_{x2x3}} = \frac{\sigma_{x1y1}}{\sigma_{x2y1}} ;$$
$$\frac{\sigma_{x1x3}}{\sigma_{x2x3}} = \frac{\sigma_{x1y2}}{\sigma_{x2y2}} .$$

Werden in (15) anstelle der Populationsmomente die beobachteten Kovarianzen eingesetzt, so ergeben sich die Beobachtungsrestriktionen. Wenn x_1 mit x_3 höher korreliert als x_2 mit x_3, so kann das nach dem Modell nur daran liegen, daß $\lambda_{x1} > \lambda_{x2}$. Unter dieser Voraussetzung muß x_1 gemäß (8) aber auch mit jedem y-Indikator höher korrelieren als x_2. Latente Variablen in überidentifizierten Modellen haben insoweit eine ganz ähnliche Aufgabe wie die t-theoretischen Funktionen im Sinne des strukturalistischen Theoriebegriffs (vgl. dazu insbes. STEG-MÜLLER 1973a, S. 91 ff.): Sie verbieten gewisse beobachtete Werte, auferlegen den Beobachtungen also Restriktionen.

Während das vollstandardisierte Modell (7) − (11) überidentifiziert ist, lassen sich in dem Modell mit der nicht restringierten Varianz von η (Gleichungen (9′) und (11′)), einige Parameter nicht bestimmen. Zum Nachweis der Unteridentifikation werden wir zeigen, daß zwei voneinander verschiedene Parameterfolgen beobachtungsäquivalente Lösungen darstellen. Angenommen die Werte der zwölf freien Parameter des teilstandardisierten Modells seien von Null verschieden und würden durch λ_{x1}, λ_{x2} etc. repräsentiert. Dann ist $\langle \lambda_{x1}, \lambda_{x2}, \lambda_{x3}, \gamma, \text{Var}(\zeta), \lambda_{y1}, \lambda_{y2}, ...\rangle$ eine zwölfkomponentige Parameterfolge. In einer zweiten Parameterfolge $\langle \lambda_{x1}^*, \lambda_{x2}^*, \lambda_{x3}^*, \gamma^*, \text{Var}(\zeta)^*, \lambda_{y1}^*, \lambda_{y2}^*, ...\rangle$ sollen die Werte von vier Parametern folgendermaßen aus denen der ersten Parameterfolge berechnet werden:

(16) $\quad \gamma^* = \gamma a$;

$\quad\quad\;\; \lambda_{y1}^* = \lambda_{y1}^*/a$;

$\quad\quad\;\; \lambda_{y2}^* = \lambda_{y2}^*/a$

$\quad\quad\;\;$ Var* (ζ) = Var $(\zeta) \cdot a^2$, wobei a eine beliebige, von Null verschiedene Zahl ist.

Wenn die Werte aller anderen Parameter in beiden Folgen identisch sind, dann sind beide Lösungen beobachtungsäquivalent. Beispielsweise ergibt sich für σ_{y1y2}, wenn man die Werte der zweiten Parameterfolge in (9′) einsetzt:

(17) $\quad \sigma_{y1y2} = \lambda_{y1}^* \lambda_{y2}^* \sigma_\eta^{*2} = \lambda_{y1}^* \lambda_{y2}^* (\gamma^{*2} + \text{Var}^* (\zeta))$

$\quad\quad\quad\;\;\; = (\lambda_{y1}/a)(\lambda_{y2}/a)(\sigma_\eta^2 a^2) = \lambda_{y1} \lambda_{y2} \sigma_\eta$

Wir erhalten also mit den Parameterwerten der zweiten Folge das gleiche Ergebnis wie mit denen der ersten Folge. Da dies auch, wie man leicht überprüfen kann, für alle anderen IK-Gleichungen gilt, besteht Beobachtungsäquivalenz. Folglich sind die in (16) aufgeführten *Parameter nicht identifiziert*. Da sich auch in dem teilstandardisierten Modell Beobachtungsrestriktionen ableiten lassen, handelt es sich um ein teilweise über- und teilweise unteridentifiziertes Modell, das sich aber mittels einer weiteren Parameterrestriktion, z.B. durch Fixierung einer Ladung λ_{yi}, in ein überidentifiziertes Modell überführen läßt[19].

c. Das Identifikationsproblem ist gewissermaßen der Preis für die vielfältigen Spezifikationsmöglichkeiten in LISREL. In der exploratorischen Faktorenanalyse muß der Anwender die Modellannahmen akzeptieren − z.B. unkorrelierte spezifische Faktoren, orthogonale gemeinsame Faktoren bei der Extraktion −, andererseits ist die Identifikation des Modells garantiert. In LISREL können die Annahmen variiert werden, dafür muß der Anwender die Identifikation sicherstellen. Seit neuere LISREL-Versionen die Informationsmatrix aller unabhängigen, unbekannten Parameter berechnen (JÖRESKOG und SÖRBOM 1978), wird Unteridentifikation zwar wesentlich häufiger registriert als früher, doch müssen nicht *nur* die vom Programm genannten Parameter unteridentifiziert sein; außerdem muß nicht jedes vom Programm unbeanstandete Modell tatsächlich identifiziert sein.

Einige Faustregeln erleichtern die Überprüfung des Identifikationsstatus. So sind *rekursive Modelle mit ausschließlich beobachteten Variablen*, wenn die Residuen weder untereinander noch mit den Prädiktoren korrelieren, immer identifiziert (LAND 1973). Aus der Ordnungsbedingung folgt, daß zur Identifikation mindestens soviele modellimplizierte Varianzen und Kovarianzen nötig, wie freie Parameter vorhanden sind. Diese (nur) *notwendige Bedingung* ist bei dem Modell in Darstellung 1 erfüllt, denn den 15 Varianzen und Kovarianzen in den Gleichungen (7) – (11) stehen im vollständig standardisierten Modell elf, im halbstandardisierten zwölf freie Parameter gegenüber. Bei nichtrekursiven Modellen mit *beobachteten Variablen* ist erforderlich, daß „mindestens ebensoviele prädeterminierte Variablen die jeweils betrachtete endogene Variable *nicht* beeinflussen, wie endogene Variablen sie beeinflussen" (WEEDE 1977, S. 55). GERACI (1977) entwickelt leicht prüfbare notwendige Bedingungen für feedback-Modelle, in denen einige exogene Variablen perfekt, andere aber fehlerhaft durch *einen* einzigen Indikator gemessen werden.

Nach BIELBY und HAUSER (1977a, S. 145 f.) ist ein rekursives Strukturgleichungsmodell mit unkorrelierten Residuen und reinen, auf nur einem Faktor ladenden Indikatoren schon immer dann identifiziert, wenn jede latente Variable durch mindestens zwei Indikatoren erfaßt wird. Das Meßmodell sei sogar überidentifiziert. Das trifft jedoch, wie gezeigt, nur zu, wenn außerdem *Standardisierung der exogenen und endogenen* latenten Variablen vorausgesetzt wird.

Von einigen Ausnahmen abgesehen, werden in Faustregeln nur notwendige Bedingungen für die Identifikation formuliert. Bei diffizilen Problemen wird man die einschlägige Literatur konsultieren (vgl. insbes. FISHER 1966). Ökonometrische Lehrbücher (z.B. GOLDBERGER 1964; JOHNSTON 1972; WONNACOTT und WONNACOTT 1970) behandeln regelmäßig nur Systeme mit ausschließlich beobachteten Variablen. Wie sich der Identifikationsstatus von Modellen mit latenten Variablen unter Umständen schrittweise prüfen läßt, zeigt WILEY (1973). Darüber hinaus sind in der Literatur spezielle Modelle untersucht worden, teils in relativ technischer Form (vgl. etwa CHAMBERLAIN 1977; ROBINSON 1974), teils mit den in der Pfadanalyse gebräuchlichen Methoden (vgl. etwa DUNCAN 1975a; JÖRESKOG und SÖRBOM 1978; LONG 1976; WERTS et al. 1973). Eine umfangreiche Literatur existiert insbesondere für Panelmodelle (insbes. DUNCAN 1969, 1972 und 1975b; HEISE 1969b; JÖRESKOG und SÖRBOM 1977; KENNY 1973; WHEATON et al. 1977; WILEY und WILEY 1970). Daß man sich bei Behandlung der schwierigen Probleme nicht unbedingt auf Autoritäten verlassen kann, lehrt die Studie von BURT et al. (1978). Einige der dort geschätzten (konfirmatorischen) Faktorenmodelle sind zwar nach den von JÖRESKOG (1969) als hinreichend bezeichneten Bedingungen identifiziert, tatsächlich aber unteridentifiziert (BURT et al. 1979). DUNN hatte freilich schon 1973 den Irrtum entdeckt.

Eine zusätzliche Komplikation kommt mit der bereits erwähnten numerischen Unteridentifikation ins Spiel, wenn also spezifische numerische Werte der beobachteten Kovarianzen *im Einzelfall* eine Identifikation ausschließen. Möglich ist ferner, daß einzelne Indikatoren zwar nicht von anderen linear abhängig sind (dann numerische Unteridentifikation), daß aber ein hoher Grad an Multikollinearität besteht: man kann die Werte eines Indikators mittels einer Linearkombination anderer Indikatoren beinahe perfekt vorhersagen. In solchen Fällen ist Unteridentifikation keine „all-or-nothing proposition" (BIELBY und HAUSER 1977a, S. 150). Es gibt dann mehrere, unter Umständen stark voneinander abweichende Lösungen, die die beobachteten Kovarianzen fast gleich gut reproduzieren. Wichtige Fingerzeige können hier die Korrelationsmatrix der Schätzfunktionen (correlation of estimates) und die Standardfehler geben. Extrem hohe Werte indizieren Multikollinearitätsprobleme.

Oft wird die Identifikation durch ad-hoc-Annahmen erreicht. Stattdessen können auch mögliche Werte unteridentifizierter Parameter innerhalb theoretisch zulässiger Grenzen mittels Sensitivitätsanalyse (LAND und FELSON 1978; w. Nachw. b. BIELBY und HAUSER 1977a) bestimmt werden. Man schätzt dazu entweder Modelle mit unterschiedlichen Nullrestriktionen oder mit verschiedenen, fest vorgegebenen Werten (SIEGEL und HODGE 1968; JENCKS et al. 1972) unteridentifizierter Parameter, führt Intervallrestriktionen ein oder ermittelt die Minima und Maxima der Parameter unter Nebenbedingungen.

2.1.5 Parameterschätzung

In gerade identifizierten Modellen reicht die Beobachtungsinformation genau aus, um die Werte der unbekannten Modellparameter zu berechnen. Die Schätzgleichungen erhält man hier, indem man die Indikatorkovarianzen in die IK-Gleichungen einsetzt und diese Gleichungen dann wie oben beschrieben auflöst. Die anschließend aus den Werten der Modellparameter errechneten modellimplizierten Kovarianzen müssen natürlich mit den beobachteten exakt übereinstimmen. In überidentifizierten Modellen stehen für einzelne Parameter mehrere Gleichungen zur Verfügung. Im allgemeinen liefert jede einen anderen Schätzwert. Früher wurde häufig eine (gerade identifizierte) Teilmenge der Gleichungen zur Berechnung der Parameterwerte ausgesondert (*Schätzgleichungen*), während die übrigen entweder unberücksichtigt blieben oder aber der Modelltestung (*Prüfgleichungen*) dienten (vgl. zu den verschiedenen Praktiken BIELBY und HAUSER 1977a mit zahlr. Nachw.). Unbefriedigend an derartigen limited-information-Schätzungen blieb, daß Kriterien für die Selektion der Schätzgleichungen fehlten, daß zudem die Prüfgleichungen oft recht hohe Differenzen zwischen modellimplizierten und beobachteten Korrelationen ergaben. Beide Nachteile werden vermieden, wenn der Wert eines Parameters nach allen verfügbaren Gleichungen berechnet wird und verschiedene, voneinander abweichende Lösungen anschließend gemittelt werden (DUNCAN et al. 1968; HAUSER 1969). Im Sinne der statistischen Schätzungstheorie ist aber auch dieses Vorgehen nicht optimal. GOLDBERGER (1973b), HAUSER und GOLDBERGER (1971) demonstrieren, daß anspruchsvollere Schätzmethoden häufig eine Art *gewichtetes* Mittel unter konfligierenden Schätzungen bilden.

Natürlich ist mit den allgemeinen Modellgleichungen (1) und (3) und den Normalgleichungen noch keine Entscheidung für ein bestimmtes Schätzverfahren getroffen. Die Modellparameter könnten ebensogut mit full- wie mit limited-information-Verfahren geschätzt werden. Faktisch war in früheren LISREL-Versionen eine Festlegung insofern erfolgt, als mit dem Programm nur full-information-maximum-likelihood-(FIML-) Schätzungen möglich waren. FIML hat einige für den Statistiker erfreuliche Eigenschaften[20]. Es wird simultan die Beobachtungsinformation aller Gleichungen ausgewertet, die Methode ist asymptotisch effizient und konsistent. Bei Ähnlichkeitstransformation der (unstandardisierten) Indikatoren lassen sich die neuen Werte der Modellparameter einfach aus den alten berechnen (näheres zur Skalenunabhängigkeit JÖRESKOG (1973a).

Dem stehen mehrere, den Praktiker irritierende Nachteile gegenüber. Erstens ist der Rechenaufwand trotz verbesserter Algorithmen bei komplexeren Modellen immer noch erheblich. Zweitens kann, weil die Lösung iterativ[21] gefunden wird, der Computer unter Umständen in einem lokalen Optimum „hängenbleiben", die günstigsten Parameterwerte also nicht finden. Drittens werden Spezifikationsfehler über das gesamte Modell verteilt, sind also schwer zu lokalisieren (vgl. 2.1.6). Viertens ist weitgehend unbekannt, wie robust FIML-Schätzungen gegen *Annahmeverletzungen* sind.

BOOMSMA (1982) hat in ersten Simulationen die Folgen *kleiner Stichprobengrößen* für die Parameterschätzung von Zweifaktorenmodellen untersucht. Er gab die wahren Populationsmomente für ein einfaches Kausalmodell vor und zog Stichproben unterschiedlicher Größe aus einer multinormal verteilten Grundgesamtheit. BOOMSMA selbst resümiert unter etlichen Vorbehalten, daß die Schätzungen bei Stichproben mit $N > 200$ ziemlich robust seien. Daraus abzuleiten, daß die kritische Schwelle für beliebige Strukturen bei diesem Wert liegt, wäre gewiß verfehlt. Die *Verteilungsannahmen* sind sicher bei dichotomen abhängigen Variablen verletzt; bei ausschließlich dichotomen Variablen wird man Ansätze wie ECTA, NONMET oder faktoranalytische Verfahren (ARMINGER 1979; MUTHEN 1978) vorziehen. Im übrigen sind die Auswirkungen schiefer Verteilungen kaum untersucht worden. Die eigene Unwissenheit hinter der kühnen Annahme zu verbergen: „Assuming the joint distribution ... is multivariate normal ..." (BIELBY et al. 1977a, S. 286), dürfte für viele kein gangbarer Ausweg sein. Datentransformationen, wie sie von JÖRESKOG und SÖRBOM (1978) empfohlen werden (ANDREWS et al. 1975), sind bislang kaum vorgenommen worden, vielleicht auch deshalb, weil das Auffinden von Ausreißern und die Analyse der Residuen im multivariaten Fall relativ aufwendig ist (vgl. zum Ganzen GNANADESIKAN 1977).

Möglich bleibt bei Verletzung der Verteilungsannahmen eine *deskriptive Interpretation* der Ergebnisse. Die Likelihoodfunktion erreicht ihren Idealwert, wenn beobachtete und modellimplizierte Kovarianzen übereinstimmen (vgl. LAWLEY und MAXWELL 1971)[22]. Wo also eine perfekte Modellanpassung an die Daten möglich ist, wird sie mit FIML genauso gefunden wie mit anderen Anpassungsfunktionen (fitting functions), etwa generalized least squares (dazu JÖRESKOG und GOLDBERGER 1975). Demzufolge führen die Methoden bei gerade identifizierten Modellen zu identischen Ergebnissen, unabhängig davon, wie die Indikatoren verteilt sind. Bei überidentifizierten Modellen werden für die modellimplizierten Kovarianzen Werte gesucht, die möglichst nahe bei der Ideallösung liegen, wobei allerdings die Zielfunktion bei jeder Methode anders definiert ist.

2.1.6 Modell- und Hypothesentestung

Die wohl bekannteste Technik zur Testung überidentifizierter Gesamtmodelle ist der Vergleich von modellimplizierten und beobachteten Korrelationen (DUNCAN 1975a; OPP und SCHMIDT 1976; WEEDE 1977). Große Differenzen gelten als Anzeichen für Fehlspezifikationen, während kleine auf Stichprobenfehler zurückgeführt werden. Die Alarmschwelle wird meist bei 0,1 angesetzt. Wei immer man den heuristischen Wert dieses Verfahrens beurteilen mag, es erlaubt keine Entscheidung über die kausale Anordnung unter den Variablen (ALWIN und MUELLER 1971; HEISE 1969a; DUNCAN 1975a) und es ist nicht inferenzstatistisch zu legitimieren.

Unter diesem Aspekt ist der in LISREL mögliche χ^2-Test ohne Makel, vorausgesetzt es wird eine Kovarianzmatrix analysiert, die Indikatoren sind multinormalverteilt und die Stichprobe ist groß genug (vgl. JÖRESKOG 1973a). Grob gesprochen wird getestet, inwieweit die für das spezifizierte Modell M_o geschätzten Indikatorkovarianzen von jenen abweichen, die sich in einem gerade identifizierten oder saturierten Modell ergeben. *Je höher* bei gegebenem Freiheitsgrad *der χ^2-Wert, desto schlechter die Modellanpassung*[23]. Es ist also genau umgekehrt wie beim einfachen χ^2-Test, den man von der Tabellenanalyse her kennt. Ist die Testgröße auf dem 5%-Niveau signifikant, dann werden wir in höchstens 5% der Fälle eine noch schlechtere Anpassung an die Daten, also einen noch höheren χ^2-Wert, erhalten, wenn das von uns spezifizierte Modell M_o in der Grundgesamtheit gilt. Wenn man also auf Anhieb – und nicht erst nach langem ‚Modelltrimmen‘ (dazu McPHERSON 1976) – ein Signifikanzniveau von 0.8 oder gar 0.95 erreicht, so ist das für die Theorie nur günstig (vgl. BIELBY et al. 1977a). Klare Richtlinien, wann das Modell M_o zu akzeptieren ist, liefert der Signifikanztest allerdings nicht, da gewöhnlich nur Verwerfungsregeln aufgestellt werden (vgl. STEGMÜLLER 1973b, S. 157).

Am χ^2-Test werden sehr viele Nullmodelle scheitern, auch und gerade dann, wenn seine Anwendungsvoraussetzungen erfüllt sind. Denn da die Testgröße proportional mit dem N wächst, erreicht sie bei großen Stichproben selbst dann noch beachtliche Höhen, wenn die Funktion F im Minimum nahe bei Null liegt. Auch der weniger restriktiven Forderung, der χ^2-Wert müsse in etwa der Anzahl der Freiheitsgrade gleichkommen (vgl. dazu JÖRESKOG und SÖRBOM 1978), werden nur wenige empirische Strukturen genügen. Daher dividieren WHEATON et al. (1977) den χ^2-Wert durch die Anzahl der Freiheitsgrade und dekretieren: „For our sample size (ca. 900, W. J.), we jugde a ratio of around 5 or less as beginning to be reasonable, based on our experiences in expecting the size of the residuals ..." (1977, S. 99) – ein Beispiel, das inzwischen Schule macht. So betrachten LORENCE und MORTIMER (1979, S. 667) ähnlich wie KOHN und SCHOOLER (1978, S. 44 FN. 4) einen Quotienten von ca. 1.9 bei einem N von ca. 500 bzw. 700 als zufriedenstellend. Man fragt sich allerdings, welchen Vorzug dieses Kriterium noch gegenüber dem Vergleich von modellimplizierten und beobachteten Korrelationen hat.

Zunehmender Beliebtheit erfreut sich ein Likelihoodquotiententest (SILVEY 1970), bei dem ineinander geschachtelte Modelle verglichen werden (JÖRESKOG

1969; 1971a; 1974). Die Prozedur beginnt meist mit einem relativ restriktiven Modell M_o, von dem angenommen wird, daß es die wahren Beziehungen in der Population näherungsweise widerspiegelt. Indem einzelne feste Parameter dieses Ausgangsmodells freigegeben, etwa Meßfehlerkorrelationen zugelassen werden (BIELBY und HAUSER 1977b; BIELBY et al. 1977a, 1977b; MASON et al. 1976; SÖRBOM 1975; SÖRBOM und JÖRESKOG 1978; WHEATON et al. 1977), erzeugt man ein weniger restriktives Modell M_a mit höchstens gleich hohem χ^2-Wert und weniger Freiheitsgraden. Fällt das χ^2 im Vergleich zu den Freiheitsgraden merklich ab, so wird M_a als eine wirkliche, nicht nur zufällige Verbesserung angesehen. Bei Multinormalverteilung und großer Stichprobe ist die Differenz der χ^2-Werte ihrerseits χ^2-verteilt[24], falls M_o tatsächlich zutrifft. Je größer also die Differenz, desto unwahrscheinlicher diese engere, restriktivere Version. Daß wir, wenn die Parameter von M_a und M_o mit den gleichen Daten geschätzt werden, nicht wie üblich testen, ist klar: „... the test is not a test of hypothesis in the common statistical sense. The χ^2 test should only be regarded as a tool to generate hypotheses in exploratory studies." (SÖRBOM 1974, S. 233). Jedenfalls liegt bei sequentiellen Likelihoodquotiententests das tatsächliche Risiko eines Typ-I-Fehlers über dem nominalen, aus den Tabellen ablesbaren (BIELBY und HAUSER 1977a, 151 m.w. Nachw.; McPHERSON 1976). Faktisch wird man schon deshalb die χ^2-Differenzen deskriptiv interpretieren müssen, weil die Anwendungsvoraussetzungen für den Test verletzt sind.

Dies gilt natürlich auch für die Möglichkeit, eine oder mehrere Hypothesen mit dem Likelihoodquotiententest zu überprüfen. Verbietet die Theorie eine direkte Beziehung zwischen zwei Variablen, so wird ein Modell (M_o) mit dieser Restriktion geschätzt, in einem zweiten (M_a) wird der Parameter freigegeben. Große χ^2-Differenzen sprechen für Verwerfung der Hypothese (vgl. die Illustrationen bei JÖRESKOG 1974; SÖRBOM und JÖRESKOG 1978). Außerdem können mit neueren LISREL-Versionen Standardschätzfehler und Vertrauensintervalle für die Parameter berechnet werden.

Alles in allem trifft für das Testen in LISREL zu, was auch sonst in der Forschungspraxis gilt: Wenn man es sehr genau nimmt, dann sind die Anwendungsvoraussetzungen für inferenzstatistische Schlüsse häufig nicht gegeben. Signifikanzen werden als sehr grobe Kriterien eingesetzt, um zwischen erheblichen und unerheblichen Effekten zu diskriminieren, sie werden „weich" interpretiert.

2.1.7 Korrektur bei Fehlspezifikationen

Ob full-information-Schätzungen beim gegenwärtigen Stand sozialwissenschaftlicher Theoriebildung überhaupt sachgerecht sind, ist eine offene Frage. So argumentiert HEISE (1970, S. 8): „... these techniques (full-information-Schätzmethoden, W. J.) may be inappropriate in the stages of the early research on a topic since they tend to diffuse the effects of few erraneous postulates throughout all of ones findings."

Oft wird das im FIML geschätzte Modell an jener Stelle korrigiert, wo die Differenz zwischen beobachteten und modellimplizierten Korrelationen am größten ist. Doch da LISREL nicht die Summe der einfachen absoluten Differenzen minimiert, muß diese Strategie nicht erfolgreich sein (vgl. SÖRBOM 1975; WHEATON et al. 1977; s.a. COSTNER und SCHOENBERG 1973). Andere Lösungsvorschläge setzen die Kenntnis der Lagrangemultiplikatoren bzw. der partiellen Ableitungen nach den Modellparametern voraus, die nur neuere LISREL-Versionen berechnen. Bei korrekten Spezifikationen müssen die partiellen Ableitungen nach den festen Parametern (bis auf Stichprobenfehler) Null sein, andernfalls sind sie von Null verschieden und gleich den negativen Lagrangemultiplikatoren (näheres s. SARIS et al. 1979). BYRON (1972) empfiehlt daher, bei schlechter Modellanpassung simultan alle festen Parameter freizugeben, deren Lagrangemultiplikatoren signifikant von Null verschieden sind. SÖRBOM (1975) zieht es vor, sukzessive immer jene Restriktion aufzuheben, bei der die partielle Ableitung am stärksten von Null divergiert. SARIS et al. wollen, weil die Lagrangemultiplikatoren untereinander korreliert sind, für jeden Parameter einen additiven Index aus den mit ihrer Korrelation gewichteten Lagrangemultiplikatoren berechnen und dann den Parameter mit dem höchsten Indexwert freigeben. Bislang ist eine Berechnung der erforderlichen Korrelationen mit LISREL nicht möglich und ein entsprechendes Unterprogramm wird, wenigstens für kompliziertere Modelle, auch auf sich warten lassen. Alle diese Prozeduren kranken an zwei ganz entscheidenden Mängeln. Erstens werden die Lagrangemultiplikatoren bei Fehlspezifikation – und die unterstellen wir bei der Korrektur – verzerrt geschätzt, folglich ist auf die von LISREL berechneten Werte kein Verlaß. Außerdem kann theoretisch die große Veränderung eines Parameters mit einer kleinen Ableitung die Modellanpassung mehr verbessern als die Änderung eines anderen mit einer großen Ableitung (SÖRBOM 1975, S. 150).

Angesichts solcher Unwägbarkeiten haben theoretische Überlegungen Priorität. Hohe partielle Ableitungen sind gewiß kein Grund, theoretisch unplausible Effekte zuzulassen. Sind einzelne Beziehungen mehr, andere weniger empirisch erhärtet, dann empfiehlt sich, vorab die Parameter der leidlich gesicherten Submodelle zu schätzen. Das spart auch Rechenzeit (vgl. JÖRESKOG und SÖRBOM 1977). Häufig wird mit einer Analyse des Meßmodells begonnen, werden erst in einer späteren Phase dem theoretischen Modell überidentifizierende Restriktionen auferlegt (vgl. etwa KOHN und SCHOOLER 1978; LORENCE und MORTIMER 1979; SÖRBOM und JÖRESKOG 1978). Zumindest implizit wird dabei vorausgesetzt, daß im Meßmodell seltener Fehlspezifikationen unterlaufen als im Strukturgleichungsmodell, daß die Hilfstheorien solider sind als die Haupttheorien – eine gewiß nicht unproblematische Annahme.

Durch nachträgliche Änderung eines Modells können Spezifikationsfehler zwar beseitigt werden, es wächst aber auch die Gefahr, datenspezifische, nicht replizierbare Modelle zu erzeugen (vgl. McPHERSON 1976; WEEDE und JAGODZINSKI 1977). So stellt sich die Frage, wann man den Prozeß des Modelltrimmens abbrechen sollte, die aus den bereits erwähnten Gründen nicht durch harte Tests zu entscheiden ist. In der Literatur benutzt man daher Faustregeln. Nach LAWLEY und MAXWELL (1971) ist eine Verbesserung über ein Signifikanzniveau von 10% hinaus nicht erstrebenswert. Genauso gut und genauso beliebig wäre die Forderung, χ^2-Wert und Freiheitsgrade sollten einander in etwa entsprechen. JÖRESKOG hat in früheren Beiträgen darauf abgehoben, ob nach Freigabe der Parameter der χ^2-

Wert stärker absinkt als die Zahl der Freiheitsgrade (vgl. oben). SÖRBOM prüft, ob die Differenz der χ^2-Werte nach dem Likelihood-Ratio-Test signifikant ist oder nicht. SARIS et al. (1979) kommen nach Experimenten mit sehr einfachen hypothetischen Modellen zu dem Ergebnis, daß eine Verbesserung über das 5%-Niveau hinaus nicht mehr lohnt. Bei größeren Modellen könne selbst diese Schwelle noch zu hoch sein. Die Vielzahl der Vorschläge und die Behutsamkeit der Formulierungen machen deutlich, auf welch schwankendem Boden wir uns vorläufig bewegen.

2.2 Spezielle Modelle und empirische Anwendungen

Die Literatur zum allgemeinen linearen Modell ist in den letzten Jahren dermaßen angeschwollen, daß ein umfassender Überblick über empirische Anwendungen kaum noch zu leisten ist. Im folgenden wird ausgewählte Literatur zu vier, für die nichtexperimentellen Sozialwissenschaften relevanten Problemkreisen referiert: (1) Meßfehler und konfirmatorische Faktorenanalyse, (2) rekursive und nichtrekursive Kausalmodelle mit latenten Variablen, (3) Längsschnittmodelle mit latenten Variablen und (4) Gruppenvergleiche.

2.2.1 Meßfehler und konfirmatorische Faktorenanalyse

Spricht man bei dem Modell in Darstellung 1 nicht von Indikatoren sondern von *Tests*, bezeichnet man die latenten Variablen als *wahre Größen*, so erkennt man in (5) und (6) fundamentale Gleichungen der klassischen Testtheorie wieder. Der Testwert ist gleich der gewichteten Summe aus wahrem Wert und Meßfehler[25]. Sind die wahren Werte standardisiert und die Tests unstandardisiert, so gilt:

$$\sigma^2_{xi} = \lambda^2_{xi} + \text{Var}(\delta_i).$$

Die einfache Korrelation zwischen Test und wahrer Größe

$$\text{Corr}(x_i, \xi) = \lambda_{xi}/\sigma_{xi}$$

wird als *Validität*, das Quadrat als *Reliabilität* des Tests bezeichnet[26]. $x_1 - x_3$ wären *parallele* Tests, wenn alle drei gleiche (unstandardisierte) Ladungen und gleiche Fehlervarianzen haben. Ist nur letzteres der Fall, so sind die Tests *tauäquivalent*. Bei verwandten (*congeneric*) Tests ist keine der Bedingungen erfüllt, sie entsprechen den multiplen Indikatoren (vgl. zur Übertragung dieser und weiterer Konzepte der klassischen Testtheorie ALWIN 1973 u. 1976; JÖRESKOG und SÖRBOM 1976; KLUEGEL et al. 1977; LINN und WERTS 1974; WERTS und LINN 1972; WERTS et al. 1971a und 1974; WILEY und WILEY 1970). Mit dem Programm LISREL kann u.a. auf Tauäquivalenz, Parallelität und Eindimensionalität getestet werden (JÖRESKOG 1971a; 1974).

Werden die Werte der wahren Größe (*Faktorenwerte*) als gewichtete Summe der Testergebnisse geschätzt, so sollten Validität und Reliabilität dieser Linearkombination ermittelt werden (dazu ARMOR 1974; HEISE und BOHRNSTEDT 1970; SARIS et al. 1978 m.w. Nachw.: WERTS et al. 1978). Außerdem ist zu beachten, daß die Faktorenwerte nach verschiedenen Methoden geschätzt werden können, deren Ergebnisse unter Umständen stark voneinander abweichen (näheres SARIS et al. 1978).

In Mehrfaktorenmodellen ist es weiter notwendig, die *Korrelation unter den Faktoren* zu schätzen. Bei *zufälligen* Meßfehlern übersteigt sie die Korrelation unter den beobachteten Variablen, es muß eine Minderungskorrektur (*correction for attenuation*) vorgenommen werden (vgl. insbes. WERTS und LINN 1972). Bei standardisierten Variablen ist der Pfadkoeffizient γ in Darstellung 1 gleich der Korrelation zwischen ξ und η. Aus (8) folgt:

$$\text{Corr}(\xi, \eta) = \gamma = \sigma_{xiyj}/(\lambda_{xi}\lambda_{yj}).$$

Die unverminderte, bereinigte Korrelation ergibt sich also nach Division durch die Validität der Indikatoren. Sind die Meßfehler zu den Indikatoren verschiedener latenter Variablen korreliert, dann sieht die Korrekturformel komplizierter aus, außerdem liegt die Korrelation der wahren Größen nicht notwendig über den beobachteten Korrelationen.

Mit der konfirmatorischen Faktorenanalyse (BURT 1973; JÖRESKOG 1969; LONG 1976; MULAIK 1975; WEEDE und JAGODZINSKI 1977), — ein spezielles faktorenanalytisches Verfahren (vgl. etwa ARMINGER 1979; LAWLEY und MAXWELL 1971; MULAIK 1972) wie auch ein spezielles LISREL-Modell[27] —, können simultan Reliabilitäten und unverminderte Faktorenkorrelationen geschätzt werden. Sind die Validitäten aus früheren Untersuchungen bekannt, können sie natürlich auch als feste Parameter vorgegeben werden (vgl. dazu aber BIELBY et al. 1977b, S. 230). So übernehmen OTTO und FEATHERMAN (1975) sowie KLUEGEL et al. (1977) die von SIEGEL und HODGE (1968) geschätzten Reliabilitäten. BIELBY und HAUSER (1977b), BIELBY et al. (1977a und 1977b) schätzen die Meßfehlervarianzen und -korrelationen in einer Teilstichprobe und korrigieren mit diesen (dann fest vorgegebenen) Werten die beobachteten Varianzen und Kovarianzen der Gesamtstichprobe. Zur Ermittlung der Validität und Reliabilität von Schicht- (DUNCAN) und Prestigeskalen (TREIMAN) wurde die konfirmatorische Faktorenanalyse von FEATHERMAN et al. (1975), FEATHERMAN und HAUSER (1976), HAUSER und FEATHERMAN (1977) und SPAETH (1978) eingesetzt (vgl. zur Meßfehlerproblematik bei diesen Skalen auch BROOM et al. 1978; TREAS und TYREE 1979). KLUEGEL et al. (1977) analysieren subjektive Schichteinstufung, SÖRBOM und JÖRESKOG (1978) mit den gleichen Daten das Verhältnis von subjektiven und objektiven Statusmaßen. BURT und seine Mitarbeiter suchen die Komponenten von individuellem Wohlbefinden (well-being) zu ermitteln (BURT 1973 und 1976a; BURT et al. 1978; vgl. dazu aber BURT et al. 1979). In der quantitativen Konfliktforschung sind Konzepte wie ökonomische Entwicklung, kollektiver Protest, interner Konflikt mittels konfirmatorischer Faktorenanalyse untersucht worden (vgl. etwa WEEDE 1977; WIDMAIER 1978).

Bei Freigabe aller Faktorenkorrelationen auferlegt das Strukturgleichungsmodell den beobachteten Kovarianzen bzw. Korrelationen keinerlei Restriktionen. Aus diesem Grunde wird die konfirmatorische Faktorenanalyse benutzt, um vorab das Meßmodell zu elaborieren. *Beobachtungsäquivalent* ist ein *gerade identifiziertes, rekursives* Strukturgleichungsmodell. KALLEBERG (1974) kann daher in seiner

Untersuchung über Arbeitszufriedenheit die Pfadkoeffizienten direkt aus den Korrelationen unter den Faktoren errechnen. Daher können auch BIELBY und HAUSER (1977b), BIELBY et al. (1977a und 1977b) ein gerade identifiziertes Kausalmodell spezifizieren, die Parameter des Meßmodells aber mit ACOVSF, einem Programm zur konfirmatorischen Faktorenanalyse, schätzen. Wer demgegenüber mit konfirmatorischer Faktorenanalyse die correction for attenuation vornimmt, anschließend mit Regression die Pfadkoeffizienten eines überidentifizierten Strukturgleichungsmodells berechnet (vgl. etwa OTTO und FEATHERMAN 1975), wird eine andere Lösung erhalten, als wenn er simultan Meßmodelle und theoretisches Modell mit LISREL schätzt. Aus dem Blickwinkel der statistischen Schätzungstheorie ist das stufenweise Vorgehen suboptimal.

Phänomene wie Jasagetendenz, Rückerinnerung oder Konsistenzdruck können im Interview *systematische Meßfehler* bedingen. Wird fälschlich ein Modell mit zufälligen Meßfehlern spezifiziert, so wird die Faktorenkorrelation verzerrt geschätzt: (a) Sie wird *unter*schätzt, wenn in Darstellung 1 die Meßfehler zu den *x*-Indikatoren korreliert sind, denn für die Ladungen der *x*-Indikatoren ergeben sich in diesem Fall überhöhte Werte; (b) Sie wird *über*schätzt, wenn die Meßfehler der *x*- und *y*-Indikatoren, die verschiedenen latenten Variablen zugeordnet sind, korrelieren[28]. Obwohl die Probleme korrelierter Meßfehler[29] schon lange bekannt sind (BLALOCK 1970b; COSTNER 1969; COSTNER und SCHOENBERG 1973; SIEGEL und HODGE 1968), gibt es kaum Versuche, einzelne Fehlerquellen systematisch zu erforschen. ALWIN (1973 und 1976) prüft den Zusammenhang zwischen Einstellung (zur politischen Partizipation) und Verhalten in (Pseudo-) Längsschnittmodellen mit korrelierten Meßfehlern. Antwortverzerrungen bei Fragen zum sozioökonomischen Status haben BIELBY und HAUSER (1977b), BIELBY et al. (1977a und 1977b), MASON et al. (1976) unter die Lupe genommen. Bewertet ein Experte Positionen nach mehreren Kriterien, so erfolgen die verschiedenen Bewertungen wahrscheinlich nicht unabhängig voneinander (vgl. WERTS et al. 1976a).

Häufig wird durch Freigabe von Meßfehlerkorrelationen die Modellanpassung verbessert (vgl. etwa KOHN und SCHOOLER 1978; LORENCE und MORTIMER 1979; SÖRBOM 1975). Um Gründe, weshalb die Meßfehler tatsächlich korreliert sein müssen, wird man hinterher nicht verlegen sein. Dennoch ist das Verfahren nicht unproblematisch, rückt doch mit der Inflationierung korrelierter Residuen das Modell immer näher an die Schwelle der Unteridentifikation. Zugleich steigt die Gefahr des overfittings.

Hinter dem farblosen Ausdruck „korrelierte Meßfehler" können sich vielfältige Formen der Abhängigkeit verbergen. In autoregressiven Prozessen (HARGENS et al. 1976) werden asymmetrische Beziehungen unter den Residuen postuliert. Zu einem unabhängigen Meßfehler kann die Abhängigkeit mehrerer Items von einem *gemeinsamen Fehlerfaktor* treten (vgl. JÖRESKOG und SÖRBOM 1977), etwa dann, wenn das gleiche Meßinstrument bzw. die gleiche Methode mehrfach angewandt wurde. Ausgehend von der Überlegung, daß jedem Instrument spezifische, nur ihm eigene Mängel anhaften[30], wirkt die Konstruktion sehr überzeugend. Vielleicht bekanntestes Beispiel sind *Multitrait-Multimethod-Daten* (CAMPBELL und FISKE 1959), die *auch* mit konfirmatorischer Faktorenanalyse ausgewertet werden können. In Darstellung 2 ist das von ALTHAUSER und HEBERLEIN (1970) besprochene, *unteridentifizierte* Modell dargestellt. $\xi_1 - \xi_3$ seien drei Persönlichkeitsmerkmale, zu denen der Eigenschaftsträger R (x_{1R}, x_{2R}, x_{3R}) und eine dritte Person D befragt werden (x_{1D}, x_{2D}, x_{3D}). Weil Eigenschaftsträger und Dritter ein verschiedenartiges Antwortverhalten an den Tag legen, sind zwei Methodenfaktoren ξ_4 und ξ_5 vorgesehen. Die Subsumtion unter das allgemeine lineare Modell hat nicht nur zur Präzisierung und Relativierung des Multitrait-Multimethod-Ansatzes beigetragen (vgl. ALTHAUSER 1974; ALTHAUSER und HEBERLEIN 1970; ALTHAUSER et al. 1971; ALWIN 1974; JÖRESKOG 1974; WERTS et al. 1972), sie hat vor allem dessen Achillesferse bloßgelegt: das *Identifikationsproblem* (vgl. auch KALLEBERG und KLUEGEL 1975). Solange die Mechanismen unbekannt sind, die unter dem Etikett „Methodenfaktor" das besondere Antwortverhalten von R und D hervorbringen, solange ist auch nicht zu entscheiden, ob diese Faktoren (untereinander und) mit den Persönlichkeitsmerkmalen (traits) korrelieren oder nicht. Willkürlich muten auch andere Annahmen an, die zum Zwecke der Identifikation gemacht werden, etwa die von MORGAN (1975) unterstellte gleiche Fehlervarianz der Indikatoren x_{iR} und x_{iD}.

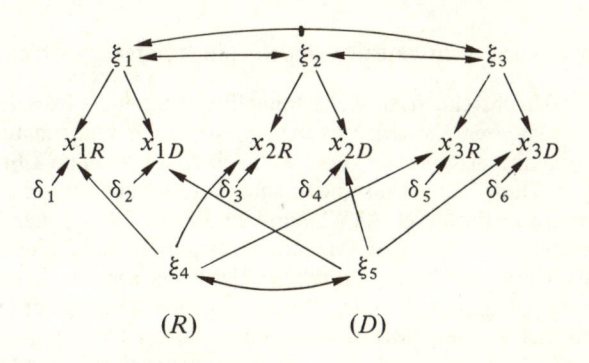

Darstellung 2: Multitrait-Multimethod-Matrix: Ein unteridentifiziertes Modell mit zwei Methodenfaktoren

Anmerkung: Um den Grundgedanken des Ansatzes zu verdeutlichen, wurde die LISREL-Notation geringfügig geändert; die Namen der Parameter wurden der Einfachheit halber fortgelassen.

Eine weitere Korrekturmöglichkeit der meßfehlerbedingten Verzerrungen besteht in Strukturen höherer Ordnung. Bei abstrakten, sehr indirekt meßbaren Konzepten reicht unter Umständen die correction for attenuation auf der ersten Faktorenebene nicht aus. Durch Definition von *Faktoren zweiter Ordnung*[31] werden die Korrelationen unter den Faktoren erster Ordnung nochmals bereinigt, wird gewissermaßen eine ‚hypercorrection for attenuation' vorgenommen. Mit diesem Ziel haben in der Makropolitik WEEDE (1978) „interne Schwäche", EBERWEIN et al. (1978) „(interne und externe) Konflikte" von Nationen, JAGODZINSKI und WEEDE (1980) „weltpolitische Gefährdung" als Faktoren zweiter Ordnung operationalisiert (vgl. Darstellung 3).

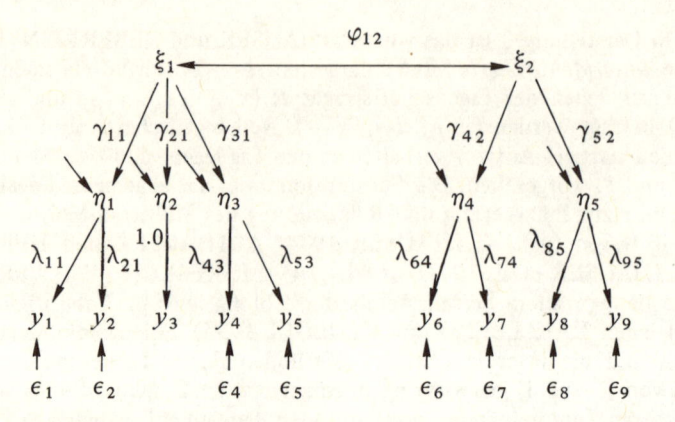

Darstellung 3: Faktoren 2. Ordnung, wobei ξ_1 und ξ_2 die Faktoren 2. Ordnung, $\eta_1 - \eta_5$ die Faktoren 1. Ordnung und $y_1 - y_9$ die Indikatoren sind.

Anmerkung: Aus Gründen der Übersichtlichkeit wurden die Residuen ζ nicht in die Abbildung eingetragen.

2.2.2 Rekursive und nichtrekursive Modelle mit latenten Variablen

In rekursiven und nichtrekursiven Kausalmodellen werden die kausalen Abhängigkeiten unter den latenten Variablen expliziert, die in der konfirmatorischen Faktorenanalyse unanalysiert bleiben. Daß es auch hier gleitende Übergänge gibt, wurde bereits erwähnt: Unter Umständen sind Korrelationen unter Faktoren mit Pfadkoeffizienten identisch (vgl. ALWIN und TESSLER 1974), oder die einen lassen sich in die anderen umrechnen (vgl. oben). In puncto Meßfehler bestehen keine prinzipiellen Unterschiede. Bei *zufälligen* Meßfehlern in den Prädiktoren werden im klassischen Regressionsansatz, der ja fehlerfreie Messung der unabhängigen Variablen voraussetzt, die Regressionsgewichte unterschätzt (vgl. schon BLALOCK et al. 1970). Sie werden überschätzt, wenn der fehlerfrei gemessene Prädiktor mit der abhängigen Variablen und deren Residuum vorzeichengleich korreliert, während bei systematischen Meßfehlern in allen Vairablen eine eindeutige Aussage nicht möglich ist. Lineare Modelle mit überidentifizierter theoretischer Struktur und verschiedenen Arten von Meßfehlern sind vor allem auf Paneldaten angewendet worden (vgl. 2.2.3). ARMER und ISAAC (1978) versuchen mit LISREL die Effekte einzelner ‚fortschrittlicher' Einstellungen (psychological modernity) auf verschiedene Verhaltensformen zu schätzen. CHAMBERLAIN (1977), CHAMBERLAIN und GRILICHES (1977) präsentieren Modelle, in denen Statusvariablen von einem latenten Faktor „individuelle Fähigkeiten" (ability) abhängig sind. Hypothesen und Konzepte der Netzwerkanalyse sind ebenfalls mit LISREL überprüft worden (BURT 1975, 1976b, 1977a, 1977b, 1977c und 1978).

In einfachen MIMIC-Modellen (multiple indicator multiple cause) werden die Effekte der mit den x-Indikatoren identischen exogenen Variablen auf die y-Indikatoren durch eine latente Variable Eta gefiltert (vgl. Darstellung 4). Infolgedessen ist

$$(\sigma_{x_iy_k}/\sigma_{x_jy_k}) - (\sigma_{x_iy_l}/\sigma_{x_jy_l}) = 0.$$

BLALOCK (1969), HAUSER (1971), HAUSER und GOLDBERGER (1971; 1972b), JÖRESKOG und GOLDBERGER (1975) und ZELLNER (1970) haben die Eigenschaften solcher Modelle untersucht. Namentlich GOLDBERGER und HAUSER (1971) und KENNY (1974) haben auf formale Ähnlichkeiten mit der kanonischen Korrelation hingewiesen. HAUSER (1973) wandelt Teile eines komplexen, nichtrekursiven Modells in MIMIC-Modelle um und schätzt die Koeffizienten mittels kanonischer Korrelation[32].

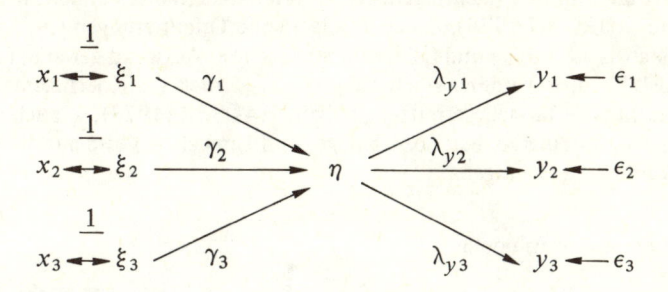

$$x_1 \leftrightarrow \xi_1 \xrightarrow{1} \gamma_1 \qquad \lambda_{y1} \to y_1 \leftarrow \epsilon_1$$
$$x_2 \leftrightarrow \xi_2 \xrightarrow{1} \gamma_2 \to \eta \xrightarrow{\lambda_{y2}} y_2 \leftarrow \epsilon_2$$
$$x_3 \leftrightarrow \xi_3 \xrightarrow{1} \gamma_3 \qquad \lambda_{y3} \to y_3 \leftarrow \epsilon_3$$

Darstellung 4: Ein einfaches MIMIC-Modell

Der Begriff des MIMIC-Modells kann auf Strukturen ausgedehnt werden, in denen die Beziehungen zwischen exogenen x-Variablen und y-Indikatoren durch mehrere latente Variablen vermittelt werden (BLALOCK 1971). ROBINSON (1974) behandelt Schätz- und Identifikationsprobleme solcher und verwandter Strukturen. STAPLETON (1978) geht der Frage nach, inwieweit politische Einstellungen (η), die er allerdings über dichotome Variablen erfaßt, von sozialstrukturellen Variablen abhängig sind.

Die große Zahl nichtrekursiver Modelle[33] (vgl. ANDERSON 1977; BECK 1974; DUNCAN et al. 1968; GURR und DUVAL 1973; ERLANGER und WINSBOROUGH 1976; HAUSER 1971; HENRY und HUMMON 1971; HIBBS 1973; KOHN und SCHOOLER 1973; MASON und HALTER 1968; PUGH 1976; WAITE und STOLZENBERG 1976) ist nicht notwendig ein Indiz, daß in den Sozialwissenschaften das Konzept echt simultaner Kausalität sehr verbreitet ist. Man kann Feedback-Beziehungen auch als komprimierte dynamische Prozesse deuten. Weil die Zeitintervalle zu kurz oder/und die Meßinstrumente zu ungenau sind, werden synchrone kausale Einflüsse zugelassen. Nichtrekursive Modelle sind jedoch nur dann eine Annäherung an rekursive, zeitverzögerte Modelle, wenn sich die endogenen Variablen im *stabilen Gleichgewicht* befinden (vgl. DUNCAN 1975a; SCHOENBERG 1977). Mit Sicherheit kann das, da die wahren Werte der Parameter unbekannt sind, nicht entschieden werden, wohl aber läßt sich prüfen, ob das System wenigstens bei Zugrundelegung der geschätzten Werte stabil ist oder − nach einer gewissen Zeit − „explodiert" (vgl. FISHER 1970; SCHMIDT 1979). Bei nur zwei endogenen Variablen ist die Stabilitätsbedingung schon immer erfüllt, wenn die standardisierten Koeffizienten interpretierbar, d.h. kleiner als Eins sind.

Beispiele für nichtrekursive Modelle mit latenten Variablen finden sich in verschiedenen Beiträgen von DUNCAN und Mitarbeitern (DUNCAN et al. 1968, DUNCAN et al. 1972; DUNCAN und FEATHERMAN 1973). Die erste Studie, in der die latenten Variablen als berufliche Aspiration von Ego und Alter interpretiert werden, kann schon beinahe als Klassiker gelten. Die Parameter, von den Autoren noch mühsam per Hand berechnet, werden später (vgl. JÖRESKOG und van THILLO 1972; V. D. GEER 1971) mit effizienteren Methoden geschätzt. „Ehrgeiz" kehrt auch in den nachfolgenden Arbeiten als latente Variable wieder (vgl. HOUT und MORGAN 1975), daneben allgemeine Orientierungen wie Arbeitsmoral (protestantische Ethik) und Schichtidentifikation. Aufwendiger aber (gemessen am LISREL-Komfort) immer noch suboptimal werden die Koeffizienten für andere nichtrekursive Modelle ermittelt, so von HAUSER (1973), so auch von WILLIAMS (1976) in einer Arbeit über Anlage- und Umwelteinflüsse auf die Entwicklung der kindlichen Intelligenz[34].

2.2.3 Längsschnittmodelle

Längsschnittmodelle waren schon immer ein Schwerpunkt in der pfadanalytischen Literatur. DUNCAN (1969), HEISE (1970) u.a. kritisierten die Strategie des Vergleichs kreuzverzögerter Korrelationen (CAMPBELL und STANLEY 1963; ROZELLE und CAMPBELL 1969). BLALOCK (1970a), DUNCAN (1969, 1972, 1975b) und HEISE (1969b) lenkten das Interesse auf Längsschnittmodelle mit latenten Variablen. Ist ein und dieselbe Variable η zu zwei verschiedenen Zeitpunkten t und $t+1$ gemessen worden, so ist der kausale Effekt von η_t auf η_{t+1} ein Maß für die Stabilität, genauer dafür, *ob sich die relative Position der Untersuchungseinheiten zueinander zwischen den Beobachtungsperioden* geändert hat. Wieder gilt die mittlerweile hinlänglich bekannte Regel: Wird trotz zufälliger Meßfehler perfekte Messung fingiert, unterschätzt man die Stabilität. Wo trotz Wandel in den latenten Variablen bei Meßwiederholungen von vollkommener Stabilität ausgegangen wird, unterschätzt man die Reliabilitäten (vgl. insbesondere HEISE 1969b).

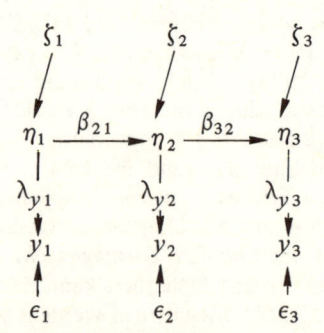

$$\begin{array}{ccccc}
\zeta_1 & & \zeta_2 & & \zeta_3 \\
\downarrow & & \downarrow & & \downarrow \\
\eta_1 & \xrightarrow{\beta_{21}} & \eta_2 & \xrightarrow{\beta_{32}} & \eta_3 \\
\downarrow \lambda_{y1} & & \downarrow \lambda_{y2} & & \downarrow \lambda_{y3} \\
y_1 & & y_2 & & y_3 \\
\uparrow & & \uparrow & & \uparrow \\
\epsilon_1 & & \epsilon_2 & & \epsilon_3
\end{array}$$

Darstellung 5: Ein unteridentifiziertes Kettenmodell

Nach Darstellung 5 ist eine latente Variable zu drei Meßzeitpunkten durch jeweils einen Indikator gemessen worden (1-Variablen, 3-Wellen, 1-Indikator-Modell).

Ohne Zusatzannahmen ist ein solches Modell unteridentifiziert. Wird *gleiche* Reliabilität (d.h. gleiche Faktorladung) der standardisierten Indikatoren unterstellt (HEISE 1969b) oder aber gleiche Meßfehlervarianz und gleiche (Einheits-) Ladung bei unstandardisierten beobachteten und latenten Variablen (WILEY und WILEY 1970), so sind alle Parameter eindeutig bestimmt. Wenn Rückerinnerung das Antwortverhalten verfälscht, ist jedoch weder die eine noch die andere Annahme gerechtfertigt. Zudem ist die latente Variable durch nur einen Indikator inhaltlich unzureichend bestimmt (WHEATON et al. 1977). Dennoch haben CONVERSE und MARCUS (1979) und ERIKSON (1979) Stabilität von Issue-Perzeptionen und Parteiidentifikation jüngst nach diesen Modellen geschätzt.

Wie bei allen Kettenmodellen hängt in Darstellung 5 der Zustand der Variablen η zum Zeitpunkt t nur vom unmittelbar vorangegangenen Zustand ab. Wegen dieser für Markov-Prozesse erster Ordnung typischen Restriktion haben die Korrelationen eine Simplex-Struktur: Sie sind um so niedriger, je weiter die Messungen auseinanderliegen. JÖRESKOG (1970b und 1974) analysiert die formalen Eigenschaften solcher Modelle. WERTS et al. (1971) zeigen, daß in längeren Ketten Identifikationsprobleme nur bei den beiden äußeren Variablen auftreten, für den inneren Modellteil weder gleiche Fehlervarianz noch gleiche Reliabilität gefordert werden muß (vgl. a. JÖRESKOG und SÖRBOM 1977). WERTS et al. (1977a) schätzen Veränderungen mit einem Simplexmodell. HARGENS et al. (1976) geben zu bedenken, daß bei korrelierten Residuen die Stabilität überschätzt wird; angemessener sei die Modellierung als autoregressiver Prozeß mit kausalen Abhängigkeiten unter den Residuen.

Der Identifikationsstatus kann durch Einbeziehung anderer latenter Variablen oder/und multipler Indikatoren verbessert werden. Unter Umständen genügt dann schon die Information zweier Beobachtungsperioden. Außerdem können Meßfehlerkorrelationen zu gleichlautenden Fragen in verschiedenen Wellen (errors within variables between occassions) zugelassen werden. So lassen sich Wachstumsprozesse als Multitrait-Multimethod-Modelle konzipieren (WERTS et al. 1972b). BLALOCK (1970a), DUNCAN (1972, 1975b), KENNY (1973), JÖRESKOG und SÖRBOM (1977) überprüfen den Identifikationsstatus komplizierter Zwei- und Mehrwellenmodelle, während HANNAN et al. (1974) mit Aggregatdaten Spezifikationsprobleme verdeutlichen. Wie sich unter voller Ausnutzung des LISREL-Outputs einfache Panelmodelle sukzessive verfeinern und erweitern lassen, beschreiben WHEATON et al. (1977). Ihr Thema ist die Stabilität von Entfremdung (alienation) bei Kontrolle von Schichtzugehörigkeit als stabiler Drittvariablen. Untersucht wurde mit mehr oder minder aufwendigen Längsschnittmodellen ferner der Zusammenhang von Sozialstruktur und psychischen Störungen (WHEATON 1978), die Stabilität von perzipiertem politischen Einfluß (political efficacy – MILLER-McPHERSON et al. 1977), von Parteibindung und religiösem Traditionalismus in der Bundesrepublik (JAGODZINSKI 1981), der Einfluß von beruflicher Erfahrung und beruflicher Tätigkeit auf geistige Beweglichkeit (KOHN und SCHOOLER 1978), auf berufsbezogene Wertorientierungen (MORTIMER und LORENCE 1979) und politischen Liberalismus (LORENCE und MORTIMER 1979).

Ob immer und überall Stabilität mit *kausalem* Einfluß gleichgesetzt werden darf, ist keineswegs ausgemacht. Auf der Basis dieser Definition lassen sich zwar Sozialisationseinflüsse (Stabilität) und aktuelle Einflüsse (Effekte zeitgleicher Variablen) trennen[35], doch trägt dann die durch dritte Variablen vermittelte hohe Korrelation zwischen η_t und η_{t+i} nicht zur Stabilität bei. Spezielle Einstellungen würden nicht als stabil gelten, wenn und soweit sie durch allgemeine Orientierungen abgestützt sind. Der Alltagssprachgebrauch erfordert eine so enge Stabilitätsdefinition nicht. Man könnte sich auch entschließen, Stabilität mit der Korrelation gleichzusetzen, weil es letztlich egal sei, wodurch die Änderungsresistenz bewirkt wird. Außerdem ist die Stabilität ‚aus sich selbst heraus' in hohem Maße davon abhängig, welche Drittvariablen in das Kausalmodell aufgenommen werden. Nicht selten dürfte es möglich sein, durch Erweiterung des Modells um Drittvariablen und indirekte Wege von η_t und η_{t+i} den direkten Effekt weiter zu mindern.

Stabilität kann natürlich auch ganz anders definiert werden, als Konstanz des Erwartungswerts während des Untersuchungszeitraums etwa. Auch solche „Mittelwertstrukturen" sind in das allgemeine lineare Modell integrierbar (vgl. etwa SÖRBOM 1974 und 1976), sie sind sogar mit dem Programm LISREL analysierbar (SÖRBOM 1979).

Während bei mehrwelligen Interviews viele Untersuchungseinheiten zu wenigen Zeitpunkten befragt werden, liegen in *historischen Zeitreihen* meist viele Beobachtungen für wenige Untersuchungseinheiten (Nationen, Gemeinden etc.) vor. Wenn der Effekt einer Variablen zum Zeitpunkt t ein anderer ist als zum Zeitpunkt $t + 1$, wenn sich weiter jede Untersuchungseinheit nach eigenen Gesetzmäßigkeiten entwickelt, dann ist kein Modell identifiziert, sind Verallgemeinerungen überhaupt nicht möglich. Zusatzannahmen sind unerläßlich und sei es nur in der Form, daß konstante Effekte über längere Perioden hinweg unterstellt werden. Wird Zeit als Variable in ein LISREL-Modell aufgenommen (vgl. etwa BURT 1975; BURT und LINN 1977), so werden gleichbleibende Veränderungsraten im gesamten Untersuchungszeitraum vorausgesetzt, beim Poolen von Daten (HANNAN und YOUNG 1977) konstante Effekte im Quer- und Längsschnitt. Welche Analysemöglichkeiten das allgemeine lineare Modell bei Zeitreihen mit mehreren Untersuchungseinheiten bietet, ist erst teilweise geklärt (vgl. insbes. JÖRESKOG 1973b und 1974). HIBBS (1977) stellt einfache lineare Modelle speziellen Ansätzen der Zeitreihenanalyse gegenüber und diskutiert Vor- und Nachteile. Bekannt ist, daß die Parameter von Differentialgleichungssystemen häufig aus denen linearer Modelle berechnet werden können (vgl. HAUSER 1978).

2.2.4 Gruppenvergleiche

Die Bildung von multiplikativen Termen ist wohl das bekannteste Mittel, um im Rahmen des linearen Modells auf Interaktion zu testen. Aus Meßfehlern in den multiplizierten Variablen und mangelnder Eindeutigkeit der Skalen erwachsen Komplikationen. Außerdem fragt sich oft, ob die Interaktionsterme das in Theorien behauptete Zusammenspiel von mehreren Variablen korrekt wiedergeben. Weit mehr Möglichkeiten bieten Gruppenvergleiche, die jetzt auch mit dem Programm LISREL durchgeführt werden können (vgl. JÖRESKOG 1971b; JÖRESKOG und SÖRBOM 1978; SÖRBOM 1975 und 1978; SÖRBOM und JÖRESKOG 1978; WERTS et al. 1976b und 1977b). Man kann testen, ob das Meßmodell oder das

Strukturgleichungsmodell in verschiedenen Populationen identisch ist, ob einzelne Parameter über die Gruppen hinweg variieren, ob sich insbesondere Varianz und Erwartungswerte der latenten Variablen in den Gruppen unterscheiden.

In der Pfadanalyse werden bevorzugt standardisierte Lösungen interpretiert, doch wird meist betont, daß sich die standardisierten Koeffizienten zum Gruppenvergleich *nicht* eignen (vgl. etwa KIM und MUELLER 1976; OPP und SCHMIDT 1976; SCHOENBERG 1972; WEEDE 1977). Ähnliches gilt im Grunde für Längsschnittanalysen (WILEY und WILEY 1970); daher werden in einer Reihe von Studien die beobachteten Kovarianzen analysiert (vgl. etwa KOHN und SCHOOLER 1978; WHEATON et al. 1977)[36].

Der standardisierte Pfadkoeffizient hängt im Vergleich zum unstandardisierten auch von der Varianz des Residuums zu der endogenen Variablen ab. Da wir nicht wissen, aus welchen Einflüssen sich der Residualeffekt zusammensetzt, können wir nicht davon ausgehen, daß er in verschiedenen Populationen konstant bleibt. Das spricht für die Interpretation des unstandardisierten Koeffizienten. Aber auch der ändert sich in Abhängigkeit von Faktoren, die wir nicht kontrollieren können (vgl. KIM und MUELLER 1976; SCHOENBERG 1972). Wenn in Theorien nur ein Einfluß auf die *relative* Stellung einer Untersuchungseinheit im Vergleich zu den übrigen behauptet wird, dann ist der standardisierte Koeffizient aussagekräftiger als der unstandardisierte (HARGENS 1976). Daher wird das Verdikt gegen die Verwendung des standardisierten Koeffizienten zu relativieren sein. Das Programm LISREL sorgt für eine Entschärfung des Problems: Ausgehend von den beobachteten Kovarianzen kann geprüft werden, ob standardisierte oder unstandardisierte Parameter in den verschiedenen Populationen gleich sind oder nicht (vgl. vor allem SÖRBOM und JÖRESKOG 1978).

2.3 Schlußbemerkung und Nachtrag

Dieser Beitrag wurde, von einigen unwesentlichen Änderungen abgesehen, im Jahre 1981 fertiggestellt. Seinerzeit wurden im Schlußwort mögliche Erweiterungen des Programms und klärungsbedürftige Fragen angesprochen. Vieles davon hat sich mittlerweile erledigt. Nachfolgend sollen kurz einige Neuerungen der letzten Jahre erwähnt werden, wobei sich die Aufzählung an der Gliederung des Hauptteils orientiert.

(1) Was zunächst die Modellgleichungen anbelangt, so wird in neueren LISREL-Versionen die Matrix B durch eine Matrix B^* ersetzt, wobei

$$B = I - B^*$$

Setzt man die rechte Seite in Gleichung (1) ein, so gilt:

$$(I - B^*)\eta = \Gamma\xi + \zeta$$

oder:

(1*) $\eta = B^*\eta + \Gamma\xi + \zeta$

Für den Programmbenutzer hat diese Darstellung den Vorteil, daß B^* die Effekte von endogenen auf endogene latente Variablen bereits mit dem richtigen Vorzeichen enthält.

(2) In 2.1.1 war angedeutet worden, daß sich viele der allgemeinen Modellannahmen umgehen lassen, indem man exogene in endogene Variablen verwandelt. In Fortführung dieses Gedankens entwickeln GRAFF und SCHMIDT (1982) ein allgemeines Modell, in dem alle expliziten Variablen zu ηs und alle Residuen zu ζs gemacht werden. Es wird auch gezeigt, wie sich die Effekte in diesem allgemeinen Modell zerlegen lassen.

(3) Verhältnismäßig spärlich sind immer noch Arbeiten, die sich um eine Explikation des Begriffs der statistischen Kausalität bemühen. Viele Statistiker wie Praktiker dürften die Ansicht von BENTLER (1980, S. 420) teilen, man könne auch ohne Klärung dieses Begriffs verstehen, was mit Kausalanalyse gemeint sei. Der Experte kann es vielleicht, beim Laien aber werden leicht Mißverständnisse hervorgerufen. Wie immer die Diskussion um den statistischen Kausalbegriff enden mag, ein Ergebnis zumindest läßt sich absehen. Zunächst einmal gibt es nicht einen, sondern verschiedene, miteinander verwandte Formen statistischer Kausalität. Es wird wohl in jedem Begriff ein Prinzip *zeitlicher Sukzession* vorausgesetzt, es wird ein *Effekt* von der unabhängigen auf die abhängige Variable postuliert und es werden *Scheinbeziehungen ausgeschlossen*. Diese Prinzipien lassen sich jedoch auf unterschiedliche Weise konkretisieren. Einen interessanten Versuch, mehrere statistische Kausalbegriffe mittels bedingter Erwartungen zu definieren, unternimmt STEYER (1984). Mit LISREL werden einige Voraussetzungen einer speziellen Form von (linear-additiver) Kausalität überprüft. Wenn ein Modell einen solchen Test erfolgreich übersteht, so sind damit die speziellen Kausalhypothesen vorläufig nicht widerlegt, sie sind aber selbstverständlich nicht positiv bewiesen. Denn erstens einmal haben wir es mit statistischen Hypothesen zu tun, wir können also in der Stichprobe ein der Theorie günstiges Resultat selbst dann finden, wenn die Beziehungen in der Grundgesamtheit nicht existieren. Zweitens gibt es zu beinahe jedem überprüften Modell eine Vielzahl beobachtungsäquivalenter Modelle, die andere Kausalbeziehungen postulieren und die in gleicher Weise mit den Daten verträglich sind. Die Zahl solcher Modelle wird umso größer, je unklarer die Zeitverhältnisse sind, je weniger sicher man also weiß, welche Veränderungen zeitlich früher und welche später eingetreten sind. Drittens können wir in vielen Situationen nicht ausschließen, daß abweichende, von uns nicht getestete Modelle besser oder nur unwesentlich schlechter zu den Beobachtungen passen. Und schließlich stehen alle Ergebnisse unter dem Vorbehalt korrekter Modellspezifikationen. Es müssen insbesondere auch unsere Annahmen über die Residuen zutreffen. Es ist Sache des Benutzers, diese Gesichtspunkte bei der Interpretation asymmetrischer Beziehungen zu berücksichtigen.

(4) Anders als bei den eben geschilderten Fragen kann man die unter 2.1.3 angeschnittenen Probleme des Meßniveaus durch Erweiterung des Programms teilweise lösen. Neuere LISREL-Versionen gestatten die Analyse von Ordinalskalen, sofern es sich dabei um Indikatoren normalverteilter latenter Variablen handelt (vgl. zu den theoretischen Grundlagen OLSSON 1979; OLSSON et al. 1982). LISREL berechnet den tetrachorischen Korrelationskoeffizienten für Paare dichotomer Varia-

blen, die polychorische Korrelation für Paare ordinal gemessener Indikatoren und den polyseriellen Korrelationskoeffizienten für Variablenpaare aus einer metrischen und einer ordinal gemessenen Variablen. Die Parameterschätzung erfolgt anschließend auf der Basis dieser Koeffizienten (vgl. JÖRESKOG und SÖRBOM 1982).

(5) FIML-Schätzungen setzen, wie erwähnt, nicht nur Multinormalverteilung der Variablen voraus, sie sind auch äußerst rechenintensiv. Um beide Nachteile zu überwinden, sind in LISREL *neue Schätzverfahren* eingebaut worden. Gegenwärtig (LISREL VI) kann der Anwender zwischen IV (Instrumentalvariablen), TSLS (zweistufige Methode der kleinsten Quadrate), ULS (ungewichtete Methode der kleinsten Quadrate), GLS und FIML wählen. Dabei sollen die ersten beiden Verfahren meist nur günstige Startwerte für die anderen Schätzverfahren liefern. ULS zielt darauf ab, die ungewichtete Summe der quadrierten Differenzen zwischen beobachteten und modellimplizierten Indikatorkovarianzen zu minimieren, der Zweck der Methode ist also einfach zu verstehen. Unglücklicherweise sind ULS-Schätzungen zwar konsistent, sie sind aber skalenabhängig und statistische Tests können nicht durchgeführt werden. GLS in LISREL setzt wie FIML multinormalverteilte Indikatoren voraus.

(6) Die unter 2.1.6 beschriebenen Probleme des χ^2-Tests haben einerseits den Anstoß zur Entwicklung neuer Testverfahren gegeben, die das theoretisch spezifizierte Modell nicht nur mit einem gerade identifizierten Modell konfrontieren (vgl. BENTLER 1980, 1982; BENTLER und BONETT 1980; SOBEL und BOHRNSTEDT 1983). Andererseits sind in den neueren LISREL-Versionen Maße für die *Güte der Modellanpassung (GF-Maße)* entwickelt worden, die unabhängig von der Stichprobengröße und relativ robust bei Verletzung der Normalverteilungsannahmen sind. Sie geben Aufschluß, welcher relative Anteil der Indikatorkovarianzen durch das Modell erklärt wird (näheres bei JÖRESKOG und SÖRBOM 1982). Da die theoretischen Verteilungen der Indices nicht bekannt sind, bleibt freilich offen wie hoch der GFI-Wert eines akzeptablen Modells sein sollte. Daneben kann man, um die Güte des Gesamtmodells zu beurteilen, die Wurzel aus der durchschnittlichen Residualvarianz (Root Mean Square Residual) heranziehen, die freilich nur in Verbindung mit den Indikator-Kovarianzen interpretierbar ist (JÖRESKOG und SÖRBOM a.a.O.).

(7) Beziehen sich die eben genannten Maße auf die Gesamtanpassung, so erlauben andere, die Güte einzelner Modellteile zu überprüfen. Zu nennen sind einmal die normalisierten Residuen. Zum anderen gibt der Modifikationsindex eines festen Parameters an, um wieviel sich der χ^2-Wert des Gesamtmodells in etwa verringert, wenn dieser Parameter freigegeben wird und alle anderen auf ihren geschätzten Werten fixiert bleiben. Die Indexwerte geben also auch einen Fingerzeig, durch welche Spezifikationen man das Modell am einfachsten verbessern kann. Wenn keine theoretischen Gründe dagegensprechen, so sollte man den Parameter mit dem höchsten Indexwert freigeben (vgl. JÖRESKOG und SÖRBOM 1982).

(8) Die bislang besprochenen Maßzahlen zeigen an, wie gut modellimplizierte und beobachtete Kovarianzen übereinstimmen, sie verraten aber noch nicht, wieviel Varianz das Modell in den abhängigen latenten und beobachteten Variablen erklärt. Auch dafür stehen dem Benutzer jetzt verschiedene Kennwerte zur Verfü-

gung (vgl. JÖRESKOG und SÖRBOM 1982, I.12). Das Programm zerlegt ferner die totalen in indirekte und direkte kausale Effekte (vgl. dazu GRAFF und SCHMIDT 1982) und testet die Stabilitätsbedingungen für nichtrekursive Modelle (vgl. dazu BENTLER und FREEMAN 1983).

(9) Es ist an dieser Stelle nicht möglich, einen Überblick über die zahllosen Publikationen während der letzten Jahre zu den im Beitrag angesprochenen Themen zu geben. Verwiesen sei hier auf die Programmbeschreibung (JÖRESKOG und SÖRBOM 1982; 1983), auf neuere Einführungen (vgl. etwa LONG 1983a; 1983b; SCHMIDT 1983) und auf die zusammenfassenden Darstellungen von MCDONALD (1979), BENTLER (1980; 1982) sowie BENTLER und WEEKS (1980). Weitere wichtige Aufsätze finden sich in den von JÖRESKOG und WOLD herausgegebenen Bänden „Systems under indirect observation". Mit den unter 2.2.1 angesprochenen Meßfehlerproblemen haben sich in neuerer Zeit ALWIN und JACKSON (1980) und WEGENER (1983) befaßt. Im übrigen sei hier nur noch die methodisch wie inhaltlich äußerst interessante Kontroverse um die Struktur von politischen Einstellungen in Eliten und in der Bevölkerung erwähnt, die Gruppenvergleiche und Stabilitätsanalysen zum Gegenstand hat (vgl. JUDD und MILBURN 1980; JUDD et al. 1981; CONVERSE 1980; MARTIN 1981; MILBURN und JUDD 1981).

(10) Zu LISREL sind in den letzten Jahren Programme wie EQS (BENTLER und WEEKS), MILS (SCHOENBERG) und LVPLS (WOLD und LOHMÖLLER) in Konkurrenz getreten, wobei das zuletzt genannte Programm auf einer ganz anderen Philosophie basiert als die übrigen. Nicht eine möglichst gute Approximation an die Indikatorkovarianzen soll unter den Modellannahmen erreicht werden, sondern eine gute Reproduktion der Meßwerte. Als ‚datennahes' Programm reagiert LVPLS längst nicht so empfindlich auf Fehlspezifikationen wie LISREL (vgl. LOHMÖLLER 1984), wo sich Spezifikationsfehler gerade bei unzuverlässigen Indikatoren verheerend auswirken können (JAGODZINSKI 1984) und die Gefahr der Fehlerfortpflanzung sehr groß ist. Dies spricht sicherlich für LVPLS. Wer andererseits auf die Möglichkeit statistischer Tests nicht verzichten will, wer außerdem der Überzeugung ist, daß die meisten sozialwissenschaftlichen Hypothesen Kovarianzen behaupten oder verbieten, und wer daher nach einem Programm sucht, daß die Differenzen zwischen modellimplizierten und beobachteten Kovarianzen bzw. Korrelationen minimiert, der wird LISREL oder EQS den Vorzug geben.

Sicher ist auch mit LISREL der Stein der Weisen nicht gefunden. Doch dank seiner vielfältigen Spezifikationsmöglichkeiten eignet sich das Programm optimal für eine hypothesentestende Vorgehensweise. Das bringt auch die Qual der Wahl mit sich. Im Nachdenken über die Alternativen wird man sich erst der Annahmebelastungen bewußt, unter denen man gewöhnlich operiert. Oft lassen sich Entscheidungen, die wir bei der Modellspezifikation treffen müssen, nicht zwingend begründen, wir wissen z.B. nicht, ob Meßfehler korreliert sind oder nicht, für das eine wie für das andere lassen sich Argumente finden. Dann bleibt nichts anderes übrig, als in einem ständigen Wechsel von theoretischer Reflexion und Datenanalyse ein – hoffentlich replizierbares – Modell zu entwickeln. Dabei mögen außertheoretische Erwägungen wie Einfachheitsbetrachtungen eine wichtige Rolle spielen. Ein solches Vorgehen scheint mir immer noch besser als der Rückgriff auf statistische Ansätze, die uns zwar all jene lästigen Entscheidungen abnehmen, die aber zu Identifikationszwecken höchst anfechtbare Annahmen machen, wie gerade vor dem Hintergrund des allgemeinen linearen Modells sichtbar wird.

Weil die Modellannahmen variierbar sind, können über das allgemeine lineare Modell recht heterogen anmutende statistische Ansätze und Modelle erschlossen werden, Regressions-, Varianz- und Kovarianzanalyse ebenso wie Multitrait-Multimethod-Matrizen, konfirmatorische Faktorenanalyse ebenso wie Simplexmodelle. Wenn auch nicht genau die gleichen Restriktionen auferlegt werden können wie in exploratorischen Faktorenanalysen, so lassen sich doch Lösungen erzeugen, die mit jenen der exploratorischen ML-Faktorenanalyse beobachtungsäquivalent sind und durch Rotation in diese überführt werden können. Die wenigen Spezialfälle, die in diesem Beitrag vorgestellt wurden, lassen die Integrationsleistung von LISREL vielleicht erahnen.

Anmerkungen

* Für Kritik an der ersten Fassung des Papiers danke ich H. J. HUMMELL, P. SCHMIDT und E. WEEDE.
1 Vgl. zu den Berührungspunkten von Ökonometrie und Psychometrie insbes. GOLDBERGER (1971; 1972a; 1973a).
2 In der deutschsprachigen Literatur wird LISREL häufig als ein Kalkül bezeichnet (HUMMELL und ZIEGLER 1976; OPP und SCHMIDT 1976; SCHMIDT 1977; SCHMIDT und GRAFF 1975), doch kann man zumindest geteilter Meinung sein, ob diese Wortwahl sehr glücklich ist. Denn selbst die formalisiertesten Darstellungen des Ansatzes entsprechen nicht den Anforderungen, die der Logiker an einen Kalkül stellt (vgl. etwa v. KUTSCHERA und BREITKOPF 1971). Die Vorgehensweise des Statistikers ähnelt dem Verfahren einer informellen Axiomatisierung (STEGMÜLLER 1973a, S. 39), wobei teils in Form mathematischer Gleichungen, teils in Form verbaler Interpretationsregeln festgelegt wird, welchen Bedingungen eine empirische Struktur genügen muß, um als ein Anwendungsfall gelten zu können. Wie ein Kalkül, so sind allerdings auch statistische Ansätze interpretationsfähig und -bedürftig; und wie ein Kalkül, so können auch sie niemals mit der Realität in Konflikt geraten, es können sich allenfalls gewisse Interpretationen als vorläufig nicht haltbar erweisen. Doch all diese Charakteristika teilen Kalküle mit *formalen Modellen*, weshalb es sachgerechter ist, LISREL als ein solches zu qualifizieren. Gleichbedeutend damit wird im folgenden der Begriff *mathematische Struktur* verwendet. Um deutlich zu machen, daß die Modellgleichungen statistische Beziehungen zwischen Zufallsvariablen postulieren, werden häufig auch die Ausdrücke *statistischer Ansatz* oder *statistisches Modell* gewählt.
  Mißverständnisse können insofern entstehen, als man die Relation „x ist Modell von y" in beiden Richtungen verwenden kann. Erweist sich in einer empirischen Untersuchung eine Interpretation als haltbar, so kann man behaupten, ein *empirisches Modell* für das LISREL-Gleichungssystem gefunden zu haben. Hier würde die mathematische Struktur als das Original, das System aus beobachteten Variablen und Kovarianzen als dessen Abbildung betrachtet. Eine genauere Analyse würde hier allerdings einige Komplikationen zutage fördern. Denn auch wenn man die von TUOMELA (1973) als empirischen Realismus bezeichnete Position einnimmt, also glaubt, den latenten Variablen und Beziehungen entsprächen reale Phänomene, so kommt man nicht um die Feststellung herum, daß dafür keine Meßergebnisse vorliegen. Weder die Werte der latenten Variablen noch deren Beziehungen untereinander sind empirisch in Form von Meßergebnissen abgebildet. So gesehen ist das System von beobachteten Variablen und Kovarianzen nur Modell einer mathematischen Struktur, die keine latenten Variablen mehr enthält. Treffen diese Überlegungen zu, so geraten die

latenten Variablen in LISREL-Modellen in die Nähe von t-theoretischen Termen im Sinne des strukturalistischen Theoriebegriffs (vgl. dazu STEGMÜLLER 1973a; interessante Gedanken in dieser Richtung finden sich schon bei TUOMELA 1973).

Diese Schwierigkeiten bleiben im folgenden außer Betracht. Wo im Text von empirischen Modellen der mathematischen Struktur gesprochen wird, da wird letztere nicht präzise bestimmt. Im übrigen fehlen die Adjektive „formalisiert" und „empirisch" in Kontexten, wo über die Richtung der Modellrelation keinerlei Zweifel besteht.

3 Um Verwechslungen mit x_i zu vermeiden, wählt man als Bezeichnung *Ksi*.

4 Gelten als latent alle Variablen, deren Werte nicht gemessen sondern nur geschätzt werden können, dann sind natürlich auch die Residuen latente Variablen (vgl. etwa GRILICHES 1974). Im Text werden als latent aber nur explizite (endogene und exogene) Variablen bezeichnet. Wo von exogenen und endogenen Variablen die Rede ist, sind immer latente Variablen gemeint.

5 η, ξ, x und y sind Vektoren mit m endogenen, n exogenen latenten Variablen, mit p y-Indikatoren bzw. q x-Indikatoren. Die Vektoren ζ, ϵ und δ enthalten m, p bzw. q Residuen zu den endogenen latenten Variablen, den y-Indikatoren bzw. den x-Indikatoren. Die Effekte von den endogenen auf endogene Variablen, von den exogenen auf endogene Variablen, von den endogenen Variablen auf die y-Indikatoren und von den exogenen Variablen auf die x-Indikatoren sind in den Matrizen $\mathbf{B}_{(m \times m)}$, $\Gamma_{(m \times n)}$, $\Lambda_{y(p \times m)}$ und $\Lambda_{x(q \times n)}$ zusammengefaßt.

6 Unter beobachteten Kovarianzen bzw. Korrelationen werden im folgenden immer die Stichprobenwerte verstanden. Genaugenommen handelt es sich dabei um Schätzwerte für die Populationsparameter, nur erfolgt die Schätzung nicht (wie bei den modellimplizierten Kovarianzen) unter den Modellannahmen.

7 Es kann ferner vorgeschrieben werden, daß für mehrere Parameter gleiche Werte geschätzt werden sollen (beschränkte Parameter). Daß in LISREL nicht andere Arten von Restriktionen möglich sind, ist oft bedauert worden.

8 Nach den in Darstellung 1 festgehaltenen Spezifikationen ist also $\mathbf{B} = [1]$, $\Gamma = [\gamma]$, $\Lambda'_y = [\lambda_{y1}, \lambda_{y2}]$, $\Lambda'_x = [\lambda_{x1}, \lambda_{x2}, \lambda_{x3}]$; die Varianz/Kovarianzmatrizen der Residuen Zeta (ζ), Epsilon (ϵ) und Delta (δ) sind allesamt Diagonalmatrizen mit freien Parametern in der Hauptdiagonalen: $\Psi = [\text{Var}(\zeta)]$, diag $(\Theta_\epsilon) = [\text{Var}(\epsilon_1), \text{Var}(\epsilon_2)]$, diag $(\Theta_\delta) = [\text{Var}(\delta_1), \text{Var}(\delta_2), \text{Var}(\delta_3)]$ wobei Var (z) die Varianz der Variablen z ist. Während in der Pfadanalyse häufig die Residualvarianz mit Eins fest vorgegeben und der Effekt des Residuums auf die abhängige Variable geschätzt wird, ist es in LISREL genau umgekehrt: die Residualvarianz wird geschätzt, der Effekt ist mit Eins fest vorgegeben.

9 Damit erledigen sich einige der von HUMMELL und ZIEGLER (1976, E 118) geäußerten Vorbehalte ebenso, wie sich das 1975 in Bad Homburg erörterte Problem erledigt, ob ein Indikator auf exogenen und endogenen Variablen laden kann (vgl. den Diskussionsbericht von SODEUR und ZIEGLER in ZIEGLER 1975).

10 Die notwendige Relativierung des Beobachtungsbegriffs (genauer des Begriffs der beobachteten Variablen) auf einzelne Theorien (dazu OPP 1976[2]) verschärft das Abgrenzungsproblem erheblich.

11 So wäre zu klären, warum zur Überprüfung deterministischer Mittelwerthypothesen eine Zufallsauswahl erforderlich ist. Ein Verzicht auf diese Forderung hätte die unangenehme Konsequenz, daß alle deterministischen Mittelwerthypothesen falsifiziert werden können: es werden – im Beispiel von SCHMIDT (1977, S. 228) etwa – nur Personen ausgewählt, die trotz großer Angst eine hohe intrinsische Motivation haben, sowie solche, die weder Angst haben noch intrinsisch motiviert sind.

12 Den Ausdruck „Konstanthalten" darf man dabei nicht zu genau nehmen. Denn natürlich können die Werte von Zufallsvariablen, die per definitonem *zufälligen Ereignissen* zugeordnet werden, nicht konstant gehalten werden.

13 Da die Voraussetzungen für Schlüsse auf die Grundgesamtheit häufig nicht gegeben sind, wird meist nur geprüft, ob die Effekte in der Stichprobe von Null abweichen.

14 Jede Art von Kausalität setzt voraus, daß die Wirkung zumindest nicht vor der Ursache auftritt. Echt simultane Kausalität führt aber zu logischen Komplikationen, weshalb ganz überwiegend gefordert wird, daß die Ursache der Wirkung zeitlich vorausgeht.

15 Allgemein gilt für die Varianz-Kovarianzmatrix der endogenen Variablen:
$\Sigma_{\eta\eta} = B^{-1} \Gamma \Phi \Gamma' B'^{-1} + B^{-1} \Psi B'^{-1}$. Da $B = B'^{-1} = [1]$, $\Phi = [1]$ (Einheitsvarianz von ξ) und $\Psi = [\text{Var}(\zeta)]$, folgt:
$\Sigma_{\eta\eta} = [\sigma_\eta^2] = [1][\gamma][1][\gamma][1] + [1][\text{Var}(\zeta)][1] = [\gamma_2^2 + \text{Var}(\zeta)]$

16 In mathematischen Beiträgen werden solche linearen Abhängigkeiten definitorisch ausgeschlossen. Es wird nur der Identifikationsstatus von Strukturen diskutiert, in denen keine derartigen linearen Abhängigkeiten bestehen.

17 Der Sachverhalt wird im Text bewußt vereinfacht. Eigentlich müßte die Parameterfolge sowohl die freien als auch die festen Parameter enthalten. Da die IK-Gleichungen jedoch pfadanalytisch abgeleitet werden, werden die festen Parameterwerte nicht explizit berücksichtigt.

18 Beobachtungsäquivalent in diesem Sinne können aber nicht nur verschiedene Parameterfolgen *eines* Modells sein, sondern auch verschiedene Modelle. Die Frage, ob verschiedene Modelle beobachtungsäquivalent sind, hat nicht mit dem Identifikationsproblem zu tun, das im Text behandelt wird. Selbst wenn ein Modell identifiziert ist, kann und wird es noch andere, ebenfalls identifizierte beobachtungsäquivalente Modelle geben. Das gilt insbesondere für gerade identifizierte Modelle, wo sich die Kausalbeziehungen vielfältig rearrangieren lassen (vgl. etwa ALWIN und MUELLER 1971).

19 Es ist nicht ohne weiteres einzusehen, weshalb man – wie das bislang geschehen ist – den Identifikationsstatus eines Modells anhand der IK-Gleichungen analysieren kann und nicht auf die viel komplizierteren Schätzgleichungen rekurrieren muß. Dafür soll wenigstens eine intuitive Begründung gegeben werden: Ziel der Maximum-Likelihood-Schätzmethode ist eine optimale Übereinstimmung von modellimplizierten und beobachteten Indikatorkovarianzen. Wo daher eine perfekte Anpassung an die beobachteten Werte möglich ist, da wird sie auch gefunden. Das gilt insbesondere für *gerade identifizierte Modelle*, wo man die Lösung auch findet, wenn man die beobachteten Werte auf den linken Seiten der IK-Gleichungen einsetzt und diese nach den unbekannten Modellparametern auflöst. Diese *IK-Gleichungen sind bei gerade identifizierten Modellen mit den Schätzgleichungen äquivalent.* Betrachtet man die Parameterschätzung unter dem Gesichtspunkt der Identifikation, so verwandeln alle Verfahren überidentifizierte IK-Gleichungssysteme in gerade identifizierte Schätzgleichungen. Sie bauen überidentifizierende Restriktionen ab, sie fügen aber nicht identifizierende Restriktionen zu den IK-Gleichungen hinzu. Wenn daher die IK-Gleichungen ganz oder teilweise unteridentifiziert sind, so sind die Schätzgleichungen unteridentifiziert. Folglich geben die IK-Gleichungen über den Identifikationsstatus eines Modells erschöpfend Auskunft. Man beginnt mit der allgemeinen Analyse der IK-Gleichungen und ersetzt sodann die Sigmas durch die beobachteten Werte, um eine etwaige Unteridentifikation des konkreten Modells feststellen zu können.

20 Der Grundgedanke von ML-Schätzungen ist einfach zu erläutern (vgl. etwa LONG 1976). Bei diskreten Variablen ist die Likelihood einer Hypothese gleich der Wahrscheinlichkeit, mit der das, was beobachtet wurde, eintritt, falls diese Hypothese gilt (STEGMÜLLER 1973b). Ziel der ML-Schätzung ist, unter mehreren, miteinander konkurrierenden Hypothesen diejenige mit der höchsten Likelihood zu finden. Fällt bei hundert Münzwürfen sechzig mal „Kopf", so hat – Binominalverteilung vorausgesetzt – die Hypothese, derzufolge die Wahrscheinlichkeit eines Kopfwurfs gleich 0.6 sei, die höchste Likelihood.

Im allgemeinen Linearen Modell sind die beobachteten Kovarianzen das Beobachtungsresultat. Parameter der Dichtefunktion sind die Populationsvarianzen und -kovarianzen der multinormalverteilten Indikatoren. Unter den unendlich vielen Hypothesen über die wahren Werte dieser Populationsparameter wird durch Maximierung der Likelihoodfunktion diejenige mit der höchsten Likelihood ermittelt. Das Programm LISREL *minimiert* eine unwesentlich veränderte, vorzeichenverkehrte logarithmierte Likelihoodfunktion

$$F = \text{Log}\,|\hat{\Sigma}| + \text{sp}\,(S\Sigma^{-1}) - \text{Log}\,|S| - (p+q)$$

Sind die Matrizen positiv definit, dann kann F nicht negativ werden. Aber auch der Idealwert Null wird in der Regel nicht erreicht, weil *unter* (nichtlinearen) *Nebenbedingungen* optimiert werden muß: die Schätzwerte $\hat{\Sigma}$ müssen sich aus den Werten der Modellparameter (Ladungen, Strukturkoeffizienten etc.) gemäß den IK-Gleichungen – oben (7) – (9) – errechnen lassen.

21 Der steepest-descent-Algorithmus führt in die Nähe des Minimums, mit dem Fletcher-Powell-Algorithmus wird es identifiziert (vgl. in diesen und verwandten Algorithmen LEE und JENNINGS 1979).

22 Dann ist $S = \hat{\Sigma}$, folglich sp $(S\hat{\Sigma}^{-1})$ = sp (SS^{-1}) = sp $(I_{(p+q)}) = p + q$ und

$$F_O = \text{Log } |S| + (p + q) - \text{Log } |S| - (p + q) = 0$$

23 Der Likelihoodtest vergleicht den Wert der Likelihoodfunktion L_O für das Ausgangs- oder Nullmodell M_O mit dem Wert L_a für ein Alternativmodell M_a, das perfekt zu den Daten paßt. Die logarithmierte Likelihoodfunktion

(a) $\quad \text{Log } L = -(N-1)/2 \; [\text{Log } |\hat{\Sigma}| + \text{sp }(S\,\hat{\Sigma}^{-1})]$

nimmt für das Alternativmodell, da $\hat{\Sigma} = S$ (vgl. FN. 22), den Wert

(b) $\quad \text{Log } L_a = -(N-1)/2 \; [(\text{Log } |S| + p + q)]$

an. Der Likelihoodquotient

(c) $\quad \text{Log } \lambda = \text{Log } (L_O/L_a) = \text{Log } L_O - \text{Log } L_a$

wird Null, wenn der Fit des von uns spezifizierten Modells genauso gut ist wie der des Alternativmodells, anderenfalls wird Log λ negativ. Die Testgröße

$\quad -2 \text{ Log } \lambda = (N - 1) \; [\text{Log } |\hat{\Sigma}| + \text{sp }(S\hat{\Sigma}^{-1}) - \text{Log } |S| - (p + q)]$

(d) $\quad -2 \text{ Log } \lambda = (N - 1) F$

wird also um so höhere positive Werte annehmen, je schlechter die Anpassung des Modells an die Daten. Bei sehr großem N ist die Testgröße, wenn das Nullmodell zutrifft, χ^2-verteilt. Gemäß (d) ist sie gleich dem mit $(N-1)$ multiplizierten Wert der Funktion F (vgl. FN 20) im Minimum.

Die Zahl der Freiheitsgrade ist gleich der Anzahl der voneinander verschiedenen Elemente der Kovarianzmatrix S minus der Anzahl r der *voneinander unabhängigen*, zu schätzenden Parameter

$$df = [(p + q) \cdot (p + q + 1)/2] - r$$

24 Die Zahl der neuen Freiheitsgrade ist gleich der Differenz zwischen alten und neuen Freiheitsgraden.

25 Vereinfachend werden im Text die Erwartungswerte von x_i und ξ gleich Null gesetzt: $E(x_i) = E(\xi) = 0$.

26 HEISE und BOHRNSTEDT (1970) verallgemeinern die Konzepte für Modelle, wo Indikatoren von mehreren Faktoren abhängig sind. Es gibt auch andere Definitionen für Validität und Reliabilität.

27 Formal ist die konfirmatorische Faktorenanalyse ein LISREL-Modell mit ausschließlich endogenen oder ausschließlich exogenen Variablen. Durch einfache Manipulationen wird aus Abb. 1 ein solches Modell: Die latenten Variablen werden als Faktoren ξ_1 und ξ_2 definiert, die y-Indikatoren werden in x-Indikatoren (x_4, x_5) umbenannt und die kausale Beziehung (Gamma) wird durch eine Korrelation (Phi) ersetzt.

28 In der Terminologie von BIELBY und HAUSER (1977b, S. 228 ff.) heißt die erste Art der Meßfehlerkorrelation (x-Indikatoren) „within-variables-between-occasions", die zweite (x- und y-Indikatoren) „within-occasion-between-variables", Meßwiderholungen werden von diesen Autoren als multiple Indikatoren eines über die Zeit hinweg stabilen Faktors verwendet.

29 Es gibt noch andere Arten systematischer Meßfehler als die im Text erwähnten (vgl. NAMBOODIRI et al. 1975), etwa floor- und ceiling-Effekte (ALWIN 1974; SIEGEL und HODGE 1968).

30 In Multitrait-Multimethod-Matrizen entstehen durch Kombination von m Methoden mit n Traits $m \times n$ Indikatoren. Nach dem gleichen Prinzip werden im facet design zu m latenten Variablen aus einem ersten und n Variablen aus einem zweiten Bereich $m \times n$ Indikatoren erzeugt. Multitrait-Multimethod-Matrizen sind nur ein Spezialfall! Auch facet-design-Daten können mit konfirmatorischer Faktorenanalyse ausgewertet werden (MELLENBERGH et al. 1979).

31 Am einfachsten stellt man sich darunter Modelle vor, bei denen die x-Indikatoren zu den exogenen Variablen fehlen.

32 Für Indikatoren mit direkten Effekten auf latente Variablen hat sich der Name Ursachenindikatoren eingebürgert; spezielle, nämlich manipulierbare Ursachenindikatoren untersuchen ALWIN und TESSLER (1974).

33 Obwohl auch die einfachen nichtrekursiven Modelle Spezialisierungen des allgemeinen linearen Modells sind, werden Parameter meist nicht mit der im Programm LISREL vorgesehenen Maximum-Likelihood-Methode geschätzt, sondern mit anderen Schätzverfahren (vgl. GOLDBERGER 1964; JOHNSTON 1972), wobei die zweistufige Methode der kleinsten Quadrate die wohl beliebteste ist (dazu FOX 1979).

34 Zur Effektzerlegung und Berechnung der totalen Effekte in rekursiven und nichtrekursiven Modellen vgl. ALWIN und HAUSER (1975), SCHMIDT (1979), GRAFF und SCHMIDT (1982).

35 Vgl. LORENCE und MORTIMER (1979), wo sich die Größenordnung der Effekte allerdings nicht vergleichen läßt, weil fehlerfreie Messung der „aktuellen" Variablen vorausgesetzt wird. Außerdem können auch in der Sozialisation erworbene Orientierungen zu spezifischen Positionen (Berufsrollen etc.) im Erwachsenenalter prädestinieren.

36 Wenn die Varianz der Indikatoren sich im Zeitverlauf nur unwesentlich ändert, dann dürfen bei Modellen ohne beschränkte Parameter auch die Korrelationen analysiert werden.

Literaturverzeichnis

AIGNER, D. J. und A. S. GOLDBERGER (Hrsg.), Latent Variables in socio-economic models, Amsterdam 1977.

ALTHAUSER, R. P., Inferring validity from the multitrait-multimethod matrix: another assessment, in: H. L. COSTNER (Hrsg.), 1974, S. 106 - 127.

ALTHAUSER, R. P. und T. A. HEBERLEIN, Validity and the multitrait-multimethod matrix, in: E. F. BORGATTA und G. W. BOHRNSTEDT (Hrsg.), 1970, S. 151 - 169.

ALTHAUSER, R. P., T. A. HEBERLEIN und R. A. SCOTT, A causal assessment of validity: the augmented multitrait-multimethod matrix, in: H. M. BLALOCK, Jr. (Hrsg.), 1971, S. 374 - 399.

ALWIN, D. F., Making inferences from attitude-behavior correlations, in: Sociometry 36, 1973, S. 253 - 278.

ALWIN, D. F., Approaches to the interpretation of relationships in the multitrait multimethod matrix, in: H. L. COSTNER (Hrsg.), 1974, S. 79 - 105.

ALWIN, D. F., Attitude scales as congeneric tests: a re-examination of an attitude behavior model, in: Sociometry 39, 1976, S. 377 - 383.

ALWIN, D. F. und R. M. HAUSER, The decomposition of effects in path analysis, in: American Sociological Review 40, 1975, S. 37 - 47.

ALWIN, D. F. und D. J. JACKSON, Measurement models for response errors in surveys issues and applications, in: K. F. SCHUESSLER (Hrsg.), Sociological Methodology, San Francisco 1980, S. 69 - 119.

ALWIN, D. F. und C. W. MUELLER, Comment on ‚Toward a temporal sequence of adolescent achievement variables', in: American Sociological Review 36, 1971, S. 503 - 508.

ALWIN, D. F. und R. C. TESSLER, Causal models, unobserved variables and experimental data, in: American Journal of Sociology 80, 1974, S. 58 - 86.

ANDERSON, J. G., A social indicator model of a health service system, in: Social Forces 56, 1977, S. 661 - 687.

ANDREWS, D. F., R. GNANADESIKAN und L. WARNER, Methods for assessing multivariate normality, in: P. R. KRISHNAIAH (Hrsg.), 1973, S. 95 - 116.

ARMER, M. und L. ISAAC, Determinants and behavioral consequences of psychological modernity: empirical evidence from Costa Rica, in: American Sociological Review 43, 1978, S. 316 - 334.

ARMINGER, G., Statistik für Soziologen 3: Faktorenanalyse, Stuttgart, 1979.

ARMOR, D. J., Theta reliability and factor scaling, in: H. L. COSTNER (Hrsg.), 1974, S. 17 - 50.

BECK, E. M., Conflict, change and stability: a reciprocal interaction in schools, in: Social Forces 52, 1974, S. 517 - 531.

BENTLER, P. M., Multivariate analysis with latent variables: causal models, in: Annual Review of Psychology 31, 1980, S. 419 - 456.

BENTLER, P. M., Linear systems with multiple levels and types of latent variables, in: K. G. JÖRESKOG und H. WOLD (Hrsg.), 1982, S. 101 - 130.

BENTLER, P. M. und D. G. BONETT, Significance tests and goodness-of-fit in the analysis of covariance structures, in: Psychological Bulletin 88, 1980, S. 588 - 606.

BENTLER, P. M. und E. H. FREEMAN, Tests for stability in linear structural equation systems, in: Psychometrika 48, 1983, S. 143 - 145.

BENTLER, P. M. und D. G. WEEKS, Linear structural equation models with latent variables, in: Psychometrika 45, 1980, S. 289 - 308.

BIELBY, W. T. und R. M. HAUSER, Structural equation models, in: Annual Review of Sociology 3, 1977a, S. 137 - 161.

BIELBY, W. T. und R. M. HAUSER, Response error in earnings functions for nonblack males, in: Sociological Methods Research 6, 1977b, S. 241 - 280.

BIELBY, W. T., R. M. HAUSER und D. L. FEATHERMAN, Response errors of black und nonblack males in models of the intergenerational transmission of socioeconomic status, in: American Journal of Sociology 82, 1977a, S. 1242 - 1288.

BIELBY, W. T., R. M. HAUSER und D. L. FEATHERMAN, Response errors of non-black males in models of the stratification process, in: D. J. AIGNER und A. S. GOLDBERGER (Hrsg.), 1977b, S. 227 - 251.

BLALOCK, H. M., Jr., Multiple indicators and the causal approach to measurement error, in: American Journal of Sociology 75, 1969, S. 264 - 272.

BLALOCK, H. M., Jr., Estimating measurement error using multiple indicators and several points in time, in: American Sociological Review 35, 1970a, S. 101 - 111.

BLALOCK, H. M., Jr., A causal approach to nonrandom measurement errors, in: American Political Science Review 64, 1970b, S. 1099 - 1111.

BLALOCK, H. M., Jr. Causal models involving unmeasured variables in stimulus-response situation, in: H. M. BLALOCK, Jr. (Hrsg.), 1971, S. 335 - 347.

BLALOCK, H. M., Jr. (Hrsg.), Causal models in the social sciences, Chicago 1971.

BLALOCK, H. M., Jr. (Hrsg.), Measurement in the social sciences, Chicago 1974.

BLALOCK, H. M., Jr. et al. (Hrsg.), Quantitative Sociology. New York 1975.

BLALOCK, H. M., Jr. und A. B. BLALOCK (Hrsg.), Methodology in social research, New York 1968.

BLALOCK, H. M., C. S. WELLS und L. F. CARTER, Statistical estimation with random measurement error, in: E. F. BORGATTA und G. W. BOHRNSTEDT (Hrsg.), 1970, S. 75 - 103.
BOOMSMA, A., The robustness of LISREL against small sample sizes in factor analysis models, in: K. JÖRESKOG und B. WOLD (Hrsg.), 1982, Bd. 1, S. 149 - 171.
BORGATTA, E. F. (Hrsg.), Sociological Methodology 1969, San Francisco 1969.
BORGATTA, E. F. und BOHRNSTEDT, G. W. (Hrsg.), Sociological Methodology 1970, San Francisco 1970.
BROOM, L., F. L. JONES, P. MCDONNELL und P. DUNCAN-JONES, Is it true what they say about daddy?, in: American Journal of Sociology 94, 1978, S. 417 - 426.
BURT, R. S., Confirmatory factor analytic structures and the theory construction process, in: Sociological Methods & Research 2, 1973, S. 131 - 190.
BURT, R. S., Corporate society: a time series analysis of network structure, in: Social Science Research 4, 1975, S. 271 - 328.
BURT, R. S., Interpretational confounding of unobserved variables in structural equation models, in: Sociological Methods & Research 5, 1976a, S. 3 - 52.
BURT, R. S., Positions in networks, in: Social Forces 55, 1976b, S. 93 - 122.
BURT, R. S., Positions in multiple network systems, part one: a general conception of stratification and prestige in a system of actors cast as a social typology, in: Social Forces 56, 1977a, S. 107 - 131.
BURT, R. S., Positions in multiple network systems, part two: stratification and prestige among elite decision-makers in the community of Altneustadt, in: Social Forces 56, 1977b, S. 551 - 575.
BURT, R. S., Power in a social topology, in: Social Science Research 6, 1977c, S. 1 - 83.
BURT, R. S., Cohesion versus structural equivalence as a basis for network subgroups, in: Sociological Methods & Research 7, 1978, 189 - 212.
BURT, R. S., Disaggregating the effect on profits in manufacturing industries of having imperfectly competitive vonsumers and suppliers, in: Social Science Research 8, 1979, S. 120 - 143.
BURT, R. S., M. G. FISCHER und K. P. CHRISTMAN, Structures of well-being. Sufficient conditions for identification as restricted covariance models, in: Sociological Methods & Research 8, 1979, S. 111 - 120.
BURT, R. S. und N. LIN, Network time series from archival records, in: D. R. HEISE (Hrsg.), 1977, S. 224 - 254.
BURT, R. S., J. A. WILEY, M. J. MINOR und J. R. MURRAY, Structure of well-being: form, content and stability over time, in: Sociological Methods & Research 6, 1978, S. 365 - 407.
BYRON, R. P., Testing for misspecification in economic systems using full information, in: International Economic Review 13, 1972, S. 745 - 756.
CAMPBELL, D. T. und D. W. FISKE, Convergent and discriminant validation by the multitrait-multimethod matrix, in: Psychological Bulletin 56, 1959, S. 81 - 105.
CAMPBELL, D. T. und J. C. STANLEY, Experimental and quasi-experimental designs for research in teaching, in: N. L. GAGE (Hrsg.), Handbook of Research on Teaching, Chicago 1963, S. 171 - 246.
CHAMBERLAIN, G., Education, income, and ability revisted, in: D. J. AIGNER und A. S. GOLDBERGER (Hrsg.), 1977, S. 143 - 161.
CHAMBERLAIN, G. und Z. GRILICHES, Unobservables with a variance-components structure: ability, schooling, and the economic success of brothers, in: D. J. AIGNER und A. S. GOLDBERGER (Hrsg.), 1977, S. 253 - 383.
CONVERSE, P., Rejoinder to JUDD and MILBURN, in: American Sociological Review 45, 1980, S. 644 - 646.
CONVERSE, P. E. und G. B. MARKUS, Plus ça change ...: the new CPS election study panel, in: American Political Science Review 73, 1979, S. 32 - 49.

COSTNER, H. L., Theory, deduction, and rules of correspondence, in: American Journal of Sociology 75, 1969, S. 245 - 263.
COSTNER, H. L. (Hrsg.), Sociological Methodology 1971, San Francisco 1971.
COSTNER, H. L. (Hrsg.), Sociological Methodology 1972, San Francisco 1972.
COSTNER, H. L. (Hrsg.), Sociological Methodology 1973/74, San Francisco 1974.
COSTNER, H. L. und R. SCHOENBERG, Diagnosing indicator ills in multiple indicator models, in: A. S. GOLDBERGER und O. D. DUNCAN (Hrsg.), 1973, S. 168 - 199.
DUNCAN, O. D., Some linear models for two-wave, two-variable panel analysis, in: Psychological Bulletin 72, 1969, S. 177 - 182.
DUNCAN, O. D., Unmeasured variables in linear models for panel analysis, in: H. L. COSTNER (Hrsg.), 1972, S. 36 - 82.
DUNCAN, O. D., Introduction to structural equation models, New York 1975a.
DUNCAN, O. D., Some linear models for two-wave, two-variable panel analysis with one-way causation and measurement error, in: H. M. BLALOCK, Jr. et al. (Hrsg.), 1975, (zit.: 1975b), S. 285 - 306.
DUNCAN, O. D., D. L. FEATHERMAN, Psychological and cultural fectors in the process of occupational achievement, in: A. S. GOLDBERGER und O. D. DUNCAN (Hrsg.), 1973, S. 229 - 253.
DUNCAN, O. D., A. O. HALLER und A. PORTES, Peer influences on aspirations: a reinterpretation, in: American Journal of Sociology 74, 1968, S. 119 - 137.
DUNN, J. E., A note on a sufficiency condition for uniqueness of a restricted factor matrix, in: Psychometrika 38, 1973, S. 141 - 143.
EBERWEIN, W. O., G. HÜBNER-DICK, W. JAGODZINSKI, H. RATTINGER und E. WEEDE, Internes und externes Konfliktverhalten von Nationen, 1966 - 1967, in: Zeitschrift für Soziologie 7, 1978, S. 21 - 38.
ERLANGER, H. S. und H. H. WINSBOROUGH, The subculture of violence thesis: an example of a simultaneous equation model in sociology, in: Sociological Methods & Research 5, 1976, S. 231 - 246.
ERIKSON, R. S., The SCR panel data and mass political attitudes, in: British Journal of Political Science 9, 1979, S. 89 - 114.
FEATHERMAN, D. L. und R. M. HAUSER, Prestige or socio-economic scales in the studies of occupational achievement, in: Sociological Methods and Research 4, 1976, S. 403 - 422.
FEATHERMAN, D. L., F. L. JONES und R. M. HAUSER, Assumptions of social mobility research in the U.S.: the case of occupational status, in: Social Science Research 4, 1975, S. 329 - 360.
FISHER, F. M., The identification problem in econometrics. New York 1966.
FISHER, F. M., Correspondence principle for simultanious equation models, in: Econometrica 38, 1970, S. 73 - 92.
FOX, J., Simultaneous equation models and two-stage least squares, in: K. F. SCHUESSLER (Hrsg.), 1979, S. 130 - 150.
GEER, J. P. v.d., Introduction to multivariate analysis for the social sciences, San Francisco 1971.
GERACI, V. Identification of simultaneous equation models with measurement error, in: Econometrics 4, 1976, wieder abgedr. in: D. J. AIGNER und A. S. GOLDBERGER (Hrsg.), 1977, S. 163 - 185.
GILLESPIE, M. W., The application of log-linear techniques to recursive models: comment to Reynolds, in: American Journal of Sociology 94, 1978, S. 718 - 722.
GNANADESIKAN, R. P., Methods for statistical data analysis of multivariate abservations, New York 1977.
GOLDBERGER, A. S., Econometric Theory, New York 1964.
GOLDBERGER, A. S., Econometrics and psychometrics: a survey of communalities, in: Psychometrika 36, 1971, S. 83 - 107.

GOLDBERGER, A. S., Structural equation models in the social sciences, in: Econometrica 40, 1972a, S. 979 - 1001.
GOLDBERGER, A. S., Maximum-likelihood estimation of regressions containing unobservable independent variables, in: International Economic Review 13, 1972b, wieder abgedr. in: D. J. AIGNER und A. S. GOLDBERGER (Hrsg.), 1977, S. 85 - 101.
GOLDBERGER, A. S., Structural equation models: an overview, in: A. S. GOLDBERGER und O. D. DUNCAN (Hrsg.), 1973a, S. 1 - 18.
GOLDBERGER, A. S., Efficient estimation in overidentified models: an interpretative analysis, in: A. S. GOLDBERGER und O. D. DUNCAN (Hrsg.), 1973b, S. 131 - 152.
GOLDBERGER, A. S. und O. D. DUNCAN (Hrsg.), Structural equation models in the social sciences, New York 1973.
GRAFF, J. und P. SCHMIDT, A general model for decomposition of effects, in: K. G. JÖRESKOG und H. WOLD (Hrsg.), 1982, S. 132 - 148.
GRILICHES, Z., Errors in variables and other unobservables, in: Econometrica 42, 1974, wieder abgedr. in: D. J. AIGNER und A. S. GOLDBERGER (Hrsg.), 1977, S. 1 - 37.
GRUIJTER, D. N. M. und L. J. T. v.d. KAMP (Hrsg.), Advances in psychological and educational measurement. New York 1976.
GURR, T. R. und R. DUVALL, Civil conflict in the 1960s: a reciprocal theoretical system with parameter estimates, in: Comparative Political Studies 6, 1973, S. 135 - 169.
HANNAN, M. T., R. RUBINSON und J. T. WARREN, The causal approach to measurement error in panel analysis: some further contingencies, in: H. M. BLALOCK, Jr. (Hrsg.), 1974, S. 293 - 323.
HANNAN, M. T. und A. A. YOUNG, Estimation in panel-models: results on pooling cross-sections and time series, in: D. R. HEISE (Hrsg.), 1977, S. 52 - 83.
HARGENS, L. L., A note on standardized coefficients as structural parameters, in: Sociological Methods & Research 5, 1976, S. 247 - 256.
HARGENS, L. L., B. F. RESTEIN und P. D. ALLISON, Problems in estimating measurement error from panel data: an example involving the measurement of scientific productivity, in: Sociological Methods & Research 4, 1976, S. 439 - 458.
HAUSER, R. M., Schools and the stratification process, in: American Journal of Sociology 74, 1969, S. 587 - 611.
HAUSER, R. M., Socioeconomic background and educational performance, Washington 1971.
HAUSER, R. M., Disaggregating a social-psychological model of educational attainment, in: A. S. GOLDBERGER und O. D. DUNCAN (Hrsg.), 1973, S. 255 - 284.
HAUSER, R. M., On a reconceptualization fo school effects, in: Sociology of Education 51, 1978, S. 68 - 72.
HAUSER, R. M. und D. L. FEATHERMAN, The process of stratification, New York 1977.
HAUSER, R. M. und A. S. GOLDBERGER, The treatment of unobservable variables in path analysis, in: H. L. COSTNER (Hrsg.), 1971, S. 81 - 117.
HAWKES, R. K., The multivariate analysis of ordinal measures, in: American Journal of Sociology 76, 1971, S. 908 - 926.
HEISE, D. R., Problems in path analysis and causal inference, in: E. F. BORGATTA (Hrsg.), 1969a, S. 38 - 73.
HEISE, D. R., Separating reliability and stability in test-retest correlation, in: American Sociological Review 34, (1969b), S. 93 - 101.
HEISE, D. R., Causal inference from panel data, in: E. F. BORGATTA und G. W. BOHRNSTEDT (Hrsg.), 1970, S. 3 - 27.
HEISE, D. R. (Hrsg.), Sociological Methodology 1975, San Francisco 1975.
HEISE, D. R., Causal analysis, New York 1975b.
HEISE, D. R. (Hrsg.), Sociological Methodology 1976, San Francisco 1976.
HEISE, D. R. (Hrsg.), Sociological Methodology 1977, San Francisco 1977.

HEISE, D. R. und G. W. BOHRNSTEDT, Validity, invalidity, and reliability, in: E. F. BORGATTA und G. W. BOHRNSTEDT (Hrsg.), 1970, S. 104 - 129.
HENRY, N. W. und N. P. HUMMON, An example of estimation procedures in a nonrecursive system, in: American Sociological Review 36, 1971, S. 1099 - 1102.
HIBBS, D., Mass political violence: a cross-national causal analysis, New York 1973.
HIBBS, D. A., Jr., On analyzing the effects of policy interventions; Box-Jenkins and Box-Tiao versus structural equation models, in: D. R. HEISE (Hrsg.), 1977, S. 137 - 179.
HOUT, M. und W. R. MORGAN, Race and sex variations in the causes of the expected attainments of high school seniors, in: American Journal of Sociology 81, 1975, S. 364 - 394.
HUMMELL, H.-J. und R. ZIEGLER, Zur Verwendung linearer Modelle bei der Kausalanalyse nicht-experimenteller Daten, in: dies. (Hrsg.), Korrelation und Kausalität, Bd. 1, Stuttgart 1976, S. E 5 - E 137.
JAGODZINSKI, W., Sozialstruktur, Wertorientierungen und Parteibindung: Zur Problematik eines Sozialisationsmodells, in: Zeitschrift für Soziologie 10, 1981, S. 170 - 191.
JAGODZINSKI, W., Wie transformiert man Labile In Stabile RELationen? Zur Persistenz postmaterialistischer Wertorientierungen, in: Zeitschrift für Soziologie 13, 1984, S. 225 - 242.
JAGODZINSKI, W. und E. WEEDE, Weltpolitische und ökonomische Determinanten einer ungleichen Einkommensverteilung – eine international vergleichende und quantitativ-empirische Studie, in: Zeitschrift für Soziologie 9, 1980, S. 132 - 142.
JENCKS, C., M. SMITH, H. ACLAND, H. BANE, D. COHEN, H. GINTIS, B. HEYNS und S. MICHELSON, Inequality: A reassessment of the effect of family and schooling in America, New York 1972.
JÖRESKOG, K. G., „A general approach to confirmatory maximum likelihood factor analysis", in: Psychometrika 34, 1969, S. 183 - 202.
JÖRESKOG, K. G., „A general method for the analysis of covariance structures", in: Biometrika 57, 1970a. Wieder abgedr. in: AIGNER, D. J. und GOLDBERGER, A. S. (Hrsg.), 1977, S. 187 - 204.
JÖRESKOG, K. G., Estimation and testing of simplex models in: British Journal of Mathematical and Statistical Psychology 23, 1970b, S. 121 - 145.
JÖRESKOG, K. G., Statistical analysis of sets of congeneric tests, in: Psychometrika 36, 1971a, S. 109 - 133.
JÖRESKOG, K. G., Simultaneous factor analysis in several populations,, in: Psychometrika 36, 1971b, S. 409 - 426.
JÖRESKOG, K. G., A general method for estimating a linear structural equation system, in: A. S. GOLDBERGER und O. D. DUNCAN (Hrsg.), 1973a, S. 85 - 112.
JÖRESKOG, K. G., Structural equation models in the social sciences: specification, estimation and testing, in: P. R. KRISNAIAH (Hrsg.), 1973b, S. 263 - 285.
JÖRESKOG, K. G., Analyzing psychological data by structural analysis of covariance matrices, in: R. L. ATKINSON, D. H. KRANTZ, R. D. LUCE und R. SUPPES (Hrsg.), Contemporary developments in mathematical psychology, Bd. 2, San Francisco 1974, S. 1 - 55.
JÖRESKOG, K. G. und A. S. GOLDBERGER, Estimation of a model with multiple indicators and multiple causes of a single latent variable, in: Journal of the American Statistical Association 70, 1975, S. 631 - 639.
JÖRESKOG, K. G. und D. SÖRBOM, Statistical models and methods for test-retest situations, in: D. N. M. GRUIYTER und L. J. T. v.d. KAMP (Hrsg.), 1976, S. 135 - 157.
JÖRESKOG, K. G. und D. SÖRBOM, Statistical models and methods for analysis of longitudinal data, in: D. J. AIGNER und A. S. GOLDBERGER, 1977, S. 285 - 325.
JÖRESKOG, K. G. und D. SÖRBOM, LISREL IV. Analysis of linear structural relationships by the method of maximum likelihood, Chicago: International Education Service 1978.
JÖRESKOG, K. G. und D. SÖRBOM, LISREL V. Analysis of linear structural relationships by maximum likelihood and least square methods, University of Uppsala, Research Report 81 - 8, 1982.

JÖRESKOG, K. G. und D. SÖRBOM, LISREL VI. Supplement to the LISREL V manual, IES, Mooreville 1983.
JÖRESKOG, K. G. und M. van THILLO, LISREL – a general computer program for estimating a linear structural equation system involving unmeasured variables. Research Report 73 - 75. Universität Uppsala 1972.
JÖRESKOG, K. G. und H. WOLD (Hrsg.), Systems under indirect observations, Bd. 1 und 2, Amsterdam 1982.
JOHNSTON, J., Econometric methods. 2. Aufl., New York 1972^2.
JUDD, C. M. und M. A. MILBURN, The structure of attitude systems in the general public: comparisons of a structural equation model, in: American Sociological Review 45, 1980, S. 627 - 643.
JUDD, C. M., J. A. KROSNICK, M. A. MILBURN, Political involvement and attitude structure in the general public, in: American Sociological Review 46, 1981, S. 660 - 669.
KALLEBERG, A. L., A causal approach to the measurement of job satisfaction, in: Social Science Research 3, 1974, S. 299 - 322.
KALLEBERG, A. L. und J. R. KLUEGEL, Analysis of the multitrait-multimethod matrix: some limitations and an alternative, in: Journal of Applied Psychology 60, 1975, S. 1 - 9.
KENNY, D. A., Cross-lagged and synchronous common factors in panel data, in: A. S. GOLDBERGER und O. D. DUNCAN (Hrsg.), 1973, S. 153 - 165.
KENNY, D. A., A test for a vanishing tetrad: the second canonical correlation equals zero, in: Social Research 3, 1974, S. 83 - 87.
KIM, J.-O., Multivariate analysis of ordinal variables, in: American Journal of Sociology 81, 1975, S. 261 - 298.
KIM, J.-O., Multivariate analysis of ordinal variables revisited, in: American Journal of Sociology 84, 1978, S. 448 - 456.
KIM, J.-P., und C. W. MUELLER, Standardized and unstandardized coefficients in causal analysis: an expository note, in: Sociological Methods & Research 4, 1976, S. 423 - 438.
KLUEGEL, J. R., R. SINGLETON und C. E. STARNES, Subjective class identification: a multiple indicator approach, in: American Sociological Review 42, 1977, S. 599 - 611.
KOHN, M. L. und C. SCHOOLER, Occupational experience and psychological functioning: an assessment fo reciprocal effects, in: American Sociological Review 38, 1973, S. 97 - 118.
KOHN, M. L. und C. SCHOOLER, The reciprocal effect of the substantive complexity of work and intellectual flexibility: a longitudinal assessment, in: American Journal of Sociology 84, 1978, S. 24 - 52.
KRISHNAIAH, P. R. (Hrsg.), Multivariate Analysis-III, New York 1973.
KÜCHLER, M., Multivariate Analyseverfahren, Stuttgart 1979.
KUTSCHERA, F. v. und A. BREITKOPF, Einführung in die moderne Logik, Freiburg 1971.
LABOVITZ, S., The assignment of numbers to rank order categories, in: American Sociological Review 35, 1970, S. 515 - 525.
LAND, K. C., Principles of path analysis, in: E. F. BORGATTA (Hrsg.), 1969, S. 3 - 37.
LAND, K. C., Identification, parameter estimation, and hypotheses testing in recursive sociological models, in: A. S. GOLDBERGER und O. D. DUNCAN (Hrsg.), 1973, S. 19 - 49.
LAND, K. C. und M. FELSON, Sensitivity analysis of arbitrarily identified simultaneous-equation models, in: Sociological Methods & Research 6, 1978, S. 283 - 307.
LAWLEY, D. N. und A. E. MAXWELL, Factor analysis as a statistical method. 2. Aufl., New York 1971.
LEE, S. Y. und R. I. JENNINGS, A study of algorithms for covariance structure analysis with specific comparisons using factor analysis, in: Psychometrika 44, 1979, S. 99 - 113.
LINN, R. L. und C. E. WERTS, Analysis implications of the choice of a structural model in the nonequivalent control group design, in: Psychological Bulletin 84, 1974, S. 229 - 234.
LOHMÖLLER, J. B., Das Programm LVPLS für Pfadmodelle mit latenten Variablen, ZA-Informationen 14 - 15, Köln 1984.

LONG, J. S., Estimation and hypothesis testing in linear models containing measurement error, in: Sociological Methods and Research 5, 1976, S. 157 - 206.
LONG, J. S., Confirmatory factor analysis, Beverly Hills, 1983a.
LONG, J. S., Covariance structure models. An introduction to LISREL, Beverly Hills, 1983b.
LORENCE, J. und J. T. MORTIMER, Work experience and political orientation: a panel study, in: Social Forces 58, 1979, S. 651 - 676.
McDONALD, R. P., The structural analysis of multivariate data: a sketch of a general theory, in: Multivariate Behavioral Research 14, 1979, S. 21 - 37.
McPHERSON, J. M., Theory trimming, in: Social Science Research 5, 1976, S. 95 - 106.
MARTIN, S. S., New methods lead to familiar results. Comment on JUDD and MILBURN (ASR 1980), in: American Sociological Review 46, 1981, S. 670 - 675.
MASON, R. M. und A. N. HALTER, The application of a system of simultaneous equations to an innovation diffusion model, in: Social Forces 47, 1968, S. 182 - 195.
MASON, W. M., R. M. HAUSER, A. C. KERCKHOFF, S. S. POSS und K. MANTON, Models of response error in student reports of parental socio-economic characteristics, in: W. H. SEWELL et al. (Hrsg.), 1976, S. 443 - 494.
MAYER, L. S. und J. A. ROBINSON, Measures of association for multiple regression models with ordinal predictor variables, in: K. F. SCHUESSLER (Hrsg.), 1978, S. 141 - 163.
MELLENBERGH, G. J., H. KELDERMAN, J. G. STIJLEN und E. ZONDAG, Linear models for the analysis of instruments in a facet design, in: Psychological Bulletin 86, 1979, S. 766 - 776.
MILBURN, M. A. und C. D. JUDD, Interpreting new methods in attitude research (Reply to Martin), in: American Sociological Review 46, 1981, S. 675 - 677.
MILLER-MCPHERSON, J., S. WELCH und C. CLARK, The stability and reliability of political efficacy: using path analysis to test alternative models, in: American Political Science Review 71, 1977, S. 509 - 521.
MORGAN, W. R., Bales' role theory, an attribution theory interpretation, in: Sociometry 38, 1975, S. 429 - 444.
MORTIMER, J. T. und J. LORENCE, Work experience and occupational value socialization: a longitudinal study, in: American Journal of Sociology 84, 1979, S. 1361 - 1385.
MULAIK, S. A., Foundations of factor analysis, New York 1972.
MULAIK, S. A., Confirmatory factor analysis, in: D. J. AMICK und H. J. WALBERG (Hrsg.), Introductory multivariate statistics: applications in psychology, education, and social sciences, New York 1975, S. 170 - 207.
MUTHEN, B., Contributions to factor analysis of dichotomous variables, in: Psychometrika 43, 1978, S. 551 - 560.
NAMBOODIRI, N. K., L. F. CARTER und H. M. BLALOCK, Jr., Applied multivariate analysis and experimental design, New York 1975.
O'BRIEN, R. M., The use of Pearson's r with ordinal data, in American Sociological Review 44, 1979, S. 851 - 857.
OLSSON, U., Maximum likelihood estimation of the polychoric correlation coefficient, in: Psychometrika 44, 1979, S. 443 - 460.
OLSSON, U., F. DRASGOW und N. J. DORANS, The polyserial coefficient, in: Psychometrika 47, 1982, S. 337 - 347.
OPP, K. D., Methodologie der Sozialwissenschaften. Einführung in die Probleme ihrer Theoriebildung, 2. Aufl., Reinbek 1976.
OPP, K. D. und P. SCHMIDT, Einführung in die Mehrvariablenanalyse, Reinbek 1976.
OTTO, L. B. und D. L. FEATHERMAN, Social structural and psychological antecedents of self-estrangement and powerlessness, in: American Sociological Review 40, 1975, S. 701 - 719.
PLOCH, D. R., Ordinal measures of association and the general linear model, in: H. M. BLALOCK, Jr. (Hrsg.), 1974, S. 343 - 368.

PUGH, M. D., Statistical assumptions and social reality: a critical analysis of achievement models, in: Sociology of Education 49, 1976, S. 34 - 40.
REYNOLDS, H. T., Some comments on ‚The causal analysis of surveys with log-linear models', in: American Journal of Sociology 83, 1977, S. 127 - 143.
REYNOLDS, H. T., Reply to Gillespie, in: American Journal of Sociology 84, 1978, S. 722 - 723.
ROBINSON, P. M., Identification, estimation and large sample theory for regressions containing unobservable variables, in: International Economic Review 15, 1974, wieder abgedr. in: D. J. AIGNER und A. S. GOLDBERGER (Hrsg.), 1977, S. 103 - 117.
ROZELLE, R. M. und D. T. CAMPBELL, More plausible rival hypotheses in the cross-lagged panel correlation technique, in: Psychological Bulletin 71, 1969, S. 74 - 80.
SARIS, W. E., M. de PIJPER und J. MULDER, Optimal procedures for estimating factor scores, in: Sociological Methods & Research 7, 1978, S. 84 - 105.
SARIS, W. E., W. M. de PIJPER und P. ZEGWAART, Detection of specification errors in linear structural equation models, in: K. F. SCHUESSLER (Hrsg.), 1979, S. 151 - 171.
SCHMIDT, P., Zur praktischen Anwendung von Theorien: Grundlagenprobleme und Anwendung auf die Hochschuldidaktik, unveröffentlichte Diss,, Mannheim 1977.
SCHMIDT, P., On decomposition of effects in causal models, unveröffentlichtes Manuskript, ZUMA, Mannheim 1979.
SCHMIDT, P., LISREL V – Ein Programm zur Analyse komplexer Kausalstrukturen bei experimentellen und nichtexperimentellen Forschungsdesigns, in: H. WILKE et al. (Hrsg.), Statistik Software in der Sozialforschung, Berlin 1983.
SCHMIDT, P. und J. GRAFF, Kausalmodelle mit hypothetischen Konstrukten und nichtrekursiven Beziehungen, in: R. ZIEGLER (Hrsg.), 1975.
SCHOENBERG, R., Strategies for meaningful comparison, in: H. L. COSTNER (Hrsg.), 1972, S. 1 - 35.
SCHOENBERG, R., Dynamic models and cross-sectional data: estimation of dynamic parameters in cross-sectional data, in: Social Science Research 6, 1977, S. 197 - 210.
SCHUESSLER, K. F. (Hrsg.), Sociological Methodology 1978, San Francisco 1978.
SCHUESSLER, K. F. (Hrsg.), Sociological Methodology 1979, San Francisco 1979.
SCHWEITZER, S. und D. H. SCHWEITZER, Comment on the Pearson r in random number and precise functional scale transformation, in: American Sociological Review 36, 1971, S. 518 - 519.
SEWELL, W. H., R. M. HAUSER und D. L. FEATHERMAN (Hrsg.), Schooling and achievement in American society, New York 1976.
SIEGEL, P. M. und R. W. HODGE, A causal approach to the study of measurement error, in: H. M. BLALOCK, Jr. und A. B. BLALOCK (Hrsg.), 1968, S. 28 - 59.
SILVEY, S. D., Statistical inference, London 1970.
SMITH, R. B., Continuities in ordinal path analysis, in: Social Forces 53, 1974, S. 200 - 229.
SMITH, R. B., Nonparametric path analysis: comments on Kim's ‚Multivariate analysis of ordinal variables', in: American Journal of Sociology 84, 1978, S. 437 - 448.
SOBEL, M. E. und G. W. BOHRNSTEDT, The use of null models to evaluate the fit of covariance structure models, unveröffentlichtes Manuskript, University of Arizona, 1983.
SÖRBOM, D., A general method for studying differences in factor means and factor structure between groups, in: British Journal of Mathematical and Statistical Psychology 27, 1974, S. 229 - 239.
SÖRBOM, D., Detection of correlated errors in longitudinal data, in: British Journal of Mathematical and Statistical Psychology 28, 1975, S. 138 - 151.
SÖRBOM, D., A statistical model for the measurement of change in true scores, in: D. N. M de GRUIJTER und L. J. T. v.d. KAMP (Hrsg.), 1976, S. 159 - 170.
SÖRBOM, D., An alternative to the methodology for analysis of covariance, in: Psychometrika 43, 1978, S. 381 - 396.

SÖRBOM, D., LISREL IV with structured means. Unveröffentlichtes Manuskript, Uppsala 1979.

SÖRBOM, D. und K. G. JÖRESKOG, The use of LISREL in sociological model building. Unveröffentliches Manuskript, Uppsala 1978.

SPAETH, J. L., Measures of occupational status in a special population, in: Social Science Research 7, 1978, S. 48 - 60.

STAPLETON, D. C., Analyzing political participation data with a MIMIC model, in: K. F. SCHUESSLER (Hrsg.), 1978, S. 52 - 74.

STEGMÜLLER, W., Probleme und Resultate der Wissenschaftstheorie und analytischen Philosophie. Band I: Wissenschaftliche Erklärung und Begründung, Berlin 1969.

STEGMÜLLER, W., Probleme und Resultate der Wissenschaftstheorie und analytischen Philosophie. Band II: Theorie und Erfassung, 1. Halbband, New York 1970.

STEGMÜLLER, W., Probleme und Resultate der Wissenschaftstheorie und analytischen Philosophie, Band II: Theorie und Erfahrung, 2. Halbband, Theorienstrukturen und Theoriendynamik, Berlin 1973a.

STEGMÜLLER, W., Probleme und Resultate der Wissenschaftstheorie und analytischen Philosophie, Band IV: Personelle und statistische Wahrscheinlichkeit, 2. Halbband, New York 1973b.

STEYER, R., Experiment, correlation, and causality, in: J. R. NESSELROADE und A. von EYE (Hrsg.), Individual development and social change: explanatory analysis, im Druck 1984.

SUPPES, P., A probabilistic theory of causality, Amsterdam 1970.

SUPPES, P., A probabilistic analysis of causality, in: H. M. BLALOCK et al. (Hrsg.), 1975, S. 49 - 77.

TREAS, J. und A. TYREE, Prestige versus socioeconomic status in the attainment processes of American men and women, in: Social Science Research 8, 1979, S. 201 - 221.

TUOMELA, R. Theoretical concepts, Wien 1973.

WAITE, L. J. und R. M. STOLZENBERG, Intended childbearing and labor force participation of young women: insights from nonrecursive models, in: American Sociological Review 41, 1976, S. 235 - 251.

WEEDE, E., Hypothesen, Gleichungen und Daten, Kronberg/Ts. 1977.

WEEDE. E., US support for foreign governments or domestic disorder and imperial intervention, in: Comparative Political Studies 10, 1978, S. 497 - 527.

WEEDE, E. und W. JAGODZINSKI, Einführung in die konfirmatorische Faktorenanalyse, in: Zeitschrift für Soziologie 6, 1977, S. 315 - 333.

WEGENER, B., Wer skaliert? Die Meßfehler-Testtheorie und die Frage nach dem Aktuer, in: J. ALMENDINGER, P. SCHMIDT und B. WEGENER, ZUMA-Handbuch sozialwissenschaftlicher Skalen, Bonn 1983.

WERTS, C. E. und R. L. LINN, Corrections for attenuation, in: Educational and Psychological Measurement 32, 1972, S. 117 - 127.

WERTS, C. E., R. L. LINN und K. G. JÖRESKOG, Estimating the parameters of path models involving unmeasured variables, in: H. M. BLALOCK (Hrsg.), 1971a, S. 400 - 409.

WERTS, C. E., K. G. JÖRESKOG und R. L. LINN, Comment on ‚The estimation of measurement error in panel data, in: American Sociological Review 36, 1971b, S. 110 - 113.

WERTS, C. E., K. G. JÖRESKOG und R. L. LINN, A multitrait multimethod model for studying growth, in: Educational and Psychological Measurement 32, 1972, S. 655 - 678.

WERTS, C. E., K. G. JÖRESKOG und R. L. LINN, Identification and estimation in path analysis with unmeasured variables, in: American Journal of Sociology 78, 1973, S. 1469 - 1484.

WERTS, C. E., R. L. LINN und K. G. JÖRESKOG, Quantifying unmeasured variables, in: H. M. BLALOCK (Hrsg.), 1974, S. 270 - 292.

WERTS, C. E., K. G. JÖRESKOG und R. L. LINN, Analyzing ratings with correlated intrajudge measurement errors, in: Educational and Psychological Measurement 36, 1976a, S. 319 - 328.

WERTS, C. E., D. A. ROCK, R. L. LINN und K. G. JÖRESKOG, Comparison of correlations, variances, covariances, and regression weights with or without measurement error, in: Psychological Bulletin 83, 1976b, S. 1007 - 1013.

WERTS, C. E., R. L. LINN und K. G. JÖRESKOG, A simplex model for analyzing academic growth, in: Educational and Psychological Measurement 37, 1977a, S. 745 - 756.

WERTS, C. E., D. A. ROCK, R. L. LINN und K. G. JÖRESKOG, Validating psychometric assumptions within and between several populations, in: Educational and Psychological Measurement 37, 1977b, S. 863 - 872.

WERTS, C. E., D. R. ROCK, R. L. LINN und K. G. JÖRESKOG, A general method of estimating the reliability of a composite, in: Educational and Psychological Measurement 38, 1978, S. 933 - 938.

WHEATON, B., B. MUTHEN, D. F. ALWIN und G. F. SUMMERS, Assessing reliability and stability in panel models, in: D. R. HEISE (Hrsg.), 1977, S. 84 - 136.

WHEATON, B., The sociogenesis of psychological disorder: re-examining the causal issues with longitudinal data, in: American Sociological Review 43, 1978, S. 383 - 403.

WIDMAIER, U., Politische Gewaltanwendung als Problem der Organisation von Interessen, Meisenheim 1978.

WILEY, D. E., The identification problem for structural equation models with unmeasured variables, in: A. S. GOLDBERGER und O. D. DUNCAN (Hrsg.), 1973, S. 69 - 83.

WILEY, D. E. und WILEY, J. A., The estimation of measurement error in panel data, in: American Sociological Review 35, 1970, S. 112 - 117.

WILLIAMS, T., Abilities and environments, in: SEWELL, W. H. et al. (Hrsg.), 1976, S. 61 - 101.

WONNACOTT, R. J. und T. H. WONNACOTT, Econometrics. New York 1970.

ZELLNER, A., Estimation of regression relationships containing unobservable independent variables, in: International Economic Review 11, 1970. Wieder abgedr. in: AIGNER, D. J. und GOLDBERGER, A. S. (Hrsg.), 1977, S. 67 - 83.

ZIEGLER, R. (Hrsg.), Anwendung mathematischer Verfahren zur Analyse von Statuszuweisungsprozessen, Kiel 1975.

3. Log-lineare Modelle

von Rolf Langeheine

3.1 Einleitung

> „During the past decade a revolution in contingency table analysis has swept through the social sciences, casting aside most of the older forms for determining relationships among variables measured at discrete levels" (KNOKE und BURKE 1980, S. 7)

Mit diesem Satz beginnen KNOKE und BURKE ihre Vorstellung von log-linearen Modellen in der Sage University Paper Series. Vorangegangen sind z.B. die Bücher von BISHOP et al. (1975), EVERITT (1977), FIENBERG (1977), HABERMAN (1974a, 1978, 1979), LANGEHEINE (1980a), PLACKETT (1974), REYNOLDS (1977a, 1977b), UPTON (1978). Der größte Teil von GOODMAN's Aufsätzen, auf die wir uns im folgenden häufig beziehen werden, ist in einem Reader zusammengefaßt (GOODMAN 1978). Diese Häufung mag ein Indiz für das Interesse sein, das log-lineare Modelle gefunden haben. Ein zweites Indiz besteht darin, daß log-lineare Modelle inzwischen ihren Platz in Sammelwerken wie dem vorliegenden erhalten (vgl. z.B. auch ARMINGER 1979; COLGAN und SMITH 1978; UPTON 1980). Worauf ist dieses Interesse zurückzuführen?

In den Sozialwissenschaften — und nicht nur hier — arbeiten wir häufig mit Daten, die sich lediglich auf Nominalskalniveau (→ **Bd. V: Huber und Schmerkotte, Meßtheoretische Probleme 2.3**) messen lassen. Beispiele für solche Variablen sind Geschlecht (männlich, weiblich), Mitgliedschaft in einer Gewerkschaft (ja, nein), Schultyp (Hauptschule, Realschule, Gymnasium), Parteipräferenz (CDU, SPD, FDP etc.), Religionszugehörigkeit (katholisch, evangelisch etc.) usw. Im Gegensatz zu kontinuierlichen Daten (z.B. Größe in cm) sprechen wir in diesem Fall von kategorialen Daten (da Meßwertträger einer Stichprobe lediglich einer bestimmten Kategorie einer Variable zugeordnet werden) oder von diskreten Daten (da den Kategorien zu Rechenzwecken ganzzahlige Werte zugeordnet werden).

Wie im Fall kontinuierlicher Daten sind wir auch bei diskreten Daten häufig an Zusammenhängen zwischen mehr als zwei Variablen aus einem größeren Variablensatz interessiert. Anders ausgedrückt: Wir interessieren uns für Zusammenhänge mehrerer kategorialer Variablen in einer multivariaten Kreuz- oder Kontingenztabelle, und zwar unter simultaner Berücksichtigung aller Variablen. Zwei Beispiele mögen illustrieren, wie notwendig die simultane Betrachtung aller Variablen einer solchen Tabelle ist. KRIZ (1973) berichtet von einer Untersuchung, in der die Hypothese geprüft werden sollte, ob zwischen der Teilnahme an Diskussionsabenden der Kirche (Variable A) und an solchen eines Kulturinstituts (Variable B) ein Zusammenhang besteht. Wie die Daten aus Tabelle 1A zeigen, ist der Zusammenhang hochsignifikant (λ_{11}^{AB} = .334, vgl. 3.2.1 zur Berechnung von λ_{11}^{AB}). Da die Forscher ihre Daten jedoch offensichtlich recht gut kannten, bildeten sie zwei Untertabellen nach einer dritten Variable (Alter, vgl. Tabelle 1B). Und dabei zeigte sich, daß in beiden Altersgruppen mit λ_{11}^{AB} = .0 keinerlei Zusammenhang für die Variablen A und B zu registrieren war. Dies ist ein Beispiel für eine Scheinkorrelation der Variablen A und B, die auf die dritte Variable zurückzuführen ist.

Tabelle 1: Daten aus KRIZ (1973: 205 - 206)

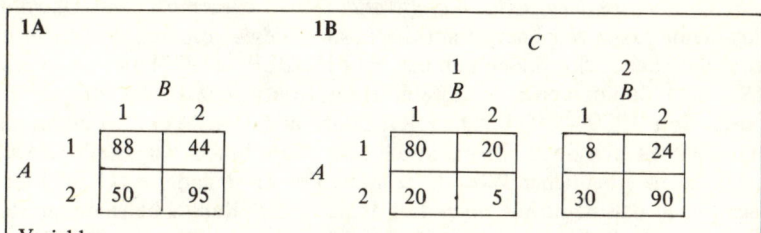

1A				1B			C		
		B					1 B		2 B
		1	2			1	2	1	2
A	1	88	44	A	1	80	20	8	24
	2	50	95		2	20	5	30	90

Variablen:
A: Teilnahme an Diskussionsabenden der Kirche (1 = öfter, 2 = selten)
B: Teilnahme an Diskussionsabenden eines Kulturinstitus (1 = öfter, 2 = selten)
C: Alter (1 = bis 20 Jahre, 2 = über 20 Jahre)

Umgekehrt kann es passieren, daß ein „echter" Zusammenhang zwischen zwei Variablen durch eine dritte Variable verdeckt oder verschleiert wird. In der von KRIZ zitierten Untersuchung wurde z.B. kein Zusammenhang zwischen dem Besuch der Veranstaltungen zweier Parteien festgestellt (vgl. Tabelle 2A, λ_{11}^{AB} = .0). Die Aufteilung der Gesamtstichprobe nach der dritten Variable (Alter) ergab jedoch einen starken positiven Zusammenhang zwischen den Variablen A und B für die jüngere Kohorte (λ_{11}^{AB} = 1.004) und einen starken negativen Zusammenhang (λ_{11}^{AB} = −1.016) für die Älteren (vgl. Tabelle 2B).

Tabelle 2: Daten aus KRIZ (1973: 207 - 208)

2A				2B			C		
		B					1 B		2 B
		1	2			1	2	1	2
A	1	60	45	A	1	54	12	6	33
	2	56	42		2	3	37	53	5

Variablen:
A: besucht Veranstaltung von Partei A (1 = öfter, 2 = selten)
B: besucht Veranstaltung von Partei B (1 = öfter, 2 = selten)
C: Alter (1 = bis 20 Jahre, 2 = über 20 Jahre)

In beiden Fällen würde also das Vertrauen auf Ergebnisse zum Zusammenhang der Variablen *A* und *B* ohne Berücksichtigung der Variable *C* zu folgenschweren Fehlschlüssen führen. Aus der Drittvariablenkontrolle – wie es die Soziologen nennen – ergeben sich substantiell völlig andere Schlußfolgerungen. Nun kann man natürlich fragen, ob eine dritte Variable ausreicht, oder ob nicht der Einbezug weiterer Kontrollvariablen notwendig ist. Und wo ist dann ein Ende zu sehen? Die Antwort ist schlicht die: Weitere Variablen *können* immer einen Einfluß auf Beziehungen zwischen zwei, drei, vier oder mehr Variablen haben. Ein möglicherweise endloser Prozeß läßt sich nur eingrenzen durch 1. sorgfältige Berücksichtigung der Literatur (d.h. von als empirisch bedeutsam ausgewiesenen Variablen), 2. theoretische Überlegungen (d.h. von als theoretisch relevant erachteten Variablen) und 3. Phantasie des Forschers.

Notwendig sind daher *Analysemodelle, die nicht nur dem (Nominal-) Datenniveau gerecht werden, sondern zugleich multivariate Analysen ermöglichen.* Obwohl Statistiker schon lange viel Energie auf die Lösung dieses Problems verwendet haben (historische Überblicke finden sich u.a. bei FIENBERG (1977) und LANCASTER (1969); eine Bilbiographie der Literatur zur Kontingenztabellenanalyse für den Zeitraum von 1900 – 1974 haben KILLION und ZAHN (1976) zusammengestellt), erwiesen sich doch alle bis in die 60er Jahre hinein vorgestellten Analyseansätze als mit erheblichen Mängeln belastet. Von da ab änderte sich die Situation schlagartig, so daß heute für einen Teil der in diesem Kapitel behandelten statistischen Problemstellungen sogar konkurrierende Analyseansätze zur Verfügung stehen. Wenn hier dennoch nur auf GOODMAN's allgemeines log-lineares Modell mit seinen verschiedenen Varianten eingegangen wird, so deshalb, weil es sich als besonders flexibel zur Analyse unterschiedlicher Fragestellungen erwiesen hat. Auf folgende Varianten gehen wir näher ein: Im einfachsten Fall wird nicht zwischen abhängigen („response") und unabhängigen („explanatory") Variablen unterschieden, sondern es besteht (in Analogie zur Korrelation bei kontinuierlichen Daten) so etwas wie Interesse für Allassoziation zwischen den Variablen eines Systems. In Abschnitt 3.4 zeigen wir, wie sich spezifische log-lineare Modelle (sog. *Logitmodelle*) aus dem allgemeinen log-linearen Modell ableiten lassen, wenn eine Variable als abhängig von einer (oder mehreren) Variable(n) angesehen wird. Diese Betrachtungsweise bietet eine Parallele zur Regressions- bzw. Varianzanalyse bei kontinuierlichen Daten. Damit deutet sich bereits die Möglichkeit an, in *Analogie zur Pfadanalyse* bei kontinuierlichen Daten simultane Gleichungssysteme auch für diskrete Daten zu testen. Und in der Tat hat GOODMAN hierzu eine Reihe von Vorschlägen gemacht, auf die wir in Abschnitt 3.6 eingehen. Während sich diese drei Varianten auf die Testung von Zusammenhangs- und/oder Abhängigkeitshypothesen für *manifeste* (beobachtete) Variablen in multivariaten Kontingenztabellen beziehen, wurde von GOODMAN gezeigt, daß sich durch log-lineare Modelle ebenfalls eine Reihe von Defiziten bei der „Latent Class" bzw. „Latent Structure Analysis" überwinden ließen, bei der *einige Variablen* als manifest und andere als *latent* (unbeobachtet oder unbeobachtbar) spezifiziert werden. Auf diese Variante gehen wir in Abschnitt 3.7 ein. Damit sind die Schwerpunkte dieser Arbeit festgelegt. Innerhalb dieser Schwerpunkte werden wir zugleich auf einige Probleme eingehen, die sich dem Praktiker bei der Arbeit mit log-linearen Modellen stellen (können). Dies wird jedoch eine subjektive Selektion sein. Dem Leser wird daher empfohlen, bei spezifischen Problemen (z.B. Quasi-Unabhängigkeit oder Veränderungsmessung durch Markov Modelle) sowie dem gesamten mathematisch-statistischen Hintergrund als auch den verwendeten Schätzalgorithmen auf die angegebene Literatur zurückzugreifen.

Ein Wort noch zur Notation. GOODMAN selbst ist hier von Arbeit zu Arbeit nicht immer konsistent. Wir werden uns jedoch um eine einheitliche Notation bemühen, was allerdings zur Folge hat, daß es gegenüber eigenen früheren Arbeiten (LANGEHEINE 1979, 1980a, 1980b, 1982a, 1982b) einige Modifikationen gibt.

3.2 Log-lineare Modelle für eine bivariate Kontingenztabelle

Obwohl in dem vorangegangenen Abschnitt vor dem Vertrauen in die Ergebnisse einer bivariaten Tabelle gewarnt wurde, wollen wir aus mehreren Gründen mit einer solchen einfachen Tabelle beginnen: „small is beautiful"; trotzdem gibt es für eine 2 x 2 Tabelle bereits vier mögliche Modelle, von denen uns meistens nur eines bekannt ist; an dieser einfachen Tabelle lassen sich viele Dinge demonstrieren, die auch für komplexere Tabellen gelten.

Tabelle 3:
Allgemeines Schema einer 2 x 2 Tabelle

		B		
		1	2	
A	1	n_{11}	n_{12}	n_{1+}
	2	n_{21}	n_{22}	n_{2+}
		n_{+1}	n_{+2}	$n_{++} = N$

Randverteilung (A)

Randverteilung (B)

In Tabelle 3 findet sich ein allgemeines Schema für eine bivariate Tabelle mit den Variablen A und B. Der Einfachheit halber nehmen wir an, daß beide Variablen nur zwei Kategorien (Ausprägungen) haben. Es sei jedoch angemerkt, daß log-lineare Modelle nicht auf dichotome Variablen beschränkt, sondern auf polytome Variablen voll generalisierbar sind. Zur Kennzeichnung der Kategorien benutzen wir Laufindizes der allgemeinen Form A_i, $(i = 1, 2, ..., I)$ und B_j, $(j = 1, 2, ..., J)$. Mit n_{ij} bezeichnen wir die beobachtete Häufigkeit der Zelle (i, j). Der Einfachheit halber nehmen wir an, daß alle $n_{ij} > 0$ sind. n_{1+} und n_{2+} bezeichnen die Zeilensummen für die Kategorien 1 und 2 der Variable A. Analog geben n_{+1} und n_{+2} die Spaltensummen für die Kategorien 1 und 2 der Variable B an. n_{++}, schließlich entspricht dem Gesamtumfang der Stichprobe von N Fällen (Personen etc.), für die wir zwei Arten von Verteilungen registrieren: 1. Gemeinsame (bivariate) Verteilung (AB) und 2. zwei (univariate Rand-) Verteilungen für die Variablen (A) und (B). Im folgenden wollen wir überlegen, welche Information nötig ist, um die beobachteten Häufigkeiten n_{ij} möglichst gut zu reproduzieren, bzw. wie gut die Reproduktion ist, wenn man dazu unterschiedliche Information aus den Daten heranzieht. Dazu werden wir vier Modelle betrachten. Im Fall der Kontingenztabellenanalyse ist ein Modell eine Hypothese über Verteilungen von und Beziehungen zwischen Variablen. Mit anderen Worten: Mit einem Modell werden Annahmen (Hypothesen) darüber spezifiziert, wie die Zellhäufigkeiten zustande kommen könnten. Die Begriffe „Modell" und „Hypothese" werden daher synonym verwendet (REYNOLDS 1977b). Ziel einer log-linearen Analyse ist die Identifikation eines Modells, das die Variation in den Zellhäufigkeiten möglichst einfach erklärt (Ökonomieprinzip). Ob ein Modell dies leistet (mit den Daten kongruent ist), läßt sich durch einen Modelltest prüfen (vgl. 3.2.3).

Obwohl ein Modell aufgrund einer inhaltlichen Theorie vor der Datenerhebung spezifiziert werden sollte, zeigt die Praxis in der Regel doch, daß durch ex post Testung verschiedener Modelle ein zufriedenstellendes Modell gesucht wird. Der Modellfindungsprozeß läuft dabei in mehreren Schritten ab (vgl. REYNOLDS 1977a, 1977b);

1. Spezifiziere ein Modell, das die beobachteten Häufigkeiten erklären könnte
2. Berechne erwartete Häufigkeiten unter der Annahme, daß das Modell zutrifft.
3. Entscheide durch Vergleich von beobachteten und erwarteten Häufigkeiten, ob das Modell akzeptabel ist.
4. Fällt der Modelltest (Schritt 3) positiv aus, gehe nach Schritt 5. Andernfalls gehe nach Schritt 1 und spezifiziere ein neues Modell.
5. Prüfe, ob sich das akzeptierte Modell vereinfachen läßt, d.h. ob sich überflüssige oder redundante Variablen (-kombinationen) eliminieren lassen.
6. Schätze die Modellparameter und übersetze sie in substantielle Aussagen.

Zur Demonstration benutzen wir die Daten aus Tabelle 4: 1000 Betriebe wurden nach den Variablen A (Mitbestimmung) und B (Gewinnentwicklung) kreuzklassifiziert (vgl. 3.3).

		B		
		1	2	
A	1	380	170	550
	2	220	230	450
		600	400	1000

Tabelle 4:
Beobachtete Daten

Variablen:
A: Mitbestimmung (1 = ja, 2 = nein)
B: Gewinnentwicklung (1 = konstant, steigend, 2 = fallend)

3.2.1 Saturiertes Modell

Im Fall einer 2 x 2 Kontingenztabelle suchen wir ein Modell für die Wahrscheinlichkeit p_{ij}, mit der sich ein Fall aus der Population in der Zelle (i, j) befindet (wobei gilt $\sum_{i=1}^{I} \sum_{j=1}^{J} p_{ij} = 1$). Log-lineare Modelle arbeiten entweder mit diesen p_{ij} (genauer: Schätzwerten aufgrund der Stichprobe) oder den unter einem Modell erwarteten Häufigkeiten, die wir mit e_{ij} bezeichnen wollen, oder den natürlichen Logarithmen der erwarteten Häufigkeiten $m_{ij} = \ln(e_{ij})$. Im Prinzip ist es gleichgültig, für welches Vorgehen man sich entscheidet, da die Modelle ineinander überführbar sind. Wir werden hier mit den m_{ij} arbeiten. Endziel ist es, die e_{ij} oder m_{ij} als Funktion einer Anzahl von Parametern auszudrücken (vgl. Schritt 6).

Berücksichtigt man alle möglichen Parameter für eine $I \times J$ Tabelle, so lassen sich die erwarteten Häufigkeiten durch folgendes multiplikative Modell ausdrücken:

(1) $\quad e_{ij} = \gamma \, \gamma_i^A \, \gamma_j^B \, \gamma_{ij}^{AB}$.

Diese Modellgleichung faßt die e_{ij} als Produkt einer Reihe von Parametern (Effekten) in Form einer Konstanten (γ), zweier Haupteffekte (γ_i^A und γ_j^B) sowie eines Interaktionseffekts (γ_{ij}^{AB}) auf. Arbeiten wir hingegen mit natürlichen Logarithmen, so wird (1) durch die additive Form (2) ersetzt:

(2) $\quad m_{ij} = \ln(e_{ij}) = \lambda + \lambda_i^A + \lambda_j^B + \lambda_{ij}^{AB}$,

wobei $\quad \lambda = \ln(\gamma), \lambda_i^A = \ln(\gamma_i^A), \lambda_j^B = \ln(\gamma_j^B)$ und $\lambda_{ij}^{AB} = \ln(\gamma_{ij}^{AB})$.

(2) wird als *log-lineares* Modell bezeichnet, da die m_{ij} als *lineare* Kombination einer Anzahl von Parametern (eine Konstante, zwei Haupteffekte und ein Interaktionseffekt) ausgedrückt werden, und zwar gegenüber (1) in *logarithmischer* Version. Mit (2) wird also gezeigt, daß sich die m_{ij} in Analogie zur Varianzanalyse in Komponenten zerlegen lassen (BIRCH 1963; BISHOP 1969; GOODMAN 1970, 1971). Setzen wir allerdings die möglichen Werte für i und j in Gleichung (2) ein, so stellen wir fest, daß es insgesamt 9 Parameter (Konstante + $I = 2 + J = 2 + I \times J = 4$) gegenüber nur 4 Datenpunkten n_{ij} gibt. Um eine eindeutige Lösung zu erhalten, muß daher reparametrisiert werden, z.B. mit

(3) $\quad \sum_{i=1}^{I} \lambda_i^A = \sum_{j=1}^{J} \lambda_j^B = \sum_{i=1}^{I} \lambda_{ij}^{AB} = \sum_{j=1}^{J} \lambda_{ij}^{AB} = 0$.

Modell (2) mit Nebenbedingung (3) wird als *saturiertes Modell* bezeichnet, da die Anzahl unabhängiger Parameter gleich der Anzahl der Zellen der Tabelle ist. Damit dürfte zugleich klar sein, daß die n_{ij} durch die e_{ij} exakt reproduziert werden, da letzteren keine Restriktionen auferlegt werden. Dieses Modell ist somit in gewisser Hinsicht trivial, aber dennoch nicht uninteressant, da sich die Stärke der Parameter bestimmen läßt und diese auf Signifikanz getestet werden können.

Die λ's sind Parameter, die die Effekte der einzelnen Variablen oder Variablenkombinationen auf die m_{ij} erklären. Sie können nicht beobachtet, aber aus den m_{ij} geschätzt werden (vgl. GOODMAN 1970):

(4)
$\lambda = \bar{m}_{++}$;

$\lambda_1^A = \bar{m}_{1+} - \bar{m}_{++}, \lambda_2^A = -\lambda_1^A$ wegen (3);

$\lambda_1^B = \bar{m}_{+1} - \bar{m}_{++}, \lambda_2^B = -\lambda_1^B$ wegen (3);

$\lambda_{11}^{AB} = m_{11} - \bar{m}_{1+} - \bar{m}_{+1} + \bar{m}_{++}$,

$\lambda_{12}^{AB} = \lambda_{21}^{AB} = -\lambda_{11}^{AB}$ und $\lambda_{22}^{AB} = \lambda_{11}^{AB}$ wegen (3), wobei

$$\bar{m}_{i+} = \frac{1}{J} \sum_{j=1}^{J} m_{ij},$$

(5) $\quad \bar{m}_{+j} = \frac{1}{I} \sum_{i=1}^{I} m_{ij},$

$$\bar{m}_{++} = \frac{1}{I}\frac{1}{J} \sum_{i=1}^{I} \sum_{j=1}^{J} m_{ij}.$$

$\bar{m}_{++}$ gibt also den Mittelwert aller m_{ij} an und die $\bar{m}_{i+}$ und $\bar{m}_{+j}$ stehen für die entsprechenden Zeilen- und Spaltenmittelwerte.

Tabelle 5: Arbeitstabelle zur Berechnung der Parameter für das saturierte Modell (2)

		B			
m_{ij}		1	2	m_{i+}	$\bar{m}_{i+}$
A	1	5.9402	5.1358	11.0760	5.5380
	2	5.3936	5.4380	10.8316	5.4158
m_{+j}		11.3338	10.5739	21.9077	10.9538
$\bar{m}_{+j}$		5.6669	5.2870	10.9539	5.4769 ← $\bar{m}_{++}$

Zur Berechnung der λ-Parameter des Modells (2) stellen wir uns zunächst eine Arbeitstabelle (Tabelle 5) zusammen, die die m_{ij} und die benötigten Mittelwerte enthält. Da den e_{ij} keine Restriktionen auferlegt werden, sind sie mit den n_{ij} aus Tabelle 4 identisch. In diesem speziellen Fall ist also $m_{ij} = \ln(e_{ij}) = \ln(n_{ij})$. Setzen wir in (4) ein, so ergibt sich:

$\lambda \quad = 5.4769$

$\lambda_1^A = 5.5380 - 5.4769 = .0611$

$\lambda_1^B = 5.6669 - 5.4769 = .1900$

$\lambda_{11}^{AB} = 5.9402 - 5.5380 - 5.6669 + 5.4769 = .2122.$

Was besagen die Ergebnisse? Mit .2122 ist der Interaktionseffekt λ_{11}^{AB} der stärkste. Dieser Wert läßt sich als Maß für die Assoziation zwischen den Variablen A und B interpretieren (zu den Vorteilen von λ gegenüber anderen Koeffizienten vgl. BISHOP et al. (1975); FIENBERG (1977); REYNOLDS (1977a)). Ist dieser Wert positiv, so besteht eine positive Assoziation. λ_{11}^{AB} wird dagegen negativ, wenn das Produkt der Zellen der Nebendiagonalen größer ist als das Produkt der Zellen der Hauptdiagonalen. λ_{11}^{AB} und wegen (3) auch die restlichen λ_{ij}^{AB} werden Null dann und nur dann, wenn A und B unabhängig sind. Mit anderen Worten – für Leser, die mit Kreuzproduktverhältnissen vertraut sind: λ_{11}^{AB} ist größer als Null, wenn das Kreuzproduktverhältnis $(e_{11}e_{22})/(e_{12}e_{21})$ größer als 1 ist, λ_{11}^{AB} ist: kleiner als Null, wenn das Kreuzproduktverhältnis kleiner als 1 ist, und exakt Null,wenn das Kreuzproduktverhältnis 1 ist (vgl. z.B. die entsprechenden Werte für Tabelle 2). λ_1^B und λ_1^A zeigen schließlich, daß die Kategorie 1 für beide Variablen vergleichsweise stärker besetzt ist. Die entsprechenden Parameter nehmen den Wert null dann und nur dann an, wenn beide Kategorien gleichwahrscheinlich sind (vgl. 3.2.2).

Das saturierte Modell hat also den Vorteil, daß allein durch Umformung nach (4) und (5) Aussagen über die Stärke aller Effekte möglich sind. Wir wollen jetzt die zweite Frage beantworten, ob ein Effekt statistisch bedeutsam ist, und stellen dazu folgende Nullhypothese auf: Ein bestimmter Effekt (Parameter λ) ist gleich Null bzw. weicht nicht überzufällig von Null ab. Da sich die Varianz der λ's durch

(6) $$s_\lambda^2 = \frac{\sum\limits_{i=1}^{I}\sum\limits_{j=1}^{J}(1/e_{ij})}{C^2}$$

schätzen läßt (vgl. GOODMAN 1972a), wobei C die Anzahl der Zellen der Tabelle angibt, bietet der standardisierte Wert λ/s_λ eine entsprechende Testgröße in Form eines z-Wertes. Für große Stichproben und erwartetes $\lambda = 0$ ist λ/s_λ approximativ normalverteilt mit Mittelwert = 0 und Varianz = 1. Wir können die Nullhypothese somit auf dem 5% Niveau verwerfen, sofern $\lambda/s_\lambda > \pm 1.96$. Im vorliegenden Fall beträgt $s_\lambda = ((\frac{1}{380} + \frac{1}{170} + \frac{1}{220} + \frac{1}{230})/4^2)^{1/2} = .033$.

Tabelle 6:
Ergebnisse für das saturierte Modell (2)

Effekt	Wert	std. error	stand. Wert
λ	5.477		
λ_1^A	.061	.033	1.851
λ_1^B	.190	.033	5.760
λ_{11}^{AB}	.212	.033	6.434

In Tabelle 6 sind die entsprechenden Werte (s_λ unter der Spalte „std. error") noch einmal für das saturierte Modell zusammengestellt. Für B können wir somit die Hypothese der Gleichverteilung und für AB die Hypothese der Unabhängigkeit verwerfen. Zu dieser Testgröße sind allerdings einige Anmerkungen notwendig.

Erstens läßt sich s_λ nach (6) nur für dichotome Variablen schätzen. Für dichotome Variablen gilt (6) allerdings in erweiterter Form für jede beliebige Zahl von Variablen. Enthält eine Tabelle dagegen polytome Variablen, so ist die Schätzung komplizierter (vgl. z.B. BISHOP et al 1975).

Zweitens tritt bei diesem Vorgehen ein Problem auf, das in der Literatur als „multiple Testprozedur" bezeichnet wird. Werden an ein und demselben Datensatz simultan mehrere Tests durchgeführt, so vergrößert sich dadurch das formell festgesetzte Fehlerrisiko. In GOODMAN (1969, Tabelle 3, Spalte b) finden sich daher modifizierte kritische Werte für den Fall, daß eine bestimmte Anzahl von Tests vor Inspektion der Daten und Ergebnisse spezifiziert wird. Für unseren Fall gilt somit für drei Tests ein kritischer Wert von ± 2.394, wodurch sich die Schlußfolgerungen allerdings nicht ändern. Diesen modifizierten kritischen Werten liegt folgende Überlegung zugrunde. Fordert man für r simultane Tests eine nominelle Irrtumswahrscheinlichkeit von α, dann müssen die α_i (nominelle Irrtumswahrscheinlichkeiten für die $i = 1, ..., r$ Tests) so gewählt werden, daß

(7) $\qquad \sum_{i=1}^{r} \alpha_i \leqslant \alpha.$

Da man in der Regel mit $\alpha_i = \alpha'$ für alle r Tests die gleiche nominelle Irrtumswahrscheinlichkeit ansetzen wird, ergibt sich mit

(8) $\qquad \alpha' = \alpha/r$

eine adjustierte Irrtumswahrscheinlichkeit, auf deren Basis man in „konservativer" Richtung entscheidet. Bei drei Tests und $\alpha = .05$ ist $\alpha' = .0167$ oder der entsprechende korrigierte kritische Wert ± 2.394 für $\alpha = .05$. Wenn diese modifizierte Testprozedur somit zwar das Risiko mindert, Effekte als bedeutungsvoll zu akzeptieren, obwohl sie tatsächlich insignifikant sind, so wird sich doch zeigen lassen (vgl. 3.3.3), daß es effizientere Möglichkeiten gibt, die Bedeutsamkeit einzelner Effekte zu beurteilen. GOODMAN (1970, 1971) empfiehlt die hier vorgestellte Testprozedur daher im wesentlichen als *eine* Strategie zur Auswahl spezifischer Modelle, insbesondere für den Fall, daß nicht von vornherein spezifische Hypothesen darüber vorliegen, welche Effekte/Parameter zur Erklärung der Daten relevant sind (mehr dazu in 3.5.4).

Drittens gilt die Standardisierung streng genommen nur für saturierte Modelle. s_λ ist jedoch eine untere Grenze für Parameter in unsaturierten Modellen.

3.2.2 Unsaturierte Modelle

Unsaturierte Modelle sind dadurch gekennzeichnet, daß einer oder mehrere Parameter des saturierten Modells gleich null gesetzt werden. Mit anderen Worten: Es wird angenommen, daß die entsprechenden Effekte unbedeutsam oder vernachlässigbar sind. Obwohl wir aufgrund der Ergebnisse aus dem saturierten Modell wissen, daß alle Parameter (mit Ausnahme von λ_i^A) bedeutsam sind und unsaturierte Modelle den Daten somit kaum gerecht werden dürften, wollen wir die möglichen Modelle dennoch der Demonstration halber betrachten.

1. Unabhängigkeit der Variablen A und B. Soll für die N untersuchten Fälle zwischen den Variablen A und B Unabhängigkeit bestehen, dann muß gelten:

(9) $\qquad \dfrac{n_{11}}{n_{+1}} = \dfrac{n_{12}}{n_{+2}}.$

Gilt diese Forderung, dann gilt zugleich

(10) $\quad \dfrac{n_{11}}{n_{+1}} = \dfrac{n_{1+}}{n_{++}}.$

Durch Auflösung von (10) nach n_{11} läßt sich ermitteln, wie groß n_{11} bei Unabhängigkeit sein müßte:

(11) $\quad n_{11} = \dfrac{n_{1+} n_{+1}}{n_{++}}.$

(11) gibt somit an, wie sich die erwarteten Häufigkeiten unter der Hypothese der Unabhängigkeit der beiden Variablen aus den Randverteilungen schätzen lassen:

(12) $\quad e_{ij} = \dfrac{n_{i+} n_{+j}}{n_{++}}.$

Die e_{ij}, die in Tabelle 7 zusammengestellt sind, erfüllen folgende Bedingungen:

1. Die Randverteilungen (A) und (B) entsprechen denen der beobachteten Häufigkeiten, und somit ist auch

2. $\sum_{i=1}^{I} \sum_{j=1}^{J} e_{ij} = n_{++}.$

3. Das Verhältnis von e_{11} zu e_{+1} (330/600 = .55 nach (9)) ist gleich dem von e_{12} zu e_{+2} (220/400 = .55). Damit ist auch (10) erfüllt: 550/1000 = .55.

Dieser Hypothese entspricht das log-lineare Modell

(13) $\quad m_{ij} = \lambda + \lambda_i^A + \lambda_j^B,$

in dem also alle $\lambda_{ij}^{AB} = 0$ gesetzt werden. Anders ausgedrückt: Dieses Modell nimmt an, daß die λ_{ij}^{AB} keine Wirkung auf die m_{ij} haben, oder daß sich die $A \times B$ Tabelle nur durch die Randverteilungen (A) und (B) reproduzieren läßt. Die λ's werden wiederum nach (4) bestimmt, wie in Tabelle 7 demonstriert.

Tabelle 7: Erwartete Häufigkeiten und Parameter für das Modell (13)

Erwartete Häufigkeiten e_{ij}				Natürliche Logarithmen $m_{ij} = \ln(e_{ij})$				
		B				B		
		1	2			1	2	$\overline{m}_{i+}$
A	1	330	220	550	A 1	5.7991	5.3936	5.5964
	2	270	180	450	2	5.5984	5.1930	5.3957
		600	400	1000	$\overline{m}_{j+}$	5.6988	5.2933	5.4960 $\quad \overline{m}_{++}$

Parameter

$\lambda = 5.4960$ $\qquad \lambda_1^B = 5.6988 - 5.4960 = .2028$

$\lambda_1^A = 5.7991 - 5.4960 = .1004 \quad \lambda_{11}^{AB} = 5.7881 - 5.5964 - 5.6988 + 5.4960 = -.0001$

Ein erster Vergleich der unter dem Modell der Unabhängigkeit erwarteten Häufigkeiten e_{ij} (Tabelle 7) mit den beobachteten Häufigkeiten n_{ij} (Tabelle 4) weist bereits auf starke Diskrepanzen hin. Offensichtlich gilt also unser(e) Modell/Hypothese nicht. Wie sich diese Frage über einen Modelltest beantworten läßt, behandeln wir im folgenden Abschnitt. Zunächst betrachten wir zwei weitere unsaturierte Modelle.

2. Das Modell mit lediglich Zeilen- oder Spalteneffekten. Setzen wir in (13) einen weiteren Parameter auf Null, so resultiert

(14) $\quad m_{ij} = \lambda + \lambda_i^A$.

Dieses Modell nimmt zusätzlich zur statistischen Unabhängigkeit von A und B an, daß die Kategorien von B gleichwahrscheinlich sind. Mit anderen Worten: Es wird angenommen, daß sich die $A \times B$ Tabelle allein durch die Randverteilung (A) reproduzieren läßt. Die e_{ij} bestimmen sich daher nach

(15) $\quad e_{ij} = \dfrac{n_{i+}}{J}$.

Analog zu (14) läßt sich ein Modell des gleichen Typs für die Annahme aufstellen, daß die Kategorien der Variable A gleichwahrscheinlich sind (und Interaktion $AB = 0$):

(16) $\quad m_{ij} = \lambda + \lambda_j^B$,

für das sich die e_{ij} nach

(17) $\quad e_{ij} = \dfrac{n_{+j}}{I}$

bestimmen lassen. Die entsprechenden e_{ij} und Parameter finden sich in Tabelle 8. Es bleibt dem Leser überlassen, die Berechnungen selbst nachzuvollziehen.

Tabelle 8: Erwartete Häufigkeiten und Parameter für die Modelle (14), (16) und (18)

	e_{ij} für Modell (14)			e_{ij} für Modell (16)			e_{ij} für Modell (18)		
		B			B			B	
A	275	275	550	300	200	500	250	250	500
	225	225	450	300	200	500	250	250	500
	500	500	1000	600	400	1000	500	500	1000

$\lambda = 5.516$ $\qquad\qquad$ $\lambda = 5.501$ $\qquad\qquad$ $\lambda = 5.521$
$\lambda_1^A = .100$ $\qquad\qquad$ $\lambda_1^B = .203$

3. Das Modell ohne Effekte. Setzen wir in (16) schließlich auch noch $\lambda_j^B = 0$, so ergibt sich das Modell

(18) $\quad m_{ij} = \lambda,$

das weder Interaktions-, noch Zeilen-, noch Spalteneffekte annimmt. Unter dieser Hypothese werden somit alle Zellen als gleichwahrscheinlich angesehen und die e_{ij} lassen sich schätzen nach

(19) $\quad e_{ij} = \dfrac{n_{++}}{IJ}.$

Diese e_{ij} und der Parameter λ finden sich ebenfalls in Tabelle 8.

Von Modell (2) über die Modelle (13), (14) bzw. (16) nach Modell (18) haben wir nach und nach restriktivere Annahmen darüber gemacht, mit welchen Randverteilungen sich die Ausgangsdaten reproduzieren lassen. Entsprechend können wir eine zunehmende Diskrepanz zwischen den n_{ij} und e_{ij} feststellen. Im folgenden soll daher darauf eingegangen werden, wie sich mittels Modelltests prüfen läßt, ob ein Modell auf die Daten paßt.

3.2.3 Hierarchische Hypothesen und Modelltests auf der Basis der angepaßten Randverteilungen

Die bisher behandelten Modelle beinhalten Hypothesen darüber, welche Parameter (Effekte) bedeutsam sind bzw. welche Randverteilungen angepaßt werden müssen, damit die Modellhäufigkeiten e_{ij} nicht zu stark von den beobachteten Häufigkeiten n_{ij} abweichen. Zur Übersicht sind diese Modelle noch einmal in Tabelle 9 zusammengestellt.

Tabelle 9: Mögliche Hypothesen zu einer $I \times J$ Kontingenztabelle

Typ der Hypothese	Anzahl Hypothesen dieses Typs	Modell	angepaßte Randverteilungen	df
0	1	$m_{ij} = \lambda + \lambda_i^A + \lambda_j^B + \lambda_{ij}^{AB}$	(AB)	0
1	1	$m_{ij} = \lambda + \lambda_i^A + \lambda_j^B$	$(A), (B)$	$(I-1)(J-1)$
2	2	$m_{ij} = \lambda + \lambda_i^A$	(A)	$I(J-1)$
		$m_{ij} = \lambda + \lambda_j^B$	(B)	$J(I-1)$
3	1	$m_{ij} = \lambda$	N	$IJ-1$

Analog zu der in der Literatur üblichen Notation wird hier wie im folgenden unter der Spalte „angepaßte Randverteilungen" jeweils nur der minimale Set der angepaßten Randverteilungen angegeben. Für Hypothese 0 bedeutet dies implizit, daß außer (AB) alle hierin enthaltenen Randverteilungen angepaßt werden, also ebenfalls die Randverteilungen (A) und (B). Da es zur Charakterisierung des Modells genügt, (AB) anzugeben, wird (AB) als „Minimalmenge" oder „Minimalset" bezeichnet.

Als nächstes soll geklärt werden, was unter einer hierarchischen Hypothese bzw. einem hierarchischen Modell verstanden wird. Allgemein läßt sich ein hierarchisches Modell wie folgt definieren: Wird unter der Hypothese angenommen, daß der Effekt eines bestimmten Parameters λ^Z gleich Null ist, so gilt, daß ebenfalls alle die Parameter höherer Ordnung gleich Null sind, in denen die Variablenkombination Z enthalten ist. Anders ausgedrückt: Sind $Y = AB$ und $Z = A$ Untermengen der Variablen $A, B, \ldots$, dann ist Z in Y enthalten. Wird unter der Hypothese angenommen, daß $\lambda^Z = 0$, dann gilt: $\lambda^Y = 0$ für alle Y, die Z enthalten. Einige Beispiele:

1) In der ersten Hypothese des Typs 2 in Tabelle 9 wird angenommen, daß $\lambda_j^B = 0$. Somit gilt ebenfalls $\lambda_{ij}^{AB} = 0$, da B in AB enthalten ist.
2) Wird in einer Tabelle mit den Variablen A, B, C und D angenommen, daß $\lambda_{ijk}^{ABC} = 0$, so folgt $\lambda_{ijkl}^{ABCD} = 0$.
3) Wird in einer Tabelle mit den Variablen A, B und C angenommen, daß $\lambda_i^A = 0$, so folgt $\lambda_{ij}^{AB} = \lambda_{ik}^{AC} = \lambda_{ijk}^{ABC} = 0$.

Für eine hierarchische Hypothese gilt zugleich: Wird die Randverteilung Y angepaßt, dann auch alle Z, die in Y enthalten sind (s.o. Stichwort Minimalmenge).

In 3.2.1 wurde anhand des saturierten Modells demonstriert, wie sich simultan Hypothesen über den Einfluß der λ's testen lassen. Im folgenden soll gezeigt werden, wie mittels konventioneller Chi-Quadrat Tests überprüft werden kann, ob ein bestimmtes Modell den Daten entspricht. Diese Tests beziehen sich also auf das jeweils spezifizierte Gesamtmodell und somit auf bestimmte (Unter-) Mengen von λ's, nicht jedoch auf einzelne Effekte. Wie sich die Ergebnisse aus Modelltests ebenfalls zur Abschätzung der Bedeutsamkeit bestimmter Effekte heranziehen lassen, wird in 3.3.3 behandelt.

In den vorangegangenen Abschnitten haben wir bereits gesehen, wie sich die erwarteten Häufigkeiten e_{ij} unter den Hypothesen 1, 2 und 3 schätzen lassen (vgl. (12), (15) bzw. (17) und (19)). Grundsätzlich lassen sich zwei sog. „goodness-of-fit Statistiken" heranziehen, um die Übereinstimmung der unter einer gegebenen Hypothese erwarteten Modellhäufigkeiten e_{ij} mit den beobachteten Häufigkeiten n_{ij} zu quantifizieren. Die nach PEARSON benannte Chi-Quadrat Testgröße ist definiert als

$$(20) \quad X^2 = \sum_{i=1}^{I} \sum_{j=1}^{J} \frac{(n_{ij} - e_{ij})^2}{e_{ij}}.$$

Eine alternative Testgröße ist das sog. Likelihood-Ratio Chi-Quadrat

$$(21) \quad L^2 = 2 \sum_{i=1}^{I} \sum_{j=1}^{J} n_{ij} \ln(n_{ij}/e_{ij}).$$

Beide Testgrößen sind angenähert χ^2-verteilt, so daß sich bei Kenntnis der Freiheitsgrade (df) und Spezifikation eines Fehlerrisikos α anhand der mit X^2 oder L^2 bei gegebenen df assoziierten Wahrscheinlichkeit p entscheiden läßt, ob ein Modell mit den Daten kongruent ist oder nicht. Die Nullhypothese für die Modelltests lautet: Es besteht kein Unterschied zwischen Modell und Daten; oder: durch das spezifizierte Modell werden die Daten hinreichend erklärt. Diese Nullhypothese ist zu verwerfen, sofern $p < \alpha$. Im Gegensatz zu vielen anderen Tests erwarten wir also im Fall von Modelltests gerade *kein* signifikantes Ergebnis.

Tabelle 10: Ergebnisse der Modelltests für die Daten aus Tabelle 4 und Tabelle 2A

Hypothese/ Modell	angepaßte Randverteilungen	df	Tabelle 4 X^2	L^2	$p(L^2)$	Tabelle 2A X^2	L^2	$p(L^2)$
0	(AB)	0	.0	.0		.0	.0	
1	$(A),(B)$	1	42.09	42.20	.000	.0	.0	$>.5^*$
2	(A)	2	80.40	82.48	.000	4.14	4.16	.125
	(B)	2	51.67	52.22	.000	.24	.24	$>.5$
3	N	3	98.40	92.49	.000	4.39	4.40	.220

*Für alle Berechnungen in dieser Arbeit wurde das Programm ECTA (FAY und GOODMAN, 1974) verwendet, daß für $p > .5$ ausdruckt, wenn immer diese Grenze überschritten wird.

In Tabelle 10 sind die Ergebnisse der Modelltests für die Daten aus Tabelle 4 und Tabelle 2A zusammengestellt. Unter der Spalte „df" sind ebenfalls die Freiheitsgrade angegeben, für deren Berechnung sich explizite Formeln in Tabelle 9 finden. Die Anzahl der Freiheitsgrade entspricht der Anzahl der Zellen einer Tabelle minus 1 (für λ) minus der Anzahl der voneinander unabhängigen λ-Parameter eines Modells (vgl. LANGEHEINE 1980a).

Für die Tabelle 4 zeigen die Ergebnisse erwartungsgemäß, daß keines außer dem saturierten Modell auf die Daten paßt. Die Berücksichtigung des Interaktionseffekts ist also notwendig, wie wir bereits gesehen haben. Analog zu den Parametern des saturierten Modells bestätigt sich auch, daß die Anpassung schlechter ist, wenn nur die Randverteilung (A) anstelle der Randverteilung (B) berücksichtigt wird (vgl. die beiden Hypothesen vom Typ 2). Für die Tabelle 2A paßt hingegen sogar das restriktivste Modell: Die Variablen dieser Tabelle sind somit nicht nur unabhängig, sondern alle Zellen sind auch mit der Hypothese der Gleichwahrscheinlichkeit verträglich (die Unabhängigkeit einschließt).

Aus Tabelle 10 sehen wir weiter, daß die X^2 und L^2 teils identisch, zumindest jedoch sehr ähnlich sind. Dies muß nicht generell der Fall sein. GOODMAN gibt daher in der Regel beide Werte an und empfiehlt, bei Divergenz der Modelltests nach X^2 und L^2 die Entscheidung weiteren Daten zu überlassen (GOODMAN 1973a). Der Grund für die allgemeine Bevorzugung von L^2 vs. X^2 liegt darin, daß L^2 angenehme Eigenschaften der Zerlegbarkeit in Komponenten hat, so daß zwei log-lineare Modelle mittels ihrer L^2 verglichen werden können. Von dieser Möglichkeit werden wir später häufig Gebrauch machen. Für die Testgröße X^2 anstelle von L^2 sprechen hingegen einige Ergebnisse von Monte Carlo Studien, die zeigen, daß die χ^2-Approximation für L^2 häufig schlechter ist als für X^2. Zu einigen solchen von KRAUTH (1980) zitierten Arbeiten ist allerdings anzumerken: 1. Dieser Befund gilt nicht immer, wenn auch häufiger. 2. In diesen Studien wurden in der Regel nur kleine Stichproben, wenig Variablen, wenig Zellen — häufig mit extrem niedriger Besetzung — und nur einige wenige Modelle untersucht. Es ist daher nicht klar, ob χ^2 generell durch X^2 besser als durch L^2 approximiert wird. Dem interessierten Leser wird folgende weitere Literatur zu diesem Problem empfohlen: COX und PLACKETT (1980), FIENBERG (1979), HABERMAN (1977), KOEHLER und LARNTZ (1980), PANNEKOEK (1980) und VERBEEK und KRONENBERG (1980).

3.3 Log-lineare Modelle für 2 x 2 x 2 Kontingenztabellen

Die bisher angestellten Überlegungen lassen sich auf Kontingenztabellen mit mehr als zwei Variablen erweitern. Wir wollen hier lediglich drei Tabellen mit drei dichotomen Variablen betrachten. Beispiele für vier, fünf oder mehr Variablen finden sich in der Literatur. Die Daten, die in Tabelle 11 zusammengestellt sind, stammen aus Arbeiten von KOBELT (1974), KRIZ (1973) und FEGER (1978) und wurden z.T. bereits mittels log-linearer Modelle reanalysiert (LANGEHEINE 1980a, 1980b). KOBELT hat 1000 Betriebe nach den Variablen Rechtsform, Mitbestimmung und Gewinnentwicklung kreuzklassifiziert. Auf die Daten von KRIZ sind wir bereits eingegangen. Bei FEGER geht es um die Frage, ob sich das Konflikterleben von Versuchsteilnehmern durch Typen beschreiben läßt. Acht Konflikte (Situationen) wurden daher von den Versuchspersonen nach Konfliktstärke, Konfidenz (Sicherheit, sich richtig entschieden zu haben) und Wichtigkeit (einer Ent-

Tabelle 11: Beobachtete Häufigkeiten für drei 2 x 2 x 2 Tabellen

A	B	C	KOBELT (1974: Mod.-Bsp. 1)	KRIZ (1973: 205 - 206)	FEGER (1978: Tab. 7.2)
1	1	1	80	80	27
2	1	1	300	20	13
1	2	1	90	20	13
2	2	1	130	5	29
1	1	2	70	8	34
2	1	2	100	30	10
1	2	2	80	24	7
2	2	2	150	90	28

Variablen:
KOBELT: *A:* Rechtsform (1 = Kapitalgesellschaften, 2 = Personengesellschaften)
B: Mitbestimmug (1 = ja, 2 = nein)
C: Gewinnentwicklung (1 = konstant, steigend, 2 = fallend)
KRIZ: vgl. Tabelle 1
FEGER: *A:* Konfliktstärke (1 = hoch, 2 = niedrig)
B: Konfindenz (1 = niedrig, 2 = hoch)
C: Wichtigkeit (1 = hoch, 2 = niedrig)

scheidung) eingestuft. Der Leser sollte jedoch beachten, daß hier sowohl für die Variablen als auch teils für die Kategorien der KOBELT-Daten eine andere Bezeichnung gewählt wurde. Zunächst zur Schätzung der Effekte im saturierten Modell.

3.3.1 Simultane Tests von Effekten im saturierten Modell

Wir gehen der Einfachheit halber wieder davon aus, daß die Variablen A, B und C alle nur zwei Kategorien haben. Die gemeinsame Verteilung der an N Fällen festgestellten Merkmalskombinationen läßt sich in Form verschiedener Tabellen oder eines Kontingenzwürfels darstellen (vgl. LANGEHEINE 1980a). Zur Kennzeichnung der Kategorien benutzen wir wiederum die Laufindizes A_i, $(i = 1, 2, ..., I)$, B_j, $(j = 1, 2, ..., J)$, C_k, $(k = 1, 2, ..., K)$ und bezeichnen die beobachtete Häufigkeit der Zelle (i, j, k) mit n_{ijk}. Wir nehmen ebenfalls an, daß alle $n_{ijk} > 0$. Analog zu Modell (2) läßt sich für diesen Fall ein log-lineares Modell aufstellen:

$$(22) \quad m_{ijk} = \ln(e_{ijk}) = \lambda + \lambda_i^A + \lambda_j^B + \lambda_k^C + \lambda_{ij}^{AB} + \lambda_{ik}^{AC} + \lambda_{jk}^{BC} + \lambda_{ijk}^{ABC}.$$

Dieses saturierte Modell für eine 3-Variablen Tabelle denkt sich die Logarithmen der erwarteten Häufigkeiten additiv zusammengesetzt aus einer Reihe von Effekten: einer Konstanten λ; drei Haupteffekten λ_i^A, λ_j^B und λ_k^C; drei bivariaten Interaktionseffekten λ_{ij}^{AB}, λ_{ik}^{AC} und λ_{jk}^{BC} sowie einem trivariaten Interaktionseffekt λ_{ijk}^{ABC}. Wie zuvor gilt in erweiterter Form die Bedingung (3).

Analog zu der bereits oben vorgestellten Prozedur läßt sich auch hier prüfen, ob die einzelnen Effekte statistisch bedeutsam sind, wobei sich die Varianz der λ's schätzen läßt nach

$$(23) \quad s_\lambda^2 = \frac{\sum_{i=1}^{I} \sum_{j=1}^{J} \sum_{k=1}^{K} (1/e_{ijk})}{C^2}.$$

Tabelle 12: Ergebnisse für das saturierte Modell (22) zu den Daten aus Tabelle 11

Effekt	KOBELT Wert	stand. Wert[1]	KRIZ Wert	stand. Wert[2]	FEGER Wert	stand. Wert[3]
λ	4.712		3.143		2.863	
λ_1^A	−.334	−9.572	.016	.178	−.029	−.320
λ_1^B	.022	.642	.072	.795	.060	.656
λ_1^C	.151	4.319	−.147	−1.625	.086	.939
λ_{11}^{AB}	−.085	−2.441	.000	.000	.518	5.673
λ_{11}^{AC}	−.088	−2.520	.677	7.485	.011	.125
λ_{11}^{BC}	.157	4.500	.621	6.868	−.078	−.852
λ_{111}^{ABC}	−.153	−4.387	.000	.000	−.135	−1.474
	[1] std. error = .035		[2] std. error = .090		[3] std. error = .091	

In Tabelle 12 sind die geschätzten Parameter und die entsprechenden standardisierten Werte für die drei Datensätze zusammengestellt. Da 7 Effekte simultan überprüft werden sollen, beträgt der kritische Wert, mit dem wir die standardisierten Werte zu vergleichen haben, ± 2.69 auf dem 5% Niveau (vgl. GOODMAN 1969). Was besagen die Ergebnisse?

Zunächst zu der Tabelle von KOBELT. Während für die Randverteilung der Variable B (Mitbestimmung) Gleichwahrscheinlichkeit gilt, ist die Kategorie 1 der Variable A (Rechtsform) signifikant geringer und die Kategorie 1 der Variable C (Gewinnentwicklung) signifikant stärker besetzt als die jeweils zweite Kategorie. Die entsprechenden Verhältnisse der Kategorien 1 zu 2 lauten für die Variablen A, B und C: 320/680 = .47, 550/450 = 1.22 und 600/400 = 1.5. Die 2er Interaktionsparameter zeigen, daß zwischen AB, AC und BC partielle Assoziation besteht, die allerdings nur für BC statistisch bedeutsam ist. Die Assoziation der Variablen B und C läßt sich also nicht durch Konstanthalten der Kategorien von A ausschalten. Dieses Ergebnis berechtigt allerdings noch nicht zu dem Schluß, daß die Partialassoziationen BC für jede Kategorie von A gleich sind. Diese Folgerung wäre nur möglich, wenn sich die 3er Interaktion als nicht bedeutsam erweist, was für die KOBELT-Daten nicht der Fall ist. Das Ergebnis zeigt somit deutlich, daß die Zusammenfassung der beiden $B \times C$ Tabellen über die dritte Variable (Rechtsform) – wie wir es in 3.2 getan haben – zu Fehlschlüssen führt. Sieht man sich die beiden Subtabellen dagegen genauer an, so wird deutlich, daß zwischen Mitbestimmung und Gewinnentwicklung für Kapitalgesellschaften eine Nullassoziation und für Personengesellschaften dagegen eine stark positive Assoziation besteht (vgl. LANGEHEINE 1980a).

Für die Daten von KRIZ haben wir bereits demonstriert, daß die Assoziation zwischen den Variablen A und B völlig verschwindet, wenn wir die $A \times B$ Tabelle nach der dritten Variable in Subtabellen aufspalten. λ_{11}^{AB} ist daher Null. Da auch die 3er Interaktion Null beträgt, müssen die 2er Assoziationen für die beiden Stufen der jeweils dritten Variable *identisch* sein, wovon sich der Leser leicht überzeugen kann.

Für die FEGER-Daten registrieren wir schließlich mit λ_{11}^{AB} nur einen signifikanten Parameter. Offensichtlich hat die Variable C in dieser Tabelle keinerlei Bedeutung.

Im folgenden Abschnitt werden wir sehen, daß die sparsamsten hierarchischen Modelle, die mit den Daten kompatibel sind, genau die Parameter enthalten, die sich hier als bedeutsam erwiesen haben. Für die KOBELT-Daten heißt dies bereits, daß es wegen der signifikanten 3er Interaktion kaum möglich sein wird, unsaturierte Modelle zu finden, die den Daten entsprechen.

3.3.2 Hierarchische Hypothesen und Modelltests auf der Basis der angepaßten Randverteilungen

Wie aus Tabelle 13, in der die möglichen Hypothesen für eine $I \times J \times K$ Tabelle zusammengestellt sind, zu sehen ist, gibt es in diesem Fall bereits 19 hierarchische Hypothesen (8 Oberhypothesen mit bis zu 3 Unterhypothesen, je nachdem, welche Variablen in ein Modell eingehen). Wie im bivariaten Fall unterscheiden sich die Hypothesen auch hier dadurch, daß von Hypothese 1 über Hypothese 2 etc.

Tabelle 13: Mögliche Hypothesen zu einer $I \times J \times K$ Kontingenztabelle

Typ der Hypoth.	Anzahl d. Typs	Modell	angepaßte Randverteilungen	df
0	1	$m_{ijk} = \lambda + \lambda_i^A + \lambda_j^B + \lambda_k^C + \lambda_{ij}^{AB} + \lambda_{ik}^{AC} + \lambda_{jk}^{BC} + \lambda_{ijk}^{ABC}$	(ABC)	0
1	1	$m_{ijk} = \lambda + \lambda_i^A + \lambda_j^B + \lambda_k^C + \lambda_{ij}^{AB} + \lambda_{ik}^{AC} + \lambda_{jk}^{BC}$	$(AB), (AC), (BC)$	$(I-1)(J-1)(K-1)$
2	3	$m_{ijk} = \lambda + \lambda_i^A + \lambda_j^B + \lambda_k^C + \lambda_{ij}^{AB} + \lambda_{ik}^{AC}$	$(AB), (AC)$	$I(J-1)(K-1)$
		$m_{ijk} = \lambda + \lambda_i^A + \lambda_j^B + \lambda_k^C + \lambda_{ij}^{AB} + \lambda_{jk}^{BC}$	$(AB), (BC)$	$J(I-1)(K-1)$
		$m_{ijk} = \lambda + \lambda_i^A + \lambda_j^B + \lambda_k^C + \lambda_{ik}^{AC} + \lambda_{jk}^{BC}$	$(AC), (BC)$	$K(I-1)(J-1)$
3	3	$m_{ijk} = \lambda + \lambda_i^A + \lambda_j^B + \lambda_k^C + \lambda_{ij}^{AB}$	$(AB), (C)$	$(IJ-1)(K-1)$
		$m_{ijk} = \lambda + \lambda_i^A + \lambda_j^B + \lambda_k^C + \lambda_{ik}^{AC}$	$(AC), (B)$	$(IK-1)(J-1)$
		$m_{ijk} = \lambda + \lambda_i^A + \lambda_j^B + \lambda_k^C + \lambda_{jk}^{BC}$	$(BC), (A)$	$(JK-1)(I-1)$
4	3	$m_{ijk} = \lambda + \lambda_i^A + \lambda_j^B + \lambda_{ij}^{AB}$	(AB)	$IJ(K-1)$
		$m_{ijk} = \lambda + \lambda_i^A + \lambda_k^C + \lambda_{ik}^{AC}$	(AC)	$IK(J-1)$
		$m_{ijk} = \lambda + \lambda_j^B + \lambda_k^C + \lambda_{jk}^{BC}$	(BC)	$JK(I-1)$
5	1	$m_{ijk} = \lambda + \lambda_i^A + \lambda_j^B + \lambda_k^C$	$(A), (B), (C)$	$IJK - I - J - K + 2$
6	3	$m_{ijk} = \lambda + \lambda_i^A + \lambda_j^B$	$(A), (B)$	$IJK - I - J + 1$
		$m_{ijk} = \lambda + \lambda_i^A + \lambda_k^C$	$(A), (C)$	$IJK - I - K + 1$
		$m_{ijk} = \lambda + \lambda_j^B + \lambda_k^C$	$(B), (C)$	$IJK - J - K + 1$
7	3	$m_{ijk} = \lambda + \lambda_i^A$	(A)	$I(JK-1)$
		$m_{ijk} = \lambda + \lambda_j^B$	(B)	$J(IK-1)$
		$m_{ijk} = \lambda + \lambda_k^C$	(C)	$K(IJ-1)$
8	1	$m_{ijk} = \lambda$	N	$IJK - 1$

bis Hypothese 8 sukzessive immer mehr Parameter auf Null gesetzt werden. Was besagen diese Hypothesen? Wir gehen jeweils nur auf die erste der 3 maximal möglichen Hypothesen ein. Die Ergebnisse der zugehörigen Modelltests (bei denen analog zu (20) und (21) über drei Indizes summiert wird) finden sich in Tabelle 14.

Tabelle 14: Ergebnisse der Modelltests für die Daten aus Tabelle 11

Hypothese/ Modell	angepaßte Randverteilungen	df	KOBELT			KRIZ			FEGER		
			X^2	L^2	$p(L^2)$	X^2	L^2	$p(L^2)$	X^2	L^2	$p(L^2)$
0	(ABC)	0	.0	.0	*	.0	.0		.0	.0	
1	(AB), (AC), (BC)	1	19.46	19.26	.000	.0	.0	>.5	2.20	2.22	.137
2	(AB), (AC)	2	57.84	57.86	.000	60.70	58.80	.000	2.80	2.83	.243
	(AB), (BC)	2	25.78	24.86	.000	74.34	72.69	.000	2.20	2.22	.330
	(AC), (BC)	2	28.76	28.18	.000	.0	.0	>.5 *	36.57	38.42	.000
3	(AB), (C)	3	65.30	67.06	.000	135.99	160.64	.000	2.96	2.99	.392
	(AC), (B)	3	69.16	70.39	.000	83.00	87.95	.000	37.07	39.19	.000
	(BC), (A)	3	36.35	37.38	.000	95.55	101.84	.000	36.68	38.58	.000
4	(AB)	4	102.68	107.34	.000	137.33	163.28	.000	3.01	3.04	>.5 *
	(AC)	4	78.46	80.40	.000	83.00	87.95	.000	37.30	39.50	.000
	(BC)	4	161.24	169.94	.000	95.95	102.45	.000	36.69	38.58	.000
5	(A), (B), (C)	4	78.86	79.59	.000	208.27	189.79	.000	37.51	39.35	.000
6	(A), (B)	5	122.07	119.86	.000	208.38	192.42	.000			
	(A), (C)	5	90.59	89.60	.000	208.20	189.79	.000			
	(B), (C)	5	225.99	212.14	.000	207.89	190.40	.000			
7	(A)	6	142.50	129.87	.000	208.45	192.43	.000			
	(B)	6	288.57	252.41	.000	209.94	193.03	.000			
	(C)	6	247.33	222.16	.000	207.88	190.40	.000			
8	N	7	321.60	262.43	.000	210.08	193.04	.000			

* akzeptiertes Modell

Hypothese 1 nimmt an, daß $\lambda_{ijk}^{ABC} = 0$. Die Hypothese „keine 3er Interaktion" ist äquivalent zu der Hypothese, daß die Partialassoziationen auf jeder Stufe der dritten Variable gleich sind. Da die unter einem Modell erwarteten Häufigkeiten e_{ijk} das Verständnis der einzelnen Hypothesen erleichtern, wird auf die entsprechenden Berechnungen in LANGEHEINE (1980a) verwiesen. Wir wollen hier nur anmerken, daß sich die e_{ijk} für alle Hypothesen mit Ausnahme der Hypothese 1 explizit als Funktion der Randverteilungen der beobachteten Häufigkeiten schätzen lassen. Entsprechende Formeln findet der Leser ebenfalls in LANGEHEINE (1980a). Im Fall der Hypothese 1 werden die e_{ijk} hingegen iterativ gewonnen. Demonstrationsbeispiele für diese Prozedur finden sich in der Literatur (z.B. BISHOP et al. 1975; DAVIS 1974; FIENBERG 1977; GOODMAN 1972a; REYNOLDS 1977a). Für die KOBELT-Daten wird deutlich, daß dieses Modell mit $L^2 = 19.26$ bei 1 Freiheitsgrad erheblich von den Daten abweicht. Zur adäquaten Reproduktion der Daten ist also der 3er Interaktionseffekt notwendig. Daraus ergibt sich zugleich, daß auch alle sparsameren hierarchischen Modelle den Daten nicht gerecht werden können. In der Praxis könnten wir somit auf weitere Modelltests verzichten.

Hypothese 2 nimmt zusätzlich an, daß die Interaktion BC (oder AC oder AB) gleich Null ist. B und C werden als bedingt unabhängig angesehen, gegeben die jeweilige Kategorie von A. Mit anderen Worten: Zwischen B und C besteht partielle Unabhängigkeit. Wie wir aus Tabelle 14 ersehen, ist die dritte dieser Hypothesen für die KRIZ-Daten voll erfüllt. Im Fall der FEGER-Daten sind die ersten beiden Hypothesen dieses Typs mit den Daten kompatibel. Die entsprechenden 2er Assoziationen gehen also auf den Einfluß der jeweils dritten Variable zurück.

In Hypothese 3 wird ein weiterer Interaktionsparameter gleich Null gesetzt. Die erste dieser Hypothesen nimmt an, daß zwischen AB und C multiple Unabhängigkeit besteht. Anders ausgedrückt: Variable C ist unabhängig von den beiden anderen Variablen, für die eine Assoziation zugelassen ist (und zwar die *gleiche* für jede Kategorie von C). Die Daten von FEGER sind mit dieser Hypothese verträglich.

Die erste der drei Hypothesen des Typs 4 nimmt weiterhin an, daß die Variable C keine Information zur Reproduktion der Daten beiträgt. Dieses Modell enthält daher keine Parameter mit Superskript C. Statistisch entspricht diese Hypothese der konditionalen Gleichwahrscheinlichkeit: Die Kategorien von C sind gleichwahrscheinlich, gegeben AB; oder: für jede Kategorie von C sind die $A \times B$ Subtabellen *identisch*. Dies ist das sparsamste Modell, das sehr gut auf die FEGER-Daten paßt.

Hypothese 5 enthält keinen Interaktionsparameter. Die Variablen A, B und C werden somit als gegenseitig unabhängig angesehen.

Für jede der drei Hypothesen des Typs 6 wird angenommen, daß sich die Daten lediglich durch zwei Randverteilugnen reproduzieren lassen. Für die erste der drei Hypothesen heißt dies: a) die Variablen A und B sind unabhängig voneinander, und b) die Kategorien von C sind gleichwahrscheinlich, gegeben (AB). D.h., die $A \times B$ Subtabellen sind nicht nur identisch (wie in Hypothese 4), sondern A und B sind auch noch unabhängig.

Unter Hypothese 7 wird lediglich eine Randverteilung angepaßt. Für jede Kategorie von A sind daher alle Zellen der Kombination BC gleichwahrscheinlich.

Hypothese 8 schließlich, ist das bereits bekannte „equal cell probability model".

Abschließend soll noch einmal explizit darauf hingewiesen werden, daß sich Aussagen wie „Zellen sind gleichwahrscheinlich = identisch" oder „Subtabellen sind identisch" etc. auf die Modellwerte e_{ijk} beziehen. Der Modelltest beantwortet die Frage, ob diese e_{ijk} zu stark von den n_{ijk} abweichen, als daß man die Hypothese akzeptieren könnte. Im folgenden Abschnitt benutzen wir die Ergebnisse von Modelltests zur Quantifizierung der Stärke von Effekten in einezlnen Modellen.

3.3.3 Quantifizierung von Effekten mittels Chi-Quadrat Zerlegung

In den Abschnitten 3.2.1 und 3.3.1 haben wir eine Möglichkeit behandelt, die Signifikanz von Effekten zu beurteilen. Die hier vorgestellte Prozedur bietet nicht nur effizientere Möglichkeiten, sondern steht auch in direkterem Bezug zur Logik von GOODMAN's allgemeinen Modell.

Hypothese 1 (kurz $H1$) in den Tabellen 13 und 14 besagt, daß $\lambda_{ijk}^{ABC} = 0$. Die erste Hypothese vom Typ 2 (kurz $H2_1$) nimmt an, daß $\lambda_{ijk}^{ABC} = \lambda_{jk}^{BC} = 0$. Der einzige Unterschied zwischen beiden Modellen besteht in dem Parameter λ_{jk}^{BC}, der die Partialassoziation BC mißt. Da die L^2 additiv sind, läßt sich somit der Effekt der Partialassoziation BC in Modell $H1$ aus der Differenz der beiden L^2 Werte bestimmen unter der Annahme (Bedingung), daß $H1$ zutrifft; mit anderen Worten:

(24) $\qquad L^2 (H2_1^*|H1) = L^2 (H2_1) - L^2 (H1)$,

wobei $H2_1^*$ die Hypothese spezifiziert, daß die Partialassoziation $BC = 0$ (d.h. $\lambda_{jk}^{BC} = 0$ und angenommen, $H1$ trifft zu). Da die Zerlegung entsprechend für die Freiheitsgrade gilt, läßt sich $L^2 (H2_1^*)$, das mit $df = 1$ angenähert χ^2-verteilt ist, auf Signifikanz prüfen. Für die KRIZ-Daten ergibt sich (vgl. Tabelle 14): 58.80 − .0 = 58.80. Die Partialassoziation ist somit hochsignifikant; oder: die Assoziation BC läßt sich nicht auf die Variable A zurückführen. Der entsprechende Wert für die Daten von FEGER beträgt 2.83 − 2.22 = .61. Es liegt also keine bedeutsame Partialssoziation BC vor. Für KOBELT's Daten ist dieser Test nicht möglich, da $H1$ nicht auf die Daten paßt. Die Erfüllung dieser Bedingung ist deshalb wichtig, da wir sonst Aussagen über Effekte in einem ohnehin nicht gültigen Modell (hier $H1$) machen würden. Die Effekte für die Partialassoziationen AC und AB lassen sich entsprechend ermitteln. Diese Beispiele zeigen zugleich, daß sich die in Modell $H2_1$ *nicht* erklärte Variation (quantifiziert durch L^2) in zwei Komponenten zerlegen läßt (vgl. LANGEHEINE 1980a): Die eine Komponente ($L2 (H2_1^*)$) quantifiziert den Anteil, der auf die Partialassoziation BC zurückzuführen ist; die andere Komponente ($L^2 (H_1)$) steht für den Anteil, der auf die Interaktion ABC zurückgeht.

Während die Zerlegung von $H2$ zu Tests für bedingte Unabhängigkeit (keine Partialassoziation) führt, ermöglicht die Zerlegung von $H3$ Tests auf unbedingte Unabhängigkeit (keine gegenseitige Assoziation − diese Tests können nicht direkt anhand der standardisierten λ-Parameter durchgeführt werden). Z.B. unterscheiden sich die Modelle $H3_3$ und $H2_2$ oder $H3_2$ und $H2_1$ lediglich in dem Parameter

λ_{ij}^{AB} (vgl. Tabelle 13). Sei H_{AB}^* die Hypothese, daß die unbedingte Assoziation $AB = 0$, so läßt sich durch Zerlegung von $H3$ in H_{AB}^* und $H2$ mit (25) eine entsprechende Testgröße gewinnen:

$$(25) \quad \begin{aligned} L^2 \left(H_{AB}^* | H2_2 \right) &= L^2 (H3_3) - L^2 (H2_2) = \\ L^2 \left(H_{AB}^* | H2_1 \right) &= L^2 (H3_2) - L^2 (H2_1) . \end{aligned}$$

Für die FEGER-Daten ergeben sich somit folgende Werte: $L^2 (H_{AB}^*) = 36.36$, $L^2 (H_{AC}^*) = .16$, $L^2 (H_{BC}^*) = .77$ bei $df = 1$.

Weitere Hypothesen bedingter Unabhängigkeit finden sich in den Modellen $H4$, $H6$, $H7$ und $H8$. $H5$ läßt sich schließlich in insgesamt vier Komponenten zerlegen (vgl. LANGEHEINE 1980a). Allgemeine Regeln zur Zerlegung finden sich z.B. in GOODMAN (1970) oder BISHOP et al. (1975). Derartige Zerlegungen bieten die Aufspaltung eines Gesamtmodells in zwei oder mehrere Unterhypothesen. Insbesondere bei Tabellen mit vier und mehr Variablen kann Zerlegung wichtige Information liefern. Ist der Fit eines Gesamtmodells akzeptabel, so können Untermodelle nicht nur von speziellem inhaltlichen Interesse sein, sondern auch zum Verständnis des Gesamtmodells beitragen. Ist der Fit eines Gesamtmodells hingegen nicht zufriedenstellend, so ist dies manchmal auf eine seiner Komponenten zurückführbar, so daß diese Information im Modellfindungsprozeß berücksichtigt werden kann.

3.4 Logitanalyse: Varianz- und Regressionsanalyse

Bei der Darstellung von GOODMAN's allgemeinem log-linearen Modell haben wir nicht zwischen unabhängigen („explanatory") und abhängigen („response") Variablen differenziert. Für viele substantielle Fragestellungen wird diese Unterscheidung jedoch von Bedeutung sein. So wird in der Varianzanalyse der Einfluß einer (oder mehrerer) unabhängiger Variablen (Faktoren) auf eine (oder mehrere) abhängige Variablen untersucht. In regressionsanalytischer Terminologie sprechen wir dagegen von Prädiktoren und Kriterien. Beide Fragestellungen lassen sich für kategoriale Daten durch spezielle log-lineare Modelle – sog. *Logitmodelle* – behandeln. Wir werden im folgenden eher die varianzanalytische Terminologie bevorzugen. Die Varianzanalyse kann jedoch als Spezialfall der Regressionsanalyse angesehen werden. Diese Parallele gilt auch für Logitmodelle, wie die Titel einiger Arbeiten bereits signalisieren (z.B. GOODMAN 1972b, 1975a; KÜCHLER 1978; MAGIDSON 1978). Die β-Parameter eines Logitmodells werden dann als Regressionskoeffizienten interpretiert – ansonsten bleibt alles wie in der (Logit-) Varianzanalyse.

3.4.1 Logitanalyse für 2 x 2 x 2 Kontingenztabellen

In Tabelle 15 sind zwei Datensätze mit jeweils drei dichotomen Variablen zusammengestellt. Im Fall der KOBELT-Daten wollen wir die Gewinnentwicklung (Variable C) in Abhängigkeit von Rechtsform und Mitbestimmung (Variablen A und

B) untersuchen. Diese Daten entsprechen denen in Tabelle 11 und sind hier lediglich in etwas anderer Form zusammengestellt. Als zweites Beispiel wählen wir Daten aus FEGER's Konfliktforschung, und zwar die Daten zu Situation *C* (Stoff der Klausur). Wir betrachten die Variable *B* (Konfidenz = Sicherheit, sich richtig entschieden zu haben) als abhängig von Konfliktstärke und Wichtigkeit (Variablen *A* und *C*).

Tabelle 15: Beobachtete Häufigkeiten für zwei 2 x 2 x 2 Tabellen.

KOBELT (vgl. Tabelle 11)

A	B	C=1	C=2	Verh.
1	1	80	70	1.14
2	1	300	100	3.00
1	2	90	80	1.13
2	2	130	150	.87

FEGER (1978, Tab. 7.3)

A	C	B=1	B=2	Verh.
1	1	22	10	2.20
2	1	7	45	.16
1	2	44	6	7.33
2	2	8	19	.42

Der Entwicklung von Logitmodellen liegt nun folgender Gedanke zugrunde: Wenn die unabhängigen Variablen *keinen* Einfluß auf die abhängige Variable haben, so muß das Verhältnis von Kategorie 1 zu Kategorie 2 der abhängigen Variable für alle Kombinationen der unabhängigen Variablen *gleich* sein. Wie wir aus Tabelle 15 sehen, in die auch die entsprechenden Verhältnisse eingetragen sind, trifft dies offensichtlich für beide Datensätze nicht zu. Ziel ist es daher, ein Modell zu spezifizieren, das die Variation in diesem Verhältnis erklärt. Gesucht wird somit nicht mehr ein Modell (wir demonstrieren dies für die KOBELT-Daten), das die e_{ijk} allein erklärt, sondern deren Verhältnis

(26) $\quad \Omega_{ij}{}^{\bar{C}} = e_{ij1}/e_{ij2}$,

worin die Subskripte die Abhängigkeit des Verhältnisses C_1 zu C_2 von den Kategorien der Variablen *A* und *B* anzeigen. $\bar{C}$ spezifiziert *C* explizit als abhängige Variable. Arbeiten wir wiederum mit natürlichen Logarithmen, so ergibt sich für $\ln(e_{ij1}/e_{ij2}) = \ln(e_{ij1}) - \ln(e_{ij2})$

(27) $\quad \Phi_{ij}{}^{\bar{C}} = m_{ij1} - m_{ij2}$.

$\Phi_{ij}{}^{\bar{C}}$ wird als „Logit" bezeichnet. Aus 3.3 wissen wir, daß sich die beiden Terme auf der rechten Seite von (27) jeweils durch ein log-lineares Modell ausdrücken lassen. Wählen wir das saturierte Modell (22) und setzen in (27) ein, so resultiert

$$\Phi_{ij}{}^{\bar{C}} = \lambda + \lambda_i^A + \lambda_j^B + \lambda_1^C + \lambda_{ij}^{AB} + \lambda_{i1}^{AC} + \lambda_{j1}^{BC} + \lambda_{ij1}^{ABC}$$
(28) $\quad -(\lambda + \lambda_i^A + \lambda_j^B + \lambda_2^C + \lambda_{ij}^{AB} + \lambda_{i2}^{AC} + \lambda_{j2}^{BC} + \lambda_{ij2}^{ABC})$

$$= 2\lambda_1^C + 2\lambda_{i1}^{AC} + 2\lambda_{j1}^{BC} + 2\lambda_{ij1}^{ABC},$$

da nach (3) $\lambda_2^C = -\lambda_1^C$ usw. Setzen wir $\beta^{\overline{C}} = 2\lambda_1^C$ (und entsprechend für die weiteren Parameter), so ergibt sich

(29) $\quad \Phi_{ij}^{\overline{C}} = \beta^{\overline{C}} + \beta_i^{A\overline{C}} + \beta_j^{B\overline{C}} + \beta_{ij}^{AB\overline{C}}$

mit $\quad \sum\limits_{i=1}^{I} \beta_i^{A\overline{C}} = \sum\limits_{j=1}^{J} \beta_j^{B\overline{C}} = \sum\limits_{i=1}^{I} \beta_{ij}^{AB\overline{C}} = \sum\limits_{j=1}^{J} \beta_{ij}^{AB\overline{C}} = 0$ wegen (3).

(29) ist in der Literatur bekannt unter der Bezeichnung „Logitmodell". Logitmodelle sind somit Spezialfälle log-linearer Modelle und lassen sich über letztere testen. Wir sehen zugleich, daß ein Logitmodell auf Parameter reduziert ist, in denen die abhängige Variable enthalten ist. Das Modell (29) ist äquivalent zu der Hypothese, daß sich die (in unserem Fall) vier Elemente des Logitvektors $\Phi_{ij}^{\overline{C}}$ als Summe einer Reihe von Logitparametern (den β's), und zwar einer Konstanten ($\beta^{\overline{C}}$), zweier Haupteffekte ($\beta_i^{A\overline{C}}$ und $\beta_j^{B\overline{C}}$) sowie einer Wechselwirkung ($\beta_{ij}^{AB\overline{C}}$) ausdrücken lassen. Dieses Modell entspricht damit dem Design einer zweifaktoriellen Varianzanalyse mit einer Besetzung pro Zelle und ln (e_{ij1}/e_{ij2}) als der abhängigen Variable.

Tabelle 16 enthält die vier in diesem Fall möglichen Hypothesen, die entsprechenden Logit- und log-linearen Modelle, die angepaßten Randverteilungen und das mit der Testgröße L^2 bei gegebenen df assoziierte p. Für beide Datensätze demonstrieren wir *eine mögliche* Version des Modellfindungsprozesses über ein exploratives Vorgehen.

Zunächst zu den Daten von KOBELT. $H1$ spezifiziert die restriktivste Hypothese, die wir testen können: C ist unabhängig von A und B. Mit anderen Worten: (26) ist identisch für alle AB-Kombinationen. Dieses Modell paßt nicht. Mit Hypothese $H2_1$ und $H2_2$ erweitern wir jeweils um die Haupteffekte A oder B. Auch diese Modelle sind mit den Daten nicht kompatibel. Schließlich stellen wir fest, daß auch das Modell mit allen Haupteffekten ($H3$) den Daten nicht gerecht wird. Da wir nur noch um den Interaktionseffekt β_{ij}^{ABC} erweitern können, sind wir beim saturierten Modell angelangt — ein Ergebnis, das nach den in Abschnitt 3.3.2 durchgeführten Analysen nicht verwundern dürfte. Dies bedeutet zugleich, daß wir die statistische Signifikanz von Effekten nur auf der Basis der standardisierten λ's ($\lambda_{11}^{AC}, \lambda_{11}^{BC}, \lambda_{111}^{ABC}$, vgl. Tabelle 12) durchführen können. Da in diesem Fall lediglich drei Parameter simultan getestet werden, erweisen sich alle Effekte bei einer kritischen Konstante von ± 2.394 (vgl. GOODMAN 1969) als auf dem 5% Niveau gesichert. Die Logitparameter des saturierten Modells (29) betragen (vgl. Tabelle 12): $\beta_1^{\overline{C}} = .302, \beta_1^{A\overline{C}} = -.176, \beta_1^{B\overline{C}} = .314, \beta_{11}^{AB\overline{C}} = -.306$. Wie man leicht nachvollziehen kann, ist $\beta^{\overline{C}} = (\Sigma_1^4 \ln(e_{ij1}/e_{ij2}))/4$ und entspricht somit dem Gesamtmittelwert in der Varianzanalyse oder der Konstanten in der Regressionsanalyse. Im Mittel ist also konstanter/steigender Gewinn häufiger als fallender Gewinn.

Was besagen die Ergebnisse? Haupteffekt A: Der Logarithmus von konstantem/steigendem zu fallendem Gewinn (C_1 zu C_2) ist negativ für Kapitalgesellschaften

Tabelle 16: Modelltests für die Logitanalyse zu den Daten aus Tabelle 15

Hypothese	Logitmodell	log-lineares Modell	angepaßte Randvert.	df		L^2	p
KOBELT							
H1	$\Phi_{ij}^{\bar{C}} = \beta^{\bar{C}}$	$m_{ijk} = \lambda + \lambda_i^A + \lambda_j^B + \lambda_k^C + \lambda_{ij}^{AB}$	$(AB), (C)$	$(IJ-1)(K-1)$	= 3	67.06	.000
H2₁	$\Phi_{ij}^{\bar{C}} = \beta^{\bar{C}} + \beta_i^{A\bar{C}}$	$m_{ijk} = \lambda + \lambda_i^A + \lambda_j^B + \lambda_k^C + \lambda_{ij}^{AB} + \lambda_{ik}^{AC}$	$(AB), (AC)$	$I(J-1)(K-1)$	= 2	57.86	.000
H2₂	$\Phi_{ij}^{\bar{C}} = \beta^{\bar{C}} + \beta_j^{B\bar{C}}$	$m_{ijk} = \lambda + \lambda_i^A + \lambda_j^B + \lambda_k^C + \lambda_{ij}^{AB} + \lambda_{jk}^{BC}$	$(AB), (BC)$	$J(I-1)(K-1)$	= 2	24.86	.000
H3	$\Phi_{ij}^{\bar{C}} = \beta^{\bar{C}} + \beta_i^{A\bar{C}} + \beta_j^{B\bar{C}}$	$m_{ijk} = \lambda + \lambda_i^A + \lambda_j^B + \lambda_k^C + \lambda_{ij}^{AB} + \lambda_{ik}^{AC} + \lambda_{jk}^{BC}$	$(AB), (AC), (BC)$	$(I-1)(J-1)(K-1)$	= 1	19.26	.000
FEGER							
H1	$\Phi_{ik}^{\bar{B}} = \beta^{\bar{B}}$	$m_{ijk} = \lambda + \lambda_i^A + \lambda_j^B + \lambda_k^C + \lambda_{ik}^{AC}$	$(AC), (B)$		3	72.84	.000
H2₁	$\Phi_{ik}^{\bar{B}} = \beta^{\bar{B}} + \beta_i^{A\bar{B}}$	$m_{ijk} = \lambda + \lambda_i^A + \lambda_j^B + \lambda_k^C + \lambda_{ij}^{AB} + \lambda_{ik}^{AC}$	$(AC), (AB)$		2	7.39	.025
H2₂	$\Phi_{ik}^{\bar{B}} = \beta^{\bar{B}} + \beta_k^{C\bar{B}}$	$m_{ijk} = \lambda + \lambda_i^A + \lambda_j^B + \lambda_k^C + \lambda_{ik}^{AC} + \lambda_{jk}^{BC}$	$(AC), (BC)$		2	55.00	.000
H3	$\Phi_{ik}^{\bar{B}} = \beta^{\bar{B}} + \beta_i^{A\bar{B}} + \beta_k^{C\bar{B}}$	$m_{ijk} = \lambda + \lambda_i^A + \lambda_j^B + \lambda_k^C + \lambda_{ij}^{AB} + \lambda_{ik}^{AC} + \lambda_{jk}^{BC}$	$(AC), (AB), (BC)$		1	.06	> .5

(A_1), Kapitalgesellschaften zeigen also eine ungünstigere Gewinnentwicklung (als wir dies im Mittel beobachten). Haupteffekt B: Der Logarithmus ... ist positiv für Gesellschaften mit Mitbestimmung (B_1). Bei Mitbestimmung zeigt sich somit eine optimalere Gewinnentwicklung. Wechselwirkung AB: Der Logarithmus ... ist negativ für Kapitalgesellschaften mit Mitbestimmung (A_1B_1) und Personengesellschaften ohne Mitbestimmung (A_2B_2): Die Gewinnentwicklung stellt sich also als besser für Kapitalgesellschaften ohne und Personengesellschaften mit Mitbestimmung heraus. Diese Wechselwirkung zeigt zugleich, daß wir die aufgrund der Haupteffekte getroffene Schlußfolgerung differenzieren müssen.

Tabelle 17:
Ergebnisse der Residualanalyse
für das Modell $H3$
KOBELT-Daten aus Tabelle 16

			C		
A	B	1	2		
1	1	80	70	n_{ijk}
		95.67	54.33	e_{ijk}
		−15.67	15.67	$n_{ijk} - e_{ijk}$
		−1.60	2.12	r_{ijk}
2	1	300	100	
		284.33	115.67	
		15.67	−15.67	
		.93	−1.46	
1	2	90	80	
		74.33	95.67	
		15.67	−15.67	
		1.82	−1.60	
2	2	130	150	
		145.67	134.33	
		−15.67	15.67	
		−1.30	1.35	

Das Verständnis für die notwendige Einbeziehung der Wechselwirkung AB auf C wird durch eine Residualanalyse des Modells $H3$ erleichtert. Residualanalyse für Kontingenztabellen ist ein Analogon zur Residualanalyse in der Regressionsanalyse für kontinuierliche Daten. Im einfachsten Fall berechnet man standardisierte Residuen (zur Definition und den Vorteilen verschiedener weiterer Residuen vgl. BISHOP et al. (1975); HABERMAN (1973, 1978); NELDER (1974)) nach

(30) $r_{ijk} = (n_{ijk} - e_{ijk})/e_{ijk}^{1/2}$.

Für die entsprechenden Werte, die aus Tabelle 17 ersichtlich sind, zeigt sich folgendes deutlich für den Wechselwirkungseffekt sprechende Muster:

$$-+, +-, +-, -+.$$

Diesen Effekt kann man sich unter Rückgriff auf die unter einem Modell erwarteten Häufigkeiten (die im saturierten Modell den beobachteten Häufigkeiten entsprechen) auch wie folgt verständlich machen. Bei Mitbestimmung beträgt das Verhältnis (die „odds" in GOODMAN's Terminologie) von C_1 zu C_2 für Personengesellschaften 300/100 = 3, für Kapitalgesellschaften 80/70 = 1.143 und somit 3/1.143 = 2.625 zu 1 (in GOODMAN's Terminologie „odds ratio" = Kreuzproduktverhältnis) zugunsten von Personengesellschaften. Ohne Mitbestimmung lauten die entsprechenden Verhältnisse 130/150 = .867 und 90/80 = 1.125 und somit nur .771 zu 1 zugunsten von Personengesellschaften. Entsprechende Berechnungen lassen sich gleichfalls für die Haupteffekte durchführen.

Gehen wir für die Daten von FEGER analog vor, so zeigt sich, daß das Modell mit allen Haupteffekten ($H3$) die Daten nahezu perfekt erklärt (L^2 = .06). Wir haben damit eine gültige Basis zur Chi-Quadrat Zerlegung und quantifizieren die Stärke der Effekte in $H3$ analog zu Abschnitt 3.3.3 wie folgt:

$$\text{Effekt } A: \quad H2_2 - H3 = 55.00 - .06 = 54.94$$
$$C: \quad H2_1 - H3 = 7.39 - .06 = 7.33.$$

Beide Effekte erweisen sich somit bei $2 - 1 = 1$ df als signifikant. Der Effekt A ist allerdings wesentlich bedeutsamer, wie auch die Logitparameter für $H3$ zeigen: $\beta^{\bar{B}} = .012$, $\beta_1^{A\bar{B}} = 1.372$, $\beta_1^{C\bar{B}} = -.550$. Geringe Sicherheit, sich richtig entschieden zu haben, ist also bei starkem Konflikt (A_1) wahrscheinlicher und bei großer Wichtigkeit (C_1) unwahrscheinlicher.

Es wird aufgefallen sein, daß jedes einem Logitmodell entsprechende log-lineare Modell die Interaktionen zwischen allen unabhängigen Variablen enthält (vgl. die angepaßten Randverteilungen in Tabelle 16: (AB) für die KOBELT-Daten und (AC) für die FEGER-Daten). Für dieses Vorgehen gibt es mehrere Gründe (vgl. SWAFFORD 1980): 1. Würde man diese Interaktionen nicht anpassen, so ließe sich die unerklärte Variation in der Kriteriumsvariable (quantifiziert durch L^2) nicht berechnen; 2. nur auf dem Hintergrund der konstant gehaltenen Beziehungsstruktur der unabhängigen Variablen sind einzelne Modelle und Effekte vergleichbar; 3. obwohl die entsprechenden Effekte aus dem Logitmodell herausfallen, haben die Interaktionen einen Einfluß auf die Schätzung der erwarteten Häufigkeiten und somit auf (26) bzw. (27).

Im Prinzip haben wir das für die Durchführung einer Logitanalyse notwendige Instrumentarium vorgestellt. Wir haben Logitmodelle als Spezialfälle log-linearer Modelle kennengelernt, haben gesehen, wie sich die Stärke von Effekten via Chi-Quadrat Zerlegung oder anhand der standardisierten λ-Parameter des entsprechenden log-linearen Modells beurteilen läßt, und sind auf die Interpretation der Logitparameter einschließlich Wechselwirkung eingegangen. Bei diesen Beispielen handelt es sich allerdings um relativ einfache Datenkonstellationen, insbesondere deshalb, weil die abhängige Variable dichotom ist. Bevor wir in 3.5 auf einige weitere Probleme eingehen, die sich bei der Analyse stellen können, wollen wir eine Logitanalyse für einen Datensatz mit dichotomen und polytomen Variablen durchführen.

3.4.2 Logitanalyse für eine 2 x 3 x 2 x 3 Kontingenztabelle

KRÜGER (1979) hat für 1839 Volksschüler die Abhängigkeit der Deutschnote (N) von den Merkmalen Leistung im Rechtschreibtest (R), Sozialstatus des Vaters

Tabelle 18:
Daten von KRÜGER (1979)

R	S	G	1	N 2	3
1	1	1	11	90	36
2	1	1	89	78	2
1	2	1	12	162	93
2	2	1	81	92	6
1	3	1	2	65	52
2	3	1	27	41	2
1	1	2	14	66	10
2	1	2	116	62	0
1	2	2	17	142	56
2	2	2	138	125	6
1	3	2	8	46	34
2	3	2	22	35	1

Variablen:
R: Leistung im Rechtschreibtest
  (1 = gering, 2 = hoch)
S: Sozialstatus des Vaters
  (1 = hoch, 2 = mittel, 3 = niedrig)
G: Geschlecht
  (1 = männlich, 2 = weiblich)
N: Note in Deutsch
  (1 = 1 – 2, 2 = 3 – 4, 3 = 5 – 6)

Tabelle 19: Modelltests für die Logitanalyse zu den Daten aus Tabelle 18

Hypothese	Logitmodell	angepaßte Randverteilungen	df	L^2	p	η^2
$H1$	$\Phi_{ijk}^{\bar{N}} = \beta^{\bar{N}}$	$(RSG), (N)$	22	735.25	.000	.0
$H2$	$\Phi_{ijk}^{\bar{N}} = \beta^{\bar{N}} + \beta_i^{R\bar{N}} + \beta_j^{S\bar{N}} + \beta_k^{G\bar{N}}$	$(RSG), (RN), (SN), (GN)$	14	13.70	.473	.1488
$H3_1$	$\Phi_{ijk}^{\bar{N}} = \beta^{\bar{N}} + \phantom{\beta_i^{R\bar{N}} +} \beta_j^{S\bar{N}} + \beta_k^{G\bar{N}}$	$(RSG), (SN), (GN)$	16	603.50	.000	.0281
$H3_2$	$\Phi_{ijk}^{\bar{N}} = \beta^{\bar{N}} + \beta_i^{R\bar{N}} + \phantom{\beta_j^{S\bar{N}} +} \beta_k^{G\bar{N}}$	$(RSG), (RN), (GN)$	18	61.93	.000	.1342
$H3_3$	$\Phi_{ijk}^{\bar{N}} = \beta^{\bar{N}} + \beta_i^{R\bar{N}} + \beta_j^{S\bar{N}}$	$(RSG), (RN), (SN)$	16	34.80	.004	.1423
$H4$	$\Phi_{ijk}^{\bar{N}} = \beta^{\bar{N}} + \beta_i^{R\bar{N}} + \beta_j^{S\bar{N}} + \beta_k^{G\bar{N}} + \beta_{ij}^{RS\bar{N}} + \beta_{ik}^{RG\bar{N}} + \beta_{jk}^{SG\bar{N}}$	$(RSG), (RSN), (RGN), (SGN)$	4	4.40	.354	.1489
sat. Modell		$(RSGN)$	0	.0		.1494

η^2: Determinationskoeffizient nach MAGIDSON (vgl. Abschnitt 3.5.3)

(S) und Geschlecht (G) mittels Konfigurationsfrequenzanalyse (KRAUTH und LIENERT 1973) untersucht. Eine Logitreanalyse findet sich bei LANGEHEINE (1980b). Wie aus Tabelle 18 hervorgeht, haben die abhängige sowie eine unabhängige Variable jeweils drei Kategorien. Wir arbeiten also das erste Mal mit polytomen Variablen.

Ergebnisse für verschiedene Modelltests sind aus Tabelle 19 ersichtlich. Zur Quantifizierung der Variation der Logits von N unter der Annahme der totalen Unabhängigkeit von R, S und G wurde zunächst $H1$ spezifiziert. $H2$ erweitert auf das Modell mit allen Haupteffekten, das auf die Daten außerordentlich gut paßt. Um zu prüfen, ob ein noch sparsameres Modell die Daten erklären könnte, wurden unter $H3$ drei Modelle getestet, die jeweils nur zwei der drei Haupteffekte enthalten. Keines dieser Modelle ist mit den Daten verträglich. In $H4$ wurden schließlich alle Haupteffekte und 2er Interaktionen einbezogen, um zu prüfen, ob gegenüber $H2$ eine signifikante Verbesserung des Fits erreicht wird. Dies ist nicht der Fall. Die Residualvariation verringert sich lediglich um $L^2 = 13.70 - 4.40 = 9.30$ bei $14 - 4 = 10\ df$. Die folgenden Effekttests geben Auskunft über die Bedeutsamkeit der unabhängigen Variablen in $H2$:

$$\begin{aligned}
\text{Haupteffekt } R: 603.50 - 13.70 &= 589.80, df = 16 - 14 = 2 \\
S: 61.93 - 13.70 &= 48.23, df = 18 - 14 = 4 \\
G: 34.80 - 13.70 &= 21.10, df = 16 - 14 = 2.
\end{aligned}$$

Nach rein signifikanzstatistischen Gesichtspunkten kommt somit allen Effekten eine Bedeutung zu. Es wird jedoch deutlich, daß R den Löwenanteil der Variation der Logits erklärt. In der letzten Spalte von Tabelle 19 findet sich mit η^2 ein Maß für die unter jedem Modell erklärte Variation, auf das wir in 3.5.3 zurückkommen. In Analogie zu L^2 zeigt sich, daß $H2$ praktisch die gesamte Variation im Vergleich zur maximal möglichen (saturiertes Modell) erklärt, und daß die Erklärung schlecht ist unter Modell $H3_1$, in dem der Haupteffekt R fehlt.

Schließlich zu den Logitparametern. Im Gegensatz zu den Beispielen in 3.4.1 hat die abhängige Variable drei Kategorien, und dies hat Konsequenzen für die Berechnung der Logitparameter. Wir können nicht mehr – wie im Fall von zwei Kategorien – die λ-Parameter einfach mit 2 multiplizieren (vgl. Formel (28)) –, sondern müssen allgemeinere Formeln verwenden, die natürlich auch für zwei Kategorien gelten, z.B.:

$$(31)\quad \begin{aligned}
\beta_q^{\bar{N}} &= \lambda_1^N - \lambda_l^N \\
\beta_{iq}^{R\bar{N}} &= \lambda_{i1}^{RN} - \lambda_{il}^{RN} \\
\beta_{jq}^{S\bar{N}} &= \lambda_{j1}^{SN} - \lambda_{jl}^{SN} \\
\beta_{kq}^{G\bar{N}} &= \lambda_{k1}^{GN} - \lambda_{kl}^{GN}
\end{aligned} \qquad \text{für } l = 2, 3, ..., L \text{ und } q = 1, 2, ..., L-1$$

Sowohl die λ- als auch die nach (31) berechneten β-Parameter für Modell $H2$ finden sich in Tabelle 20.

Tabelle 20:
λ- und β-Parameter für Modell $H2$ aus Tabelle 19

		$l=$ 1	2	3
λ_l^N		−.072	1.050	−.978
λ_{il}^{RN}	$i=1$	−1.155	−.041	1.196
λ_{jl}^{SN}	$j=1$	.443	.043	−.486
	2	−.060	−.009	.069
	3	−.384	−.034	.418
λ_{kl}^{GN}	$k=1$	−.198	−.008	.206
			Verhältnis	
			1:2	1:3
		$q=$	1	2
$\beta_q^{\bar{N}}$			−1.122	.906
$\beta_{iq}^{R\bar{N}}$	$i=1$		−1.114	−2.351
$\beta_{jq}^{S\bar{N}}$	$j=1$		.400	.929
	2		−.051	−.129
	3		−.350	−.802
$\beta_{kq}^{G\bar{N}}$	$k=1$		−.190	−.404

In (31) haben wir uns dafür entschieden, die Kategorie N_1 zu fixieren. Daraus folgt, daß es β-Parameter für das Verhältnis $N_1:N_2$ und $N_1:N_3$, also im Fall von dichotomen Prädiktoren Logitparameter*vektoren* mit allgemein $L-1$ Werten gibt (wobei L = Anzahl der Kategorien des Kriteriums). Hat auch ein Prädiktor mehr als zwei Kategorien (wie hier S), so resultiert eine Logitparameter*matrix*. Im Unterschied zur Regressionsanalyse bei kontinuierlichen Daten können wir die Beziehung zwischen Variablen somit nicht mehr nur durch einen Koeffizienten beschreiben. Wir wollen schließlich anmerken, daß es für die Interpretation der Ergebnisse keine Rolle spielt, welche Kategorie der abhängigen Variable fixiert wird. Dem Leser wird empfohlen, dies nachzuvollziehen. Da in diesem Abschnitt primär auf die Berechnung der Logitparameter bei polytomen Variablen eingegangen werden sollte, wollen wir auf die Interpretation der Parameter (die alle der intuitiven Erwartung entsprechen) verzichten.

Schließlich sei angemerkt, daß Logitanalysen nicht auf eine abhängige Variable beschränkt sind. Analog zur Diskriminanz- oder multivariaten Varianzanalyse für kontinuierliche Daten sind entsprechende Erweiterungen möglich (vgl. GOODMAN 1971; LANGEHEINE 1980a, 1980b).

3.5 Spezielle Probleme

Im Prinzip dürfte die bisherige Darstellung den Leser in die Lage versetzen, eigene log-lineare/Logitanalysen durchzuführen. Wir sind jedoch bisher etwas zu idealistisch vorgegangen. So haben wir der Einfachheit halber immer angenommen, daß die Kontingenztabelle keine Nullzellen enthält. Auf dieses Problem sowie auf eine Reihe möglicher weiterer Probleme wollen wir in diesem Abschnitt eingehen. In der Regel wird dies allerdings kurz und unter Hinweis auf die entsprechende Literatur geschehen. Zuvor sei dem Leser SWAFFORD's (1980) Arbeit und darin insbesondere der Abschnitt zu den „eight common errors" ans Herz gelegt.

3.5.1 Unvollständige Tabellen

In der Literatur werden im wesentlichen zwei Arten von Nullzellen unterschieden: „sampling zeros" und „structural zeros" oder „a priori zeros". Solche Nullzellen können zu Problemen bei der Parameterschätzung führen und eine Korrektur der Freiheitsgrade notwendig machen.

Sampling zeros sind darauf zurückzuführen, daß die untersuchte Stichprobe zu klein war, als daß für alle Zellen beobachtete Häufigkeiten > 0 resultierten. Die Zelle (2, 1, 2, 3) in Tabelle 18 enthält z.B. eine solche Null. Für die Modelle $H1$ bis $H4$ aus Tabelle 19 sowie für die Parameter in Tabelle 20 hatte dies keine Folgen, da die angepaßten Randverteilungen keine Nullzellen enthalten. Für das saturierte log-lineare Modell sind hingegen keine Parameterschätzungen möglich, da ln (0) nicht definiert ist. Eine, allerdings in vielen Fällen unrealistische, Möglichkeit zur Vermeidung von sampling zeros ist die Erhöhung der Stichprobe. Eine andere Möglichkeit, das Problem technisch zu umgehen, besteht darin, zu allen Zellen eine Konstante zu addieren. Entsprechende Optionen werden durch die meisten Computerprogramme geboten. In der Regel wird die Konstante .5 bevorzugt. FIENBERG und HOLLAND (1970) empfehlen dagegen aufgrund theoretischer Überlegungen, die Konstante in Abhängigkeit der Daten zu bestimmen. PANNEKOEK (1980) hat beide Strategien mittels Monte Carlo Studien verglichen. Seine Schlußfolgerung: Im allgemeinen nimmt die Akzeptierung von H_o (Modelltest) mit zunehmender Größe der Konstanten zu. Da die nach FIENBERG und HOLLAND berechnete Konstante größer oder kleiner als .5 sein kann, hängt es von den Daten ab, wann eine H_o eher angenommen bzw. verworfen wird. Schließlich besteht die Möglichkeit, sampling zeros wie strukturelle Nullen zu behandeln. Diesen Weg hat z.B. ARMINGER (1979) in seinem Programm LOGIT gewählt.

Strukturelle oder a priori Nullen sind dann gegeben, wenn bestimmte Variablenkombinationen logisch nicht möglich oder vom Design (der inhaltlichen Fragestellung) her nicht von Interesse sind. In jedem Fall macht dies eine Korrektur der Freiheitsgrade notwendig, wobei die Anzahl der Nullzellen und (in Abhängigkeit des jeweils spezifizierten Modells) evtl. wegfallende Parameter zu berücksichtigen sind, und hat Konsequenzen für die Schätzung der Parameter (vgl. ARMINGER 1979; BISHOP et al. 1975; EVERITT 1977; FIENBERG 1977; UPTON 1980). Ein beliebtes Beispiel für den ersten Fall ist die Tabelle mit den Merkmalen Alter, Geschlecht und Betroffenheit durch Gesundheitsprobleme bei Teenagern. Menstruationsprobleme bildeten hier eine von vier Kategorien, so daß die entsprechenden Zellen für die Jungen a priori nicht besetzt sind (vgl. EVERITT 1977; FIENBERG 1977). Die Analyse von Mobilitätstabellen bietet typische Beispiele für den zweiten Fall (vgl. z.B. DUNCAN 1979; GOODMAN 1979a; HAUSER 1979). Weitere Beispiele finden sich insbesondere bei BISHOP et al. (1975), FIENBERG (1977) und UPTON (1980).

3.5.2 Zusammenfassung von Kategorien und Variablen

Eine weitere Strategie zur Vermeidung von Nullzellen besteht darin, solange entweder Kategorien von Variablen und/oder Variablen selbst zusammenzufassen, bis die Nullzellen verschwunden sind. Wenn Kategorien allerdings inhaltlich bedeutungsvoll sind, dann ist die Praxis des „blinden" Zusammenfassens sicher keine empfehlenswerte Prozedur, da sie zu unangemessenen Schlüssen, allgemeiner Verwirrung und „bad science" führen kann (FIENBERG 1977, S. 111). Andererseits ist Sparsamkeit, d.h. ein Modell mit weniger Kategorien und/oder Variablen sicherlich zu begrüßen. Wir wollen daher hier auf Prozeduren eingehen, mit denen sich prüfen läßt, ob Zusammenfassung zulässig ist.

Zunächst zu Kategorien. Die Parameter $\lambda_1^A = -1.0$ und $\lambda_2^A = \lambda_3^A = .5$ legen offensichtlich das Zusammenfassen der Kategorien 2 und 3 nahe. Zuvor ist es allerdings angeraten zu prüfen, ob die Variable A mit anderen Variablen in Interaktion steht, da in diesem Fall die Kategorienzusammenfassung zu völlig anderen Schlußfolgerungen für das Variablensystem führen kann. MILLIGAN (1980) zeigt an einem Beispiel, wie durch Zusammenfassung einer 2 x 3 x 2 zu einer 2 x 2 x 2 Tabelle alle signifikanten 2er und 3er Interaktionen verschwinden. REYNOLDS (1977c) demonstriert den entgegengesetzten Effekt: Für die volle 2 x 3 x 4 x 5 Tabelle sind viel einfachere Modelle akzeptabel als für die reduzierte 2 x 2 x 2 x 2 Tabelle. Eine formale Methode zur Prüfung der Zusammenfaßbarkeit von Kategorien mit Illustration an drei Beispielen findet sich bei DUNCAN (1975). Wir demonstrieren die Methode an artifiziellen Daten. Der linke Teil von Tabelle 21 enthält die Ausgangstabelle sowie Ergebnisse von Modelltests für Logitmodelle, bei denen wir C in Abhängigkeit von A und B betrachten. Durch das Modell mit beiden Haupteffekten ($H2_1$) wird nur ein sehr geringer Teil der Variation der Logits erklärt. Der Löwenanteil steckt also in der Interaktion AB auf C. Im rechten Teil der Tabelle 21 wurde für jede Kategorie der polytomen Variablen A eine dichotome Variable (X, Y, Z) gebildet. Fälle, für die die jeweilige Kategorie von A zutrifft, erhalten in der dichotomen Variable den Code 1, der Rest erhält den Code 2. Die 3 x 2 x 2 Tabelle wird dadurch zu einer 2 x 2 x 2 x 2 x 2 Tabelle modifiziert, worin 20 der 32 Zellen strukturelle Nullen enthalten. Die erwarteten Häufigkeiten für diese 20 Zellen werden auf 0 fixiert (dies ist z.B. mit dem Programm ECTA möglich), und in jedem Modell wird die Randverteilung (XYZ) mit angepaßt. Je nach Datenlage müssen dann für die modifizierte Tabelle eine Reihe von Modellen getestet werden. Wir sehen z.B., daß die drei Modelle zu $H2$ alle zu identischen Ergebnissen führen, obwohl die angepaßten Randverteilungen differieren. Der Grund liegt darin, daß (in diesem Fall) durch Kombination von je zwei der formalen Variablen die Häufigkeiten für die dritte formale Variable bestimmt sind. Von den Modellen unter $H3$ paßt $H3_1$ ausgezeichnet auf die Daten. Die Variable A läßt sich also zu den Kategorien $A_1 = X_1$ vs. $A_2 + A_3 = X_2$ zusammenfassen. $H3_2$ und $H3_3$ zeigen, daß

Tabelle 21: Artifizielle Daten und Modelltests zur Demonstration von Kategorienzusammenfassung

21A: 3 × 2 × 2

A	B	C=1	C=2
1	1	11	36
2	1	162	93
3	1	75	52
1	2	66	10
2	2	34	46
3	2	25	36

21B: 2 × 2 × 2 × 2 × 2. Formale Variablen X, Y, Z für Variable A

X	Y	Z	B	C=1	C=2
1	1	1	1	0	0
2	1	1	1	0	0
1	2	1	1	0	0
2	2	1	1	75	52
1	1	2	1	0	0
2	1	2	1	162	93
1	2	2	1	11	36
2	2	2	1	0	0
1	1	1	2	0	0
2	1	1	2	0	0
1	2	1	2	0	0
2	2	1	2	25	36
1	1	2	2	0	0
2	1	2	2	34	46
1	2	2	2	66	10
2	2	2	2	0	0

Modell	angepaßte Randverteilungen	L^2	df	angepaßte Randverteilungen	L^2	df
$H1$	$(AB),(C)$	71.53	5	$(XYZB),(C)$	71.53	$5 = 32 - 17 - 20 + 10$
$H2_1$	$(AB),(AC),(BC)$	68.56	2	$(XYZB),(XC),(YC),(BC)$	68.56	$2 = 32 - 20 - 20 + 10$
$H2_2$				$(XYZB),(XC),(ZC),(BC)$	68.56	2
$H2_3$				$(XYZB),(YC),(ZC),(BC)$	68.56	2
$H3_1$				$(XYZB),(XBC)$	.75	2
$H3_2$				$(XYZB),(YBC)$	51.28	2
$H3_3$				$(XYZB),(ZBC)$	61.88	2
$H4$	sat. Modell			$(XYZB),(XBC),(YBC)$	.0	$0 = 32 - 22 - 20 + 10$

andere Zusammenfassungen nicht sinnvoll sind (an den Parametern für das saturierte Modell zu Tabelle 21A läßt sich dies schnell nachvollziehen). Die Freiheitsgrade können entweder aus Modellen abgeleitet werden, die ein direktes Pendant in der Originaltabelle haben ($H3_1$ enthält z.B. gegenüber $H1$ zusätzlich drei Parameter für die Haupteffekte X und B sowie die Wechselwirkung XB auf C und somit $5 - 3 = 2$ df) oder nach einer allgemeinen Korrekturformel berechnet werden (vgl. Tabelle 21):

(32) $df = a - b - c + d$,

wobei a = Anzahl der Zellen der Gesamttabelle,
        b = Anzahl der Parameter im entsprechenden *log-linearen* Modell,
        c = Anzahl der erwarteten Häufigkeiten = 0,
        d = Anzahl der Nullzellen *innerhalb* der Marginaltabellen des Minimalsets der angepaßten Randverteilungen.

Da bei diesem Vorgehen ein Teil der Randverteilungen Nullen enthält, sind keine Parameterschätzungen möglich. MAGIDSON et al. (1981) zeigen, wie sich dieses Problem dennoch (mit ECTA) lösen läßt.

Wie wir bereits in 3.1 gesehen haben, kann das mechanische Zusammenlegen von Variablen ebenfalls zu Fehlschlüssen führen. BISHOP et al. (1975) geben Theoreme und Beweise dafür, wann die Zusammenlegung von Variablen zulässig ist, ohne daß dies Einfluß auf die Schätzung von Effekten im log-linearen Modell hat. Für eine $A \times B \times C$ Tabelle ist es danach zulässig, über Variable C dann und nur dann zusammenzulegen, wenn die Effekte $ABC = 0$ und $AC = 0$ oder $BC = 0$, d.h. wenn C wenigstens von A oder B bedingt unabhängig ist. Für die KRIZ-Daten könnten wir daher AC über B und BC über A, nicht jedoch AB über C zusammenfassen (vgl. die drei Modelle unter Hypothese 2 in Tabelle 14). Die Anwendung des allgemeinen Theorems von BISHOP et al. gibt schließlich eindeutig Entscheidungen auch im Fall von mehr als drei Variablen. Allgemein läßt sich sagen, daß Zusammenfassung dann zulässig ist, wenn sich die entsprechenden Parameter in der zusammengefaßten Tabelle gegenüber den entsprechenden Parametern in der Ausgangstabelle nicht signifikant verändern. So betragen z.B. die λ-Parameter für die KRIZ-Daten unter Modell $H1$ (Tabelle 14) $AB = 0.$, $AC = .677$ und $BC = .621$. Unter den Modellen $H2$, $H3$ und $H4$ ändern sich die Parameter für AC und BC nicht, λ_{11}^{AB} beträgt jedoch .334. Da ALLISON (1980) gezeigt hat, wie man zusammengefaßte Tabellen analysieren kann, ohne tatsächlich zusammenzufassen (vgl. 3.6.2), läßt sich diese Prüfung ohne sonderliche Mühe vornehmen. Aufwendige und mit Unwägbarkeiten belastete Prozeduren wie der von HIGGINS und KOCH (1977) vorgeschlagene Algorithmus zur Variablenselektion können daher vermieden werden.

3.5.3 Substantielle versus statistische Signifikanz

Obwohl die Stärke des Zusammenhangs zwischen Variablen relativ gering sein kann, führen Signifikanztests häufig zu hochsignifikanten Ergebnissen. Für die Varianzanalyse wurden daher Maße entwickelt (Eta^2, Omega^2 (vgl. z.B. HAYS 1973) oder die kürzlich von GUTTMAN (1981) vorgeschlagenen „efficacy coefficients"), die die Stärke dieses Zusammenhangs zu quantifizieren gestatten und daher wichtige Interpretationshilfen geben. Analoge Maße, die Auskunft über den durch die unabhängigen Variablen aufgeklärten Anteil der Variation in der (oder den) abhängigen Variablen geben, sind auch für die Logitanalyse verfügbar. Mit

(33) $\quad R^2 = (L^2(H'') - L^2(H')) / L^2(H'')$

hat GOODMAN (1971, 1972a, 1972b) in Analogie zur multiplen Regressionsanalyse ein Bestimmtheitsmaß für Kontingenztabellen vorgeschlagen, das nach dem PRE-Konzept („proportional reduction of error") gebaut ist: (Fehler ohne X − Fehler mit X) / Fehler ohne X, wobei X für einen Parameter oder einen Satz von Parametern steht. $L^2 = 735.25$ für $H1$ in Tabelle 19 gibt z.B. Auskunft über die totale Variation der Logits von N unter der Annahme der Unabhängigkeit von den Variablen R, S und G. Durch das Modell $H2$ verringert sich die nicht erklärte Variation auf $L^2 = 13.70$. $H2$ erklärt somit $R^2 = (L^2(H1) - L^2(H2)) / L^2(H1 =$

(735.25 − 13.70) / 735.25 = .981 oder 98.1% der Variation. Anders ausgedrückt: Durch Hinzunahme aller Haupteffekte haben wir eine *relative* Reduktion der unerklärten Variation um 98.1% erreicht. Dieser Koeffizient wird als *multiples Bestimmtheitsmaß* bezeichnet, der die Gesamterklärung von N durch das Modell mit den Effekten R, S und G angibt. Der entsprechende Wert für $H4$ beträgt .994. Auskunft über den Beitrag der Effekte R, S und G geben folgende *partielle Bestimmtheitsmaße:*

Effekt R: $(L^2(H3_1) - L^2(H2)) / L^2(H3_1) = .977$

S: $(L^2(H3_2) - L^2(H2)) / L^2(H3_2) = .779$

G: $(L^2(H3_3) - L^2(H2)) / L^2(H3_3) = .606$.

Obwohl diese Bestimmtheitsmaße formal angenehme Eigenschaften haben, dürfte ihre Brauchbarkeit in der Regel jedoch gering sein. So ist unmittelbar einleuchtend, daß jedes Modell, das perfekt oder nahezu perfekt auf die Daten paßt, 100% der Variation erklärt. Dies gilt selbst dann, wenn die Logits nur sehr wenig Varianz aufweisen. GOODMAN's Determinationskoeffizienten sind daher dem klassischen Ansatz zur Bestimmung der erklärten Varianz bei kontinuierlichen Daten nur bedingt vergleichbar. Es sei daher auf die von MAGIDSON (1976, 1981; vgl. auch LANGEHEINE 1980a) vorgestellten Determinationskoeffizienten η^2 verwiesen, die Auskunft über den durch ein Logitmodell erklärten Varianzanteil geben *und* identisch sind mit entsprechenden Koeffizienten nach dem klassischen Ansatz. In der letzten Spalte von Tabelle 19 finden sich die η^2-Koeffizienten für jedes Modell. Das saturierte Modell gibt immer das maximal mögliche η^2 an. Da die η^2 in derselben Weise zerlegbar sind wie die L^2, läßt sich die durch bestimmte Effekte erklärte Varianz analog bestimmen. η^2 für die drei Effekte in Modell $H2$ beträgt danach:

Effekt R: .1488 − .0281 = .1207

S: .1488 − .1342 = .0146

G: .1488 − .1423 = .0065 .

Die Effekt-η^2 addieren sich wie die oben vorgestellten partiellen Bestimmtheitsmaße deshalb nicht zu dem entsprechenden Maß für das Modell $H2$, da die unabhängigen Variablen i.a. korreliert sind. Alternativen, die zur orthogonalen Zerlegung der totalen Variation der Logits analog zur Varianzanalyse führen, werden von GOODMAN (1971) unter den Stichworten „forward selection" und „backward elimination" vorgestellt. Ein Beispiel für eine derartige „forward selection" findet sich in LANGEHEINE (1980a). Die dort vorgeschlagenen ETA^2-Koeffizienten, die den durch Modelle und Effekte gebundenen Anteil an der totalen Variation der Logits quantifizieren (und sich entsprechend addieren), können daher auch durch MAGIDSON's Koeffizienten ersetzt werden.

Da im übrigen die Gemeinde der Skeptiker statistischer Signifikanz wächst, schließen wir diesen Abschnitt mit GUTTMAN (1981, S. 6): „For important kinds of data, good scientific practice would call for replication by several investigators, rather than reliance on inference from a single set of data of one investigator". Mit anderen Worten: „ ... the essence of science is replication" (GUTTMAN 1977, S. 86).

3.5.4 Strategien zur Bestimmung eines „besten" Modells

In 3.2 haben wir die sechs Schritte aufgelistet, die jede log-lineare Analyse durchläuft. Dabei kann es mehrfach passieren, daß nach Schritt 1 zurückgegangen werden muß, da das spezifizierte Modell nach Schritt 4 nicht auf die Daten paßt. Dies gilt gleichermaßen für den Fall des Modellsuchens wie für den Fall des Modelltestens, obwohl sich der Modellfindungsprozeß durch theoretische Überlegungen und Berücksichtigung von aus der Literatur bekannten Ergebnissen sicher abkürzen läßt. Während das Suchen nach einem „besten" Modell zu Recht wiederholt kritisiert wurde (vgl. SWAFFORD's (1980) ersten der „eight common errors"), zeigt die Praxis doch, daß das exploratorische Vorgehen gegenüber einer theoriegeleiteten Hypothesentestung mit ex ante postulierten, im Optimalfall konkurrierenden Modellen bevorzugt wird. Ob man sich für den einen oder anderen Weg entscheidet, in jedem Fall kann der Prozeß mit steigender Variablenzahl wegen der Zahl der theoretisch möglichen Modelle außerordentlich aufwendig werden. Verschiedene Autoren haben daher Überlegungen angestellt, wie sich diese Arbeit auf ein Minimum reduzieren läßt. Die folgenden drei Kriterien, zwischen denen u.U. ein Kompromiß notwendig ist, dienen dabei als Richtschnur: Das Modell sollte 1. sparsam sein, also möglichst wenig Parameter bei geringstmöglicher Komplexität enthalten, 2. nicht signifikant von den Daten abweichen, 3. einen bestimmten (zuvor spezifizierten) Anteil der Variation erklären.

Eigene Erfahrungen bestätigen GOODMAN's (1971) Empfehlung, daß die signifikanten standardisierten λ-Parameter des saturierten Modells mit recht guter Treffsicherheit Auskunft darüber geben, wie ein unsaturiertes Modell gebaut sein muß, damit es kongruent mit den Daten ist. Paßt das so spezifizierte Modell, so wird man prüfen, ob bestimmte Parameter überflüssig sind. Paßt das Modell nicht, so kann die Größe der standardisierten λ's des saturierten Modells Hinweise dafür geben, um welche Parameter man das unsaturierte Modell erweitern sollte.

Zwei weitere schrittweise Testprozeduren werden ebenfalls bei GOODMAN (1971) anhand konkreter Daten vorgestellt. Im Fall der „forward selection" werden zunächst sehr restriktive Modelle mit wenigen Parametern spezifiziert. In weiteren Schritten wird dann geprüft, um welche Parameter erweitert werden muß, damit sich der Fit signifikant verbessert. Testgröße ist die L^2-Differenz zweier Modelle, die sich lediglich in einem Parameter unterscheiden. Die „backward elimination" nimmt genau den umgekehrten Weg. Im Fall einer 4-Variablen Tabelle beginnt man z.B. mit dem Modell mit allen 3er Interaktionen und prüft schrittweise, welche Parameter eliminiert werden können, ohne daß das Modell signifikant von den Daten abweicht.

An vier Beispielen aus der Literatur hat BROWN (1976) gezeigt, daß man nach seiner „marginal-partial" Strategie relativ schnell zu einer endgültigen Entscheidung für ein „bestes" Modell gelangt. Er schlägt vor, für alle in einer Tabelle möglichen Interaktionen L^2-Werte für „marginal association" (unbedingte Assoziation)" und „partial association" (bedingte Assoziation) zu berechnen. Effekte lassen sich dann klassifizieren als definitiv notwendig (beide L^2 sind signifikant), definitiv nicht notwendig (beide L^2 sind insignifikant) oder zweifelhaft (eins der beiden L^2 ist signifikant). Aufgrund dieser Information werden im zweiten Schritt mehrere Modelle gegeneinander abgewogen. In Folgearbeiten haben BENEDETTI und BROWN (1976, 1978) die Überlegenheit dieser Strategie (bzw. einer Modifikation davon für Logitanalysen) von insgesamt 13 Prozeduren demonstriert. Mehrere dieser Strategien sind in dem Programm BMDP3F (DIXON und BROWN 1979) computerisiert.

Der Vollständigkeit halber sei auf die Diskussion verschiedener dieser Strategien bei BISHOP et al. (1975) und weitere Referenzen bei ZAHN und FEIN (1979) verwiesen. Letztere diskutieren das Problem für den Fall großer Kontingenztabellen und großer Stichproben. Sind Tabellen groß, d.h. enthalten sie mehrere polytome Variablen (bei ZAHN und FEIN handelt es sich um eine $4 \times 2 \times 15 \times 7 \times 2$ Tabelle), so erweisen sich alle Strategien als unrealistisch, bei denen Parameter zur Entscheidung herangezogen werden. Ist (darüber hinaus) die Stichprobe groß, so entstehen Probleme, wenn Chi-Quadrat Testgrößen zur Beurteilung des Fits von Modellen herangezogen werden. BISHOP et al. (1975) zeigen, daß diese Testgrößen sich proportional zur Stichprobengröße verhalten, wenn eine Hypothese nicht exakt zutrifft. Dies kann zur Folge haben, daß sich kein unsaturiertes Modell als mit den Daten verträglich erweist. Der Leser kann dies schnell nachvollziehen, indem er z.B. die FEGER-Daten in Tabelle 11 reanalysiert und dabei jede Zelle mit 10 multipliziert. Da die indizierten λ's von der Stichprobengröße unabhängig sind, verändern sich entsprechende Koeffizienten nicht. Für alle anderen relevanten Größen trifft dies jedoch zu. L^2 für Modell $H1$ (vgl. Tabelle 14) beträgt z.B. 22.15. Zur Lösung des Problems — Suche nach einem brauchbaren Logitmodell für große Variablenzahl und Stichproben — schlagen ZAHN und FEIN daher ihre „generalized guided method" vor, die in vier Schritten arbeitet und fordert, daß ein Modell einen vorher spezifizierten Anteil der totalen Variation der Logits nach (33) bei geringstmöglicher Parameterzahl erklärt.

Es dürfte im übrigen klar sein, daß jede Modellsuchprozedur, bei der eine Vielzahl von Modellen über Chi-Quadrat Tests auf Angemessenheit geprüft wird, zu einer Inflation des spezifizierten Alpha-Niveaus führt. Bei der Beurteilung der statistischen Signifikanz der λ-Parameter sind wir auf dieses multiple Inferenzproblem bereits eingegangen. Verschiedene Autoren haben deshalb empfohlen, bei Durchführung vieler Tests an denselben Daten die resultierenden Wahrscheinlichkeiten als Richtwerte anstatt als Ergebnisse formaler Tests anzusehen. Daß sich auch dieses Problem simultaner Modelltests formal zufriedenstellend lösen läßt, wurde kürzlich von AITKEN (1980) gezeigt.

An dieser Stelle ist schließlich eine Anmerkung zur Wahl des Alpha-Niveaus notwendig. Im allgemeinen setzen wir α mit .05 oder .01 sehr klein an, d.h. wir wollen auf einen Effekt nur dann schließen, wenn starke Evidenz dafür vorliegt, daß die Nullhypothese nicht zutrifft. Bei der Suche nach einem „besten" Modell kommt es uns dagegen darauf an, daß wir die Nullhypothese beibehalten können. Wir sind daher an einer stärkeren Kontrolle des Beta-Fehlers interessiert, damit alle „wahren" Effekte erkannt werden. Der Beta-Fehler läßt sich dadurch minimieren, daß entweder die Stichprobe erhöht wird (was oft unrealistisch ist), oder daß man einen größeren Alpha-Fehler in Kauf nimmt. In der Regel wird daher für Modelltests α mit .10 bis .20 angesetzt, um nicht Effekte als nichtig zu klassifizieren, obwohl sie tatsächlich von Bedeutung sind. Das in diesem Zusammenhang relevante „Power"-Problem wird von MILLIGAN (1979, 1980) behandelt. Andere Autoren vertreten die Ansicht, daß schließlich nur die substantielle Signifikanz von Effekten entscheidend ist. Teilt man diese Meinung, so kann man auch für Modelltests von vornherein ein restriktives Alpha-Niveau ansetzen. Das Dilemma ist schließlich nur durch Replikationen lösbar. Da es sich bei Daten obendrein selten um Zufallsstichproben handeln dürfte (vorausgesetzt wird, daß für jede Zelle, die durch die unabhängigen Variablen aufgemacht wird, eine repräsentative Stichprobe gezogen wurde), kann durch Signifikanztests ohnehin nur auf Indikatoren für bedeutsame Zusammenhänge oder Quellen der Variation und nicht von einer Stichprobe auf die Population geschlossen werden.

3.5.5 Nichthierarchische Modelle

Proponenten alternativer Ansätze zur Analyse diskreter Daten haben gelegentlich die Ansicht vertreten, daß GOODMAN's allgemeines log-lineares Modell keine Alternative mehr sei, da es u.a. auf hierarchische Modelle beschränkt sei (vgl. KÜCHLER 1978, 1979), was z.B. für den nach GRIZZLE, STARMER und KOCH (1969) benannten GSK-Ansatz nicht gilt. Tatsächlich ist jedoch die Beschränkung auf hierarchische Modelle keine notwendige Eigenart log-linearer Modelle, sondern zunächst eine durch den iterativen Algorithmus zur Bestimmung der erwarteten Häufigkeiten bedingte Restriktion. Verwendet man den NEWTON-RAPHSON Algorithmus, wie es z.B. die Programme MULTIQUAL (BOCK und YATES 1973) oder FREQ (HABERMAN 1979) tun, oder erfolgt die Schätzung über gewichtete Regression wie in KRITZER's (1977) NONMET II, so lassen sich nichthierarchische Modelle ohne weiteres testen. Schließlich hat MAGIDSON (1976) gezeigt, daß sich nichthierarchische Modelle auch bei Verwendung des „Iterative Proportional Fitting – IFP" Algorithmus, also z.B. mit ECTA (FAY und GOODMAN 1974) testen lassen, wenn man die Daten in reorganisierter Form in das Programm einliest. Beispiele für dieses Vorgehen und die dabei notwendigen Modifikationen finden sich in LANGEHEINE (1979, 1980a) und MAGIDSON et al. (1981).

Verschiedentlich ist allerdings die Frage aufgeworfen worden (vgl. z.B. EVERS und NAMBOODIRI 1978; FIENBERG 1977; KNOKE und BURKE 1980; MAGIDSON et al. 1981), ob das Interesse für nichthierarchische Modelle a priori einen Sinn macht. Das hypothetische nichthierarchische Logitmodell

(34) $\Phi_{ij}^{\bar{Z}} = \beta^{\bar{Z}} + \beta_i^{A\bar{Z}} + \beta_{ij}^{AB\bar{Z}}$

anstelle des entsprechenden hierarchischen Modells

(35) $\Phi_{ij}^{\bar{Z}} = \beta^{\bar{Z}} + \beta_i^{A\bar{Z}} + \beta_j^{B\bar{Z}} + \beta_{ij}^{AB\bar{Z}}$

würde z.B. für das System von drei dichotomen Variablen A, B und Z voraussetzen, daß die Effekte von B auf Z für die Kategorien von A numerisch gleich groß sind, jedoch entgegengesetztes Vorzeichen haben, so daß sich die beiden Partialeffekte $B\bar{Z}$ aufheben. Die Frage lautet also nicht, ob dies auf der Suche nach einem „besten" Modell feststellbar ist, sondern ob eine solche Annahme a priori theoretisch sinnvoll ist. Interaktionen höherer Ordnung (hier *AB* auf *Z*) sind ja definiert als Änderung eines Effekts niedrigerer Ordnung (hier z.B. *B* auf *Z*) über die Kategorien einer anderen Variable (hier z.B. *A*). (34) ist allerdings ein sinnvolles Modell, wenn man die Variable *B* als in *A* geschachtelt ansieht (vgl. 3.5.7).

3.5.6 Nichtlineare Effekte

Gegner statistischer Analysen begründen ihre Haltung häufig damit, daß die Annahmen statistischer Modelle viel zu unrealistisch seien, als daß sie der Wirklichkeit gerecht werden könnten. In der Regel wird dabei gegen Annahmen wie Normalverteilung, mangelnde Berücksichtigung von Interaktionen und nichtlinearen Beziehungen polemisiert. Da Verteilungsannahmen wie in metrischen Analysemodellen bei log-linearen Modellen nicht gemacht und Interaktionen explizit berücksichtigt werden, verbleibt das dritte Argument. Dabei dürfte klar sein, daß sich dieses Problem für echt nominale Daten nicht stellt. Lassen sich die Kategorien einer (oder mehrerer) Variablen jedoch in eine natürliche Rangordnung bringen (z.B. bei Rating-Daten oder kategorisierten kontinuierlichen Variablen), so bietet der Rückgriff auf orthogonale Polynome zwei weitere Analysemöglichkeiten:

1. In einem explorativen Ansatz lassen sich die Effekte von einzelnen Variablen sowie Interaktionen in lineare, quadratische, kubische etc. Komponenten zerlegen. Diese Komponenten können wie in der Varianzanalyse auf Signifikanz getestet werden.

2. Vermutet man a priori lineare oder nichtlineare Beziehungen, so lassen sich solche Hypothesen bei der Modellspezifikation durch Einführung entsprechender Restriktionen berücksichtigen. Dabei kann sich herausstellen, daß ein Variablensystem bei deutlicherer Herausarbeitung der Struktur durch weniger Parameter beschreibbar und einfacher interpretierbar ist.

In beiden Fällen muß nicht notwendig Gleichabständigkeit der Kategorien angenommen werden. Details finden sich bei BOCK (1975), DUNCAN und McRAE (1978), FIENBERG (1977), GOODMAN (1971) und HABERMAN (1974b, 1978, 1979).

3.5.7 Konkurrenten log-linearer Modelle

Zu Beginn des Kapitels haben wir begründet, warum in dieser Arbeit lediglich log-lineare Modelle vorgestellt werden. Zu den Vor- und Nachteilen einer Reihe anderer Ansätze vgl. z.B. BISHOP et al. (1975), GOODMAN (insbesondere 1975a und „comments on related work" in weiteren Arbeiten), LANGEHEINE (1981b), REYNOLDS (1977a) und SWAFFORD (1980). Ein Blick in die angewandte Literatur zeigt, daß in der Mehrheit varianz- bzw. regressionsanalytische Fragestellungen im Vordergrund stehen, wobei entweder für log-lineare Modelle oder den GSK-Ansatz nach GRIZZLE et al. (1969; eine anwendungsorientierte Darstellung geben FORTHOFER und LEHNEN (1981); eine ausführliche deutschsprachige Einführung findet sich bei KÜCHLER (1979)) optiert wird, zumindest im sozialwissenschaftlichen Bereich. Diese beiden scheinen also das Rennen gemacht zu haben, wenigstens momentan. Da in den USA wie hierzulande zu der Frage log-lineare Modelle oder GSK eine gewisse Kontroverse besteht (vgl. z.B. GOODMAN 1975a; KRITZER 1978, 1979; KÜCHLER 1978, 1979, 1980; LANGEHEINE 1979, 1980c; MAGIDSON 1976; MAGIDSON et al. 1981; SWAFFORD 1980), wollen wir auf einige Punkte zumindest kurz eingehen.

Ausgangspunkt des Disputs sind die „log-odds" bzw. die „linear conditional proportions", d.h. es geht zunächst um die Metrisierung der abhängigen Variable. In 3.4.1 haben wir gezeigt, daß Logitmodelle die abhängige Variable (bei zwei Kategorien) als (konditionales) Verhältnis der Kategorie 1 zu Kategorie 2 definieren. Diese „odds" werden bei Logarithmierung zu den „log-odds" = Logits (vgl. Tabelle 22). Lineare Modelle wie GSK benutzen dagegen bedingte Anteile, d.h. den Prozentsatz einer der beiden Kategorien an der Zeilensumme als abhängige Variable (vgl. Tabelle 22). Ein Vorteil dieses Vorgehens besteht darin, daß sich Ergebnisse in Form von (vielen Anwendern eher geläufigen) Prozentsatzdifferenzen interpretieren lassen. Die Folge ist allerdings (vgl. KRITZER 1978, 1979), daß lineare Modelle theoretisch dieselbe Distanz zwischen den Anteilen .5 und .6 wie zwischen .8 und .9 annehmen. „Log-odds"-Modelle strecken entsprechende Distanzen dagegen an den Extremen, wie Tabelle 22 zeigt. Der Anwender muß sich also entscheiden, ob es ihm gleich ist oder nicht, wenn jemand den Lukas von 50 auf 60 oder von 80 auf 90 treibt. Wie verschiedentlich gezeigt wurde, führen GSK und log-lineare Modelle zu den gleichen Schlußfolgerungen, wenn die Anteile zwischen etwa .25 und .75 liegen. Trifft dies nicht zu, so können die Resultate erheblich differieren, wie KRITZER (1978) an hypothetischen Daten zeigt. Insbesondere gilt dies für Interaktionen.

Tabelle 22: Konditionale Anteile und „log-odds"

A	B	C 1	2	Anteil Kat. 1	Anteils-.differenz	„odds"	„log-odds"	„log-odds" Differenz
1	1	50	50	.5		1.	.0	
2	1	60	40	.6	.1	1.5	.405	.405
1	2	80	20	.8		4.	1.386	
2	2	90	10	.9	.1	9.	2.197	.811

Nachdem sich die vermeintliche Einschränkung log-linearer Modelle auf hierarchische Modelle als nichtig erwiesen hat, verbleibt ein weiteres Argument, das gern für den GSK-Ansatz reklamiert wird: Konditionale Haupteffekte in KÜCHLER's Terminologie oder „conditional models" bzw. „nested or conditional effects" bei KRITZER. Gemeint ist die Möglichkeit, Interaktionsterme in multiple Haupteffekte aufzulösen, indem z.B. anstelle des Interaktionseffekts AB auf C spezifiziert wird, daß ein Effekt B auf C für Kategorie 1 von A vorliegt, für Kategorie 2 jedoch nicht. Da Haupteffekte einfacher zu interpretieren sind als Interaktionen, klingt diese Möglichkeit zunächst verlockend. Bevor man mechanisch von dieser Option Gebrauch macht, sollte man sich jedoch der Implikationen bewußt sein. Bei einem „nested design" (vgl. z.B. WINER (1970) und Tabelle 23) sind die Stufen des einen Faktors (Klinik) in die Stufen des anderen Faktors (Medikament) hineingeschachtelt. Der Vorteil gegenüber einer vollständig gekreuzten Klassifikation be-

Tabelle 23: Beispiele für eine geschachtelte und eine vollständige Klassifikation

Geschachtelte Klassifikation			
A: Medikament	B: Klinik	C: Erfolg ja nein	Variationsquellen: A
1	1		B innerhalb A_1
1	2		B innerhalb A_2
2	3		
2	4		
Vollständig gekreuzte Klassifikation			
A: Medikament	B: Klinik	C: Erfolg ja nein	Variationsquellen: A
1	1		B
1	2		AB
1	3		
1	4		
2	1		
2	2		
2	3		
2	4		

steht darin, daß man sehr viel weniger Daten erheben muß. Die statistische Behandlung unterscheidet sich jedoch, wie Tabelle 23 zeigt. Es gibt keinen Haupteffekt B und keinen Interaktionseffekt AB, jedoch zwei konditionale Effekte. KRITZER hat zu Recht darauf hingewiesen, daß man bei konditionalen Modellen zu der Annahme bereit sein muß, daß eine Variable (hier A) der hineingeschachtelten Variable (hier B) logisch vorgeordnet ist; mit anderen Worten (für das Beispiel): Man muß annehmen, daß A einen Einfluß auf die Beziehung von B zu C hat, daß jedoch B die Beziehung von A zu C nicht beeinflußt. Wenn man also davon Gebrauch macht, Interaktionen in einer vollständig gekreuzten Klassifikation durch konditionale Haupteffekte aufzulösen, so sollten sich wenigsten in *einem* Modell nicht Effekte finden, bei denen z.B. einmal A unter B und ein andermal B unter A geschachtelt ist. Im übrigen haben konditionale Haupteffekte in einer vollständig gekreuzten Klassifikation den Verlust der Orthogonalität der Designmatrix zur Folge (KAPPELHOFF, pers. Mitteilung), sofern man Haupteffekte von Variablen, die als geschachtelte Variablen angesehen werden (und somit logisch keinen

Haupteffekt mehr bilden können), und konditionale Haupteffekte unter Einschluß dieser Variablen in ein Modell einbezieht. Beispiel: für eine 2 x 2 Tabelle $A \times B$ kann man den Interaktionseffekt AB durch die konditionalen Haupteffekte B/A_1 und B/A_2 auflösen (vgl. z.B. EVERS und NAMBOODIRI 1978), wenn B als in A geschachtelt angesehen wird. Den Haupteffekt B gibt es dann logisch nicht. Dennoch ist technisch ein Datenfitting mit den Effekten B, B/A_1 und B/A_2 möglich. In diesem Fall ist allerdings B zu den beiden konditionalen Effekten nicht mehr orthogonal. Dadurch können sich Änderungen in den Parametern ergeben. Wie bei nichthierarchischen Modellen wollen wir allerdings anfügen, daß geschachtelte Versuchspläne nicht ein Spezifikum des einen oder anderen Ansatzes sind, sondern eher eine Frage des verwendeten Schätzalgorithmus waren. Mit den Programmen MULTIQUAL (BOCK und YATES 1973) und GLIM (BAKER und NELDER 1978) sind diese Fragestellungen auch für log-lineare Modelle behandelbar. Schließlich haben MAGIDSON et al. (1981) gezeigt, daß sich Modelle mit konditionalen Haupteffekten auch bei Verwendung des IFP-Algorithmus, also z.B. mit ECTA testen lassen.

Im übrigen sei auf die Arbeiten von NELDER (1974) und NELDER und WEDDERBURN (1972) verwiesen, da sowohl Logitmodelle wie der GSK-Ansatz Spezialfälle des allgemeinen linearen Modells sind. Einige Anwender betrachten daher GLIM als neuesten Hit. GLIM hat darüber hinaus den Vorteil, daß es offensichtlich das einzige Programm ist, in dem das Problem von Nullzellen (und die damit verbundene Parameterschätzung sowie Bestimmung der Freiheitsgrade) korrekt gelöst wird.

3.5.8 Computerprogramme

Da inzwischen auf verschiedene Programme verwiesen wurde, wollen wir hier für einige die Bezugsquellen angeben. Die mit * gekennzeichneten Programme können kostenlos bezogen werden bei Dr. Rolf Langeheine, IPN, Universität Kiel, Olshausenstr. 40, 2300 Kiel.

ECTA* (FAY und GOODMAN): Prof. L. A. Goodman, Dept. of Statistics, University of Chicago, 5734 University Avenue, Chicago, Illinois 60637.

BMDP3F (BROWN): BMDP Statistical Software, Dept. of Biomathematics, University of California, Los Angeles, California 90024.

FREQ* (HABERMAN): Dr. Shelby J. Haberman (Anschrift siehe Goodman).

CTAB (HABERMAN) und **MULTIQUAL** (BOCK und YATES): International Educational Services, 1525 East 53rd Street, Suite 829, Chicago, Illinois 60615.

NONMET II (KRITZER): Dr. Herbert M. Kritzer, Dept. of Political Sciences, University of Wisconsin, Madison, Wisconsin 53706.

GLIM (BAKER und NELDER): Numerical Algorithmus Group Ltd., 7 Banbury Road, Oxford OX2 6NN.

LOGIT* (ARMINGER): Prof. Dr. Gerhard Arminger, GH Wuppertal, Postfach 100127, 5600 Wuppertal 1.

Latente Klassen- bzw. Strukturanalysen (vgl. Abschnitt 3.7) lassen sich mit folgenden Programmen durchführen:

MLLSA* (CLOGG): Dr. Clifford C. Clogg, Population Issues Research Center, The Pennsylvania State University, 22 Burrowes Building, University Park, Pennsylvania 16802.

LAT* (HABERMAN): Dr. Shelby J. Haberman (Anschrift siehe oben).

LCA* (ROST und SÖNNICHSEN): Dr. Jürgen Rost, Institut für die Pädagogik der Naturwissenschaften an der Universität Kiel, Olshausenstr. 40, 2300 Kiel 1.

Jedes dieser Programme hat sicher seine Vor- und Nachteile. Das fängt mit dem Preis an, der von Null bis zu einigen 100 Dollar reicht. Einige Programme sind auf sehr eng definierte Probleme zugeschnitten, so etwa LOGIT. Andere bieten breite Einsatzmöglichkeiten. Einige erlauben nur log-lineare Analysen, andere ermöglichen die Metrisierung der abhängigen Variable(n) über verschiedene Funktionen. Die meisten Programme erwarten Häufigkeiten als Eingabe, LOGIT und LCA z.B. können auch von Rohdaten ausgehen und die Häufigkeitstabelle erstellen. Der Anwender wird also für sich entscheiden müssen, mit welchem Programm oder welcher Kombination von Programmen er am besten fährt.

3.6 Rekursive Pfadmodelle

Bei der Ableitung von Logitmodellen aus dem allgemeinen log-linearen Modell haben wir gesehen, daß sich Logitmodelle in varianz- oder regressionsanalytische Terminologie übersetzen lassen. Die regressionsanalytische Variante legt somit die Vermutung nahe, daß in Analogie zur Pfadanalyse bei kontinuierlichen Daten simultane Gleichungssysteme auch für diskrete Daten testbar sind. Konkrete Vorschläge finden sich bei GOODMAN (1972a, 1973a, 1973b). In folgenden Kontroversen ist jedoch deutlich geworden, daß die Analogie zur regulären Pfadanalyse in einigen Punkten nicht aufrecht erhalten werden kann. Der Leser sollte dies im Hinterkopf behalten, wenn er auf Pfadanalysen für diskrete Daten in der Literatur trifft, die nach GOODMAN's Prozedur durchgeführt wurden. Im folgenden wollen wir diese Prozedur zur Testung von Kausalhypothesen vorstellen und dabei zugleich die kritischen Anmerkungen aus der Literatur berücksichtigen. Wir setzen voraus, daß der Leser mit pfadanalytischen Fragestellungen für kontinuierliche Daten (→ **Bd. VIII: Hummell, Regressions- und Korrelationsanalyse 1.4**) vertraut ist. Zunächst einige Anmerkungen zu rekursiven und nicht-rekursiven Systemen.

3.6.1 Rekursive und nicht-rekursive Systeme

Der Schlüssel zu einem Kausalmodell liegt in einem Pfaddiagramm, durch das Abhängigkeitsbeziehungen zwischen den Variablen eines Systems spezifiziert werden. Dieses Pfaddiagramm läßt sich in eine Reihe von Strukturgleichungen übersetzen, wobei für jede Variable, auf die ein Pfeil zugeht, eine Gleichung aufzustellen ist. Dies macht zugleich deutlich, daß ex ante theoretische Entscheidungen zu treffen sind, welche Variable(n) welche andere(n) Variablen beeinflussen. Da für sozialwissenschaftliche Variablensysteme selten eine zeitliche Abfolge spezifiziert werden kann, bleiben logische Überlegungen, die natürlich kontrovers sein können DAVIS (1980) fordert daher folgerichtig, daß die Ausgangsdaten in jedem Fall mit publiziert werden sollen, damit Reanalysen für konkurrierende Kausalmodelle durchführbar sind.

In Abbildung 1A findet sich eines aus einer Vielzahl prinzipiell möglicher Kausalmodelle für das System der Variablen P, N, C und S (vgl. GOODMAN 1973a, Fig. 13). Forschungsgegenstand war die Frage nach dem Effekt segregierten und integrierten Wohnens von Weißen und Schwarzen auf Einstellungen gegenüber Menschen anderer Rassen. Den Pfeilen in Abbildung 1A entsprechen folgende Hypothesen:

1. Nähe (P) zu einer schwarzen Familie trägt zur Entwicklung günstiger lokaler Normen (N) gegenüber Schwarzen bei;
2. Nähe (P) und günstige Normen (N) erhöhen die Wahrscheinlichkeit des Kontakts (C) mit Schwarzen;
3. günstige Normen (N) und erhöhter Kontakt (C) haben einen Einfluß auf die Einstellungen (S) gegenüber Schwarzen.

Wie *rekursive* Systeme im allgemeinen, ist dieses System dadurch gekennzeichnet, daß *keine kausalen Rückkoppelungen* (sei es in Form direkter gegenseitiger Beeinflussungen oder in Form indirekter Rückwirkungen) angenommen werden.

Zur Überprüfung der Verträglichkeit dieses Kausalmodells mit vorliegenden Daten sowie zur Bestimmung der Pfadkoeffizienten sind drei Gleichungen aufzustellen, jeweils eine für die Variablen N, C und S, auf die Pfeile zugehen. Ziehen wir zur Testung log-lineare Modelle heran, so entsprechen den drei Gleichungen folgende Logitmodelle:

(36) $\quad \Phi_i^{\overline{N}} = \beta^{\overline{N}} + \beta_i^{P\overline{N}} \quad$ für den Effekt von P auf N,

(37) $\quad \Phi_{ij}^{\overline{C}} = \beta^{\overline{C}} + \beta_i^{P\overline{C}} + \beta_j^{N\overline{C}} \quad$ für die Effekte von P und N auf C, und

(38) $\quad \Phi_{ijk}^{\overline{S}} = \beta^{\overline{S}} + \beta_j^{N\overline{S}} + \beta_k^{C\overline{S}} \quad$ für die Effekte von N und C auf S.

Zur Testung von (36) wird die über die Variablen C und S zusammengefaßte Tabelle (PN) herangezogen. Entsprechend wird bei (37) die über S zusammengefaßte Tabelle (PNC) verwendet. Für (38), schließlich, wird die volle Tabelle ($PNCS$) benötigt. Das Gesamtsystem wird also in Komponenten bzw. Untermodelle zerlegt, deren Verträglichkeit mit den Daten sich über Modelltests prüfen läßt. Es sei angemerkt, daß es sich bei (36) um das saturierte Modell handelt, so daß kein Modelltest möglich ist. Die statistische Bedeutsamkeit des Effekts von P auf N läßt sich jedoch entweder anhand des standardisierten λ-Parameters (vgl. 3.2.1) oder durch das Modell auf Unabhängigkeit der beiden Variablen (vgl. 3.2.2) beurteilen. Durch Summation der Likelihood Ratio Testgrößen sowie der entsprechenden Freiheitsgrade kann schließlich die Angemessenheit des Gesamtsystems geprüft werden. Der Vollständigkeit halber wollen wir anfügen, daß prinzipiell anstelle des Wegs über die Komponenten auch das kombinierte System auf Kongruenz mit den Daten geprüft werden kann (vgl. z.B. FIENBERG 1977; GOODMAN 1973a). Wir werden im folgenden jedoch mit der Komponentenzerlegung arbeiten, da sie die Prozedur einsichtiger macht. Die dabei notwendige Zusammenfassung von Variablen im Fall von (36) und (37) hat zu einer ersten Kontroverse geführt. Ausgehend von Theoremen zur Zusammenfassung von Tabellen über Variablen (vgl. 3.5.2) hat REYNOLDS (1977c) GOODMAN's Ansatz zur Analyse rekursiver Systeme von diskreten Variablen einer Kritik unterzogen. In Antworten hierauf haben GILLESPIE (1978) und GOODMAN (1979b) jedoch die direkte Analogie zwischen GOODMAN's Prozedur zur Testung rekursiver Systeme für diskrete Variablen und OLS-Schätzung (OLS = ordinary least squares) in der regulären Pfadanalyse aufgezeigt. DAVIS (1980) drückt das Prinzip einfach aus: Bei der Betrachtung der Beziehung zweier Variablen X und Y wollen wir vorgeordnete und intervenierende, nie jedoch nachgeordnete Variablen kontrollieren (d.h. über letztere wird zusammengefaßt). Auf *einen* von mehreren Unterschieden gegenüber der regulären Pfadanalyse wollen wir allerdings bereits hier hinweisen (vgl. GOODMAN 1973a; SWAFFORD 1980). In Abbildung 1A wird z.B. ein Effekt von P auf N sowie ein Effekt von N auf S spezifiziert. In der regulären Pfadanalyse heißt dies: Der Meßwert in P hat Einfluß auf den Meßwert in N, und der Meßwert in N beeinflußt den Meßwert in S. In den aufgestellten Logitmodellen hat dagegen der Status von P einen Einfluß auf die Logits von N, und der Status von N (und nicht die Logits) wirkt auf die Logits von S. Die Kriteriumsvariable in (36) ist also nicht zugleich Prädiktorvariable in (38). Daraus folgt, daß die Abschätzung des indirekten Einflusses von P auf S bei Logitmodellen nicht möglich ist. In der regulären Pfadanalyse würden wir diesen indirekten Effekt durch das Produkt der standardisierten Pfadkoeffizienten p_{PN} und p_{NS} erfassen.

In Abbildung 1B (vgl. GOODMAN 1973a, Fig. 11) finden sich gegenüber Abbildung 1A drei zusätzliche Pfeile, die sich mit Hypothesen aus sozialpsychologischen Theorien zur interpersonellen Attraktion leicht begründen lassen. So wird man z.B. den Pfeil von C (Kontakt) auf S (Sympathie) in Abbildung 1A ohne weiteres akzeptieren, zugleich jedoch einen Pfeil zurück von S nach C erwarten (Sympathie macht erhöhten Kontakt wahrscheinlich). Durch diesen Pfeil wird das System *nicht-rekursiv*. Abbildung 1B macht zugleich ein weiteres Spezifikum von GOODMAN's Ansatz gegenüber der regulären Pfadanalyse nicht-rekursiver Systeme deutlich: Direkte Rückkoppelungen zwischen zwei Variablen werden von GOODMAN durch *einen Pfad mit zwei Pfeilen* gekennzeichnt, während man in der regulären Pfadanalyse mit *zwei Pfaden* arbeitet, da sich i.a. die Annahme theoretisch nicht rechtfertigen läßt, daß beide Effekte identisch sind. Doppelpfeile in GOODMAN's Ansatz sind dadurch begründet, daß es sich bei den Parametern von log-linearen und Logitmodellen um als symmetrisch definierte Parameter handelt. Die Effekte von C auf S und von S auf C sind also per Definition identisch, so daß sich reziproke Effekte nicht trennen lassen (vgl. BRIER 1978). Dies hat zur Konsequenz (vgl. SWAFFORD 1980), daß die Testung nicht-rekursiver Kausalmodelle über GOODMAN's Ansatz nur unter der bekanntlich selten substantiell gerechtfertigten Symmetrieannahme einen Sinn macht.

Der Vollständigkeit halber wollen wir anmerken, daß sich schließlich rekursive Systeme *mit* Rückkoppelung denken und über Logitmodelle testen lassen, vorausgesetzt, die Variablen, zwischen denen eine reziproke Beziehung angenommen wird, werden als „exogene" Variablen betrachtet, deren Beziehung für die Kausalstruktur ohne Bedeutung ist. Beispiele finden sich bei GOODMAN (1973a) und LANGEHEINE (1982a).

1A: Ein rekursives System

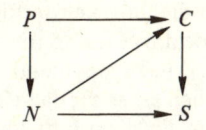

```
P ──────► C
│       ↗ │
▼      ╱  ▼
N ──────► S
```

1B: Ein nicht-rekursives System

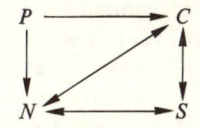

```
P ──────► C
│       ↗ ▲
▼      ╱  ▼
N ◄─────► S
```

Variablen:
- P: proximity to a Negro familiy
- N: favorableness of local norms towards Negroes
- C: frequency of contact with Negroes
- S: favorableness of respondent's sentiments toward Negroes in general

Abbildung 1: Rekursive und nicht-rekursive Systeme

3.6.2 „The american soldier": Ein konkretes Beispiel

Unter multivariaten Häufigkeitstabellen zählt DAVIS (1980) die Daten von STOUFFER et al. (1949) zu den wenigen „all-time favorites". In der Tat wurden Daten aus dieser Untersuchung verschiedentlich auch diskreten multivariaten Analysen unterzogen (vgl. z.B. BISHOP et al. 1975; GOODMAN 1972b; KRITZER 1978; MAGIDSON 1976, 1978, 1981). DAVIS (1980) hat die in Tabelle 24 wiedergegebenen Daten dazu benutzt, seine pfadanalytische Version (Analyse mit sog. „d-systems", vgl. auch DAVIS (1975)) vorzustellen. Soweit wir sehen, ist dies die erste pfadanalytische Interpretation der Daten. Da DAVIS mit Anteilswerten, also mit einem linearen Modell arbeitet, lohnt sich ein Vergleich seiner Schlußfolgerungen mit denen nach GOODMAN's Prozedur. Bei etwaigen Vergleichen mit Resultaten aus anderen oben genannten Analysen sollte der Leser jedoch beachten, daß DAVIS Daten von insgesamt 10289 Soldaten verwendet hat. In den anderen Arbeiten basiert die Tabelle auf einem N von 8036.

Tabelle 24: STOUFFER et al. Daten nach DAVIS (1980, Tab. 1)

A	B	C	D 1	2
1	1	1	956	514
2	1	1	387	129
1	2	1	104	256
2	2	1	383	488
1	1	2	874	947
2	1	2	876	514
1	2	2	91	1052
2	2	2	381	2337

Variablen:
- A: Rasse (1 = weiß, 2 = schwarz)
- B: Heimatregion (1 = Nordstaat, 2 = Südstaat)
- C: momentane Stationierung (1 = Camp im Nordstaat, 2 = Camp im Südstaat)
- D: Camp-Präferenz auf die Frage „If you wold go to any Army Camp you wanted to ..." (1 = Camp im Nordstaat, 2 = Camp im Südstaat)

Abbildung 2 gibt die von DAVIS angenommene Kausalordnung wieder, wobei DAVIS betont, dies sei seine Spezifikation. Er führt dazu aus: Hinsichtlich Rasse (A) und Heimatregion (B) bestehe kein Zweifel, daß diese den Variablen C und D (momentane Stationierung in bzw. Präferenz für ein Camp in einem Nord- oder Südstaat) zeitlich vorausgehen. Für die beiden restlichen Pfeile sei eine Entscheidung schwieriger. Zwar hätten STOUFFER et al. eindeutig die Kausalrichtung von C nach D angenommen. Man könne sich jedoch auch für die umgekehrte Richtung entscheiden, vorausgesetzt, die Soldaten hätten ihr momentanes Camp frei wählen können. Problematisch sei auch der Pfeil von A nach B, d.h. zu argumentieren, jemandes Rasse sei Ursache für seinen Heimatort. Tatsächlich sei es so, daß eine weitere zeitlich vorgeordnete Variable, die Rasse der Eltern, für diese Beziehung verantwortlich sei. Da die Hautfarbe jedoch permanenter als der Wohnort ist, hat DAVIS sich für die angegebene Richtung entschieden.

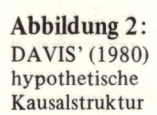

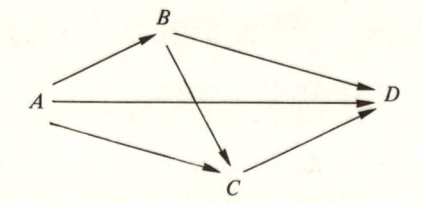

Abbildung 2:
DAVIS' (1980) hypothetische Kausalstruktur

Diesem System entsprechen folgende Gleichungen:

(39) $\quad \Phi_i^{\overline{B}} = \beta^{\overline{B}} + \beta_i^{A\overline{B}}$

(40) $\quad \Phi_{ij}^{\overline{C}} = \beta^{\overline{C}} + \beta_i^{A\overline{C}} + \beta_j^{B\overline{C}}$.

(41) $\quad \Phi_{ijk}^{\overline{D}} = \beta^{\overline{D}} + \beta_i^{A\overline{D}} + \beta_j^{B\overline{D}} + \beta_k^{C\overline{D}}$.

Zur Überprüfung des postulierten Gesamtsystems auf Übereinstimmung mit den Daten haben wir somit folgende Untermodelle aus Tabelle 25 zu kombinieren:

Gleichung	Hypothese	L^2	df
(39)	H10	.0	0
(40)	H9	71.44	1
(41)	H3	84.91	4
		156.35	5

Das Ergebnis zeigt eindeutig, daß die Anpassung nicht hinreichend ist. Mangelnder Fit ist sowohl auf das Untermodell H9 wie auf das Untermodell H3 zurückzuführen. Die in Abbildung 2 postulierte Kausalordnung ist also zu verwerfen. Bevor wir um Interaktionseffekte erweitern, wollen wir zunächst auf die nach dem Vorschlag von ALLISON (1980) berechneten L^2 Testgrößen für die Modelle H7 bis H11 in Tabelle 25 eingehen.

Tabelle 25: Modelltests für die Daten aus Tabelle 24

Hypothese	angepaßte Randverteilungen	L^2	df	$L^2-L_S^2$	$df-df_S$	p	η^2
H1	(ABCD) sat. Modell	.0	0				.2227
H2	(ABC), (D)	2493.88	7			.000	.0
H3	(ABC), (AD), (BD), (CD)	84.91	4			.000	.2198
H4	(ABC), (ABD), (ACD), (BCD)	.49	1			.482	.2223
H5₁	(ABC), (ACD), (BCD)	1.05	2			>.5	.2226
H5₂	(ABC), (ABD), (BCD)	1.00	2			>.5	.2224
H5₃	(ABC), (ABD), (ACD)	69.29	2			.000	.2201
H6	(ABC), (AD), (BCD)	1.40	3			>.5	.2226
H7	(ABC) „sat. Modell"	2961.44	8	.0	0		.0398
H8	(AB), (C)	3361.29	11	399.85	3	.000	.0
H9	(AB), (AC), (BC)	3032.88	9	71.44	1	.000	.0317
H10	(AB) „sat. Modell"	4841.50	12	.0	0		.1148
H11	(A), (B)	6047.53	13	1206.03	1	.000	.0

zu den Spalten $L^2 - L_S^2$ und $df - df_S$ vgl. Text
η^2: Determinationskoeffizient nach MAGIDSON (vgl. Abschnitt 3.5.3)

Wie wir in 3.5.2 bereits angemerkt haben, hat ALLISON gezeigt, daß es möglich ist, zusammengefaßte Tabellen zu analysieren, ohne tatsächlich zusammenzufassen. Im vorliegenden Fall sind zusammengefaßte Tabellen für die Gleichungen (39) und (40) zu verwenden, und zwar die über die Variablen C und D zusammengelegte (AB) Tabelle für (39) und die über D zusammengefaßte (ABC) Tabelle für (40). Tatsächlich haben wir jedoch z.B. zur Überprüfung von H9 die Randverteilungen (AB), (AC) und (BC) für die Gesamttabelle (ABCD) angepaßt. Es resultierte L^2 = 3032.88 bei 9 df. Das uns für die entsprechende (ABC) Tabelle interessierende L^2 kann nun als Differenz zwischen den Testgrößen für H9 und H7 gewonnen werden. Entsprechendes gilt für die Freiheitsgrade. ALLISON bezeichnet H7 bzw. H10 als „saturierte" Modelle für die Tabellen (ABC) bzw. (AB). Wir haben die relevanten Spalten in Tabelle 25 daher mit „$L^2 - L_S^2$" und „$df - df_S$" bezeichnet. Mit diesem Trick haben wir uns also die Arbeit des Zusammenfassens und der erneuten Dateneingabe erspart. Die relevanten Testgrößen und Freiheitsgrade werden durch eine einfache Modifikation gewonnen. Die interessierenden Parameter sind identisch, egal, ob man nach ALLISON's Vorschlag vorgeht oder tatsächlich zusammengefaßte Tabellen analysiert (für Details vgl. die Arbeit von ALLISON).

Nun zur Erweiterung des Kausalmodells um Interaktionsterme. Im Fall von H9 ist klar, daß wir zur adäquaten Reproduktion der Tabelle (ABC) nur um die Interaktion AB auf C erweitern können und müssen. Für die abhängige Variable D sehen wir aus H4, daß der Einbezug der 3er Interaktion ABC auf D nicht notwendig ist. Die Modelle H5₁ bis H5₃ zeigen uns, daß die Anpassung bei Einbezug der Interaktion BC auf D gut, bei Ausschluß jedoch mangelhaft ist. Als sparsamstes mit den Daten verträgliches Modell erweist sich schließlich das hierarchische Modell H6 mit den drei Haupteffekten A, B und C sowie der Interaktion BC auf D. Gegenüber der von DAVIS hypothetisch angenommenen Kausalstruktur müssen wir also um zwei Interaktionsparameter erweitern. Die resultierende Kausalstruktur mit den entsprechenden Pfadkoeffizienten (GOODMAN benutzt dazu die Logitparameter, die sich ja als Regressionskoeffizienten interpretieren lassen) ist in Abbildung 3 wiedergegeben, wobei die Interaktionen dadurch gekennzeichnet sind, daß die Prädiktoren in einem Knoten zusammenlaufen, von dem aus ein Pfeil zum Kriterium weist. Wenngleich die Darstellung in Form eines Pfaddiagramms im vorliegenden Fall keine Probleme aufwirft, so lassen sich doch Situationen denken, bei denen eine übersichtliche Darstellung kaum mehr möglich ist, sofern sich der Einbezug mehrerer Interaktionen als notwendig erweist.

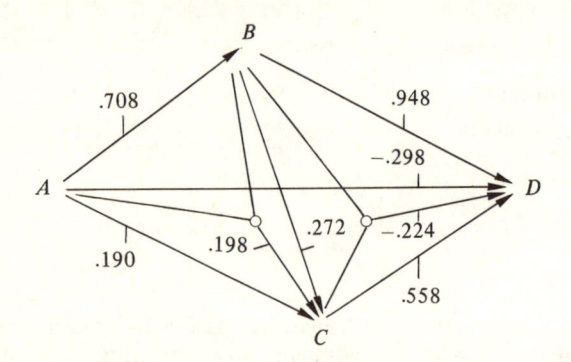

Abbildung 3: Kausalstruktur auf der Bais der Modelle $H10$, $H7$ und $H6$ aus Tabelle 25

Was besagen die Ergebnisse? Der Koeffizient für den Pfad von A nach B bestätigt die bekannte Tatsache, daß Weiße mit größerer Wahrscheinlichkeit in einem Nordstaat zuhause sind. Weiße sowie Nordstaatler finden wir eher in einem Nordstaaten-Camp (Effekte A und B auf C). Zieht man die entsprechenden Kreuzproduktverhältnisse zur Interpretation der Wechselwirkung AB auf C heran, so zeigt sich jedoch (vgl. Tabelle 26), daß a) die Beziehung zwischen B und C bei Kontrolle von A für Weiße stärker ausgeprägt ist als für Schwarze oder b) die Beziehung zwischen A und C bei Kontrolle von B für Nordstaatler stärker ausgeprägt ist als für Südstaatler. Während die Haupteffekte von B und C auf D der Erwartung entsprechen (Nordstaatler und Soldaten mit momentaner Stationierung in einem Nordstaaten-Camp geben eine stärkere Präferenz für Camps in Nordstaaten an), erweist sich die Interaktion BC auf D als negativ. Tabelle 26 ($H6$) macht deutlich, daß dies auf eine wesentlich stärker ausgeprägte Beziehung zwischen C und D im Fall von $B = 2 =$ Südstaatler im Vergleich zu Nordstaatlern zurückzuführen ist. Für den Effekt von A auf D zeigt sich schließlich überraschenderweise ein negativer Koeffizient. Sieht man sich lediglich die unkonditionale Beziehung zwischen A und D an (vgl. den unteren Teil von Tabelle 26), so würde man schließen, daß Schwarze Camps im Süden mehr präferieren als Weiße (und umgekehrt). Die Beziehung wird jedoch negativ, wenn die Variablen B und C kontrolliert werden. Tatsächlich präferieren Schwarze Camps im Süden also weniger als Weiße. Diese Schlußfolgerungen stimmen mit denen von DAVIS überein. Es sei allerdings angemerkt, daß DAVIS weitere Interaktionseffekte für gegeben hält.

Tabelle 26: Erwartete Häufigkeiten, „odds" und „odds ratios" zu einigen Effekten in Abbildung 3

Modell	Kontroll-variable		erwartete Häufigkeiten		„odds"	„odds ratio" = Kreuz-produktverhältnis
H7			C			
	A = 1	B	1470	1821	.807	2.563
			360	1143	.315	
	A = 2	B	516	1390	.371	1.158
			871	2718	.321	
H7			C			
	B = 1	A	1470	1821	.807	2.175
			516	1390	.371	
	B = 2	A	360	1143	.315	.981
			871	2718	.321	
H6			D			
	B = 1	C	1343	643	2.089	1.744
			1750	1461	1.198	
	B = 2	C	487	744	.655	4.712
			472	3389	.139	
unkonditionale Beziehung für A und D		A	D			
			2025	2769	.731	1.250
			2027	3468	.585	

3.6.3 Zur Kausalstruktur von Schulnoten: Ein zweites Beispiel

In 3.4.2 haben wir die Abhängigkeit der Deuschnote (N) von der Leistung im Rechtschreibtest (R), dem Sozialstatus des Vaters (S) und dem Geschlecht der Schüler (G) untersucht und dabei das Modell mit allen Haupteffekten (vgl. $H2$ in Tabelle 19) als auf die Daten passend akzeptiert. Nehmen wir der Einfachheit halber an, daß uns kausale Beziehungen zwischen den unabhängigen Variablen nicht interessieren, so entspricht dem Modell $H2$ das Pfaddiagramm in Abbildung 4.

Abbildung 4:
Pfaddiagramm zu Modell $H2$
aus Tabelle 19

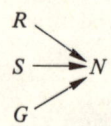

$$R \searrow$$
$$S \rightarrow N$$
$$G \nearrow$$

Es bleibt also nur noch die Aufgabe, die Pfeile mit den entsprechenden Koeffizienten zu versehen. Ein Blick in den unteren Teil von Tabelle 20 zeigt uns jedoch, daß es für die Effekte von R und G auf N Parameter*vektoren* und für den Effekt von S auf N sogar eine *Matrix* von β-Parametern gibt. Für den Fall polytomer Variablen stellen wir somit einen weiteren Unterschied zwischen GOODMAN's Ansatz und der regulären Pfadanalyse fest: Pfade lassen sich nicht mehr durch lediglich einen Koeffizienten kennzeichnen. Da es wenig Sinn macht, den Pfeilen eines Diagramms ganze Vektoren oder Matrizen von Parametern zuzuordnen, wird hierauf in der Regel verzichtet.

Zusammenfassend können wir also feststellen, daß GOODMAN's pfadanalytische Prozedur für diskrete Daten sich von der regulären Pfadanalyse für kontinuierliche Daten in zum Teil wesentlichen Punkten unterscheidet:

1. Die Erfassung indirekter Effekte innerhalb eines Variablensystems ist nicht möglich. Wer indirekte Effekte für wichtig hält, muß sich daher eines anderen Ansatzes bedienen. DAVIS' „d-systems" Prozedur bietet diese Möglichkeit. Es sei ebenfalls auf zwei neuere Beiträge von WINSHIP und MARE (1983) und WILSON und BIELBY (1983) zu diesem Problem verwiesen.

2. Da sich gegenseitige Effekte nicht trennen lassen, sind nicht-rekursive Systeme mit GOODMAN's Ansatz nicht behandelbar, ausgenommen, man würde dieselbe Stärke für z.B. die Effekte von X auf Y und Y auf X annehmen. Die Logik log-linearer Modelle erlaubt jedoch keinen kritischen Test dieser Annahme.

3. Ist der Einbezug von Interaktionen höherer Ordnung notwendig, so kann dies die übersichtliche Darstellung durch ein Pfaddiagramm außerordentlich schwierig machen. Gegenüber der regulären Pfadanalyse wurde die Berücksichtigung von Interaktionen höherer Ordnung zuweilen als Pluspunkt von GOODMAN's Ansatz notiert. GILLESPIE (1977) hat allerdings darauf hingewiesen, daß die Vernachlässigung solcher Interaktionen in der Regressionsanalyse eher den Stand der Forschung charakterisiert, da es theoretisch wie praktisch in beiden Ansätzen keine inhärenten Beschränkungen auf Effekte erster Ordnung gibt.

4. Handelt es sich bei einer oder mehreren Variablen des Systems um polytome Variablen, so können Parametervektoren oder -matrizen resultieren, so daß entsprechende Pfade durch mehrere Koeffizienten gekennzeichnet werden müßten. In der Regel verzichtet man daher in solchen Fällen ganz auf die Zuordnung von numerischen Werten zu Pfeilen eines Diagramms. Wir wollen allerdings auf zwei Möglichkeiten hinweisen, die dazu beitragen könnten, dieses Problem zufriedenstellender in den Griff zu bekommen. Zum einen könnte man überlegen, ob die von DUNCAN (1975; vgl. 3.5.2) vorgeschlagene Partitionierung polytomer in formal dichotome Variablen zu einer zufriedenstellenderen Darstellung führt. Zum anderen ließe sich bei Einführung orthogonaler Polynome (vgl. 3.5.6) prüfen, ob Beziehungen zwischen Variablen einfacher be-

schreibbar sind. Die Koeffizienten in Tabelle 20 machen es für das in diesem Abschnitt herangezogene Beispiel recht wahrscheinlich, daß sich die Datenstruktur allein durch lineare Beziehungen (also Polynome erster Ordnung und somit jeweils durch lediglich einen Parameter) beschreiben läßt.

3.7 Manifeste und latente Variablen: Latente Klassen- und Strukturanalyse

3.7.1 Vorbemerkung

Bei der bisherigen Darstellung log-linearer Modelle und ihrer verschiedenen Varianten haben wir ausschließlich mit *manifesten* (beobachteten) Variablen gearbeitet. In vielen sozialwissenschftlichen Fragestellungen sind wir jedoch auch an *latenten* (unbeobachteten oder unbeobachtbaren) Variablen interessiert, und zwar auch im Fall qualitativer/diskreter Daten. Vor bereits mehr als 30 Jahren haben daher LAZARSFELD und Mitarbeiter (vgl. z.B. LAZARSFELD und HENRY 1968) Überlegungen angestellt, wie sich die Beziehungen zwischen einer Menge diskreter Variablen, von denen einige als manifest und andere als latent spezifiziert werden, analysieren lassen. Das Ergebnis ist die sog. LCA („Latent Class Analysis") oder LSA („Latent Structure Analysis"). LAZARSFELD's Ansatz war jedoch lange Zeit durch erhebliche statistische und rechentechnische Probleme gekennzeichnet, bis GOODMAN (1974a, 1974b) gezeigt hat, daß sich eine Reihe von Defiziten in der LCA/LSA durch log-lineare Modelle überwinden lassen. Seitdem steht der praktischen Anwendung der LCA/LSA für substantielle Fragestellungen nichts mehr im Wege.

Im folgenden wollen wir daher GOODMAN's Version der LSA anhand von Daten aus der Erziehungsstilforschung vorstellen. Die Darstellung entspricht im wesentlichen der bei LANGEHEINE (1982b). Wir sind jedoch in der glücklichen Lage, daß wir auf einen von den dort verwendeten Daten unabhängigen Datensatz zurückgreifen können, so daß wir GUTTMAN's Forderung nach Replikation einlösen können. Die Darstellung bei LANGEHEINE (1982b) orientiert sich primär an GOODMAN (1974b) und greift dabei auf weitere Arbeiten von CLOGG (1977, 1979, 1980a, 1980b, 1981) zurück. Da aus diesen Arbeiten nicht auf Anhieb ersichtlich ist, daß GOODMAN's Version der LSA log-linear ist, werden wir die Parallele in 3.7.3 aufzeigen (für eine Präsentation in log-linearer Form vgl. HABERMAN (1979)). Neuere Übersichten über Entwicklungen auf diesem Gebiet finden sich bei ANDERSEN (1982) und CLOGG (1980a). Aus den vielen Einsatzmöglichkeiten der LSA, die CLOGG aufzeigt, sei auf eine besonders interessante Variante zur Lösung allgemeiner Skalierungsprobleme verwiesen (vgl. ANDERSEN 1982; CLOGG 1977, 1979, 1980a, 1980b; CLOGG und SAWYER 1981; DAVISON 1980; DAYTON und MACREADY 1980; GOODMAN 1975b). Im Rahmen der Testtheorie stellt ROST (1982) die LCA als vielversprechende Alternative zu klassischen und probabilistischen Meßmodellen der RASCH-Skalierung vor. Der Vorteil besteht dabei darin, daß die LCA auf dem Datenniveau der manifesten Variablen arbeitet, während andere testtheoretische Ansätze die zu messende latente Personenvariable als kontinuierliche Variable konzipieren. Da Personen letzlich häufig doch nur klassifiziert werden sollen, erübrigen sich die bei anderen Ansätzen notwendigen (und eventuell mit Unwägbarkeiten verbundenen) Zwischenschritte. Eine kurze deutschsprachige Darstellung der LCA findet sich bei FORMANN (1980).

Einige Anmerkungen zu den Daten. Ausgangspunkt der Arbeit von LANGEHEINE (1982b) war die von LUKESCH (1975) mittels Konfigurationsfrequenzanalyse (KRAUTH und LIENERT 1973) aufgestellte Familientypologie auf der Basis von Erziehungsstilvariablen der Marburger Skalen (STAPF et al. 1972). Für die vier am Median halbierten, von Kindern wahrgenommenen Erziehungsstile väterliche Strenge (VS), väterliche Unterstützung (VU), mütterliche Strenge (MS) und mütterliche Unterstützung (MU) stand eine Kreuzklassifikation einer Salzburger Stichprobe von 205 Mädchen und 197 Jungen zur Verfügung. An diesen Daten wurde demonstriert, wie GOODMAN's Version der LCA/LSA zur Beantwortung folgender Fragen eingesetzt werden kann: 1. Läßt sich eine Zuordnung/Klassifikation der insgesamt 16 Konfigurationen/Antwortmuster in eine möglichst sehr viel geringere Anzahl von *Klassen*/Typen vornehmen (LCA-Teil = Meßmodell)? 2. Welche *Struktur* liegt den Daten zugrunde (LSA-Teil = Strukturmodell)?

Die hier zur Replikation verwendete Kreuzklassifikation (vgl. Tabelle 27) findet sich bei ROEDER (1974). Die Daten stammen aus der Untersuchung von STAPF et al. (1972) und wurden 1970 an 400 10 - 14jährigen Jungen aus Volks- und Realschulen sowie Gymnasien in Marburg und Kleve erhoben. Der wesentliche Unterschied zwischen beiden Stichproben besteht also darin, daß es sich einmal um eine gemischtgeschlechtliche und zum anderen um eine reine Jungenstichprobe handelt. Wie zuvor verwenden wir im folgenden anstelle der Kurzbezeichnungen VS, VU, MS und MU teilweise die Kürzel *A, B, C* und *D*.

3.7.2 Maximum Likelihood Latent Structure Analysis

Bevor wir zu GOODMAN's Version der *Maximum Likelihood Latent Structure Analysis (MLLSA)* übergehen, wollen wir noch einmal auf die Daten in Tabelle 1 zurückkommen. Wir hatten anhand dieser Daten gezeigt, daß sich eine zwischen zwei Variablen *A* und *B* festgestellte Assoziation bei Einführung einer dritten (Kontroll-) Variable als Scheinkorrelation erweisen kann. Um ein besseres Verständnis der Beziehung zweier Variablen *A* und *B* zu erhalten, versuchen wir daher, eine dritte Variable — nennen wir sie *X* — zu finden, die die Beziehung zwischen *A* und *B* erklärt. Anders ausgedrückt: Wir sagen, daß die Beziehung zwischen *A* und *B* bei Konstanthaltung/Kontrolle der Klassen/Kategorien von *X* verschwindet. In kausalanalytischer Terminologie entspricht diesem Tatbestand das Pfaddiagramm in Abbildung 5.

Abbildung 5:
Pfaddiagramm zu den Daten von KRIZ
(vgl. Tabelle 1 und Modell $H2_3$ in Tabelle 14)

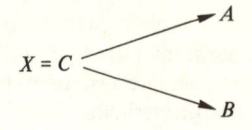

$X = C$ ⟶ A
$X = C$ ⟶ B

Bei Erweiterung auf vier Variablen A, B, C und D (unsere Erziehungsstil-Daten) können wir analog sagen, daß eine fünfte Variable X die Beziehungen zwischen den vier Variablen erklärt, vorausgesetzt, diese Beziehungen erweisen sich bei Konstanthaltung der Klassen von X als nichtig. Mit anderen Worten: Zwischen A, B, C und D besteht *bedingte* Unabhängigkeit, aber jede Variable kann durch X beeinflußt werden. Ist X eine manifeste Variable, so wissen wir, daß wir zur Hypothesentestung log-lineare Modelle heranziehen können. Ist X hingegen latent, so ist die Hypothesentestung nicht so elementar. Die Lösung dieses Problems wollen wir im folgenden vorstellen.

3.7.2.1 GOODMAN's Version der MLLSA

Wie in den vorangegangenen Abschnitten gehen wir von einer Stichprobe der Größe N mit beobachteten Häufigkeiten n_{ijkl} aus und suchen ein Modell für die Wahrscheinlichkeit $p_{ijkl} = n_{ijkl}/N$, mit der sich ein Fall in der Zelle (i, j, k, l) befindet, wobei $\sum_{i=1}^{I} \sum_{j=1}^{J} \sum_{k=1}^{K} \sum_{l=1}^{L} p_{ijkl} = 1$. Bezeichnen wir nun π_{ijkl} als Populationswahrscheinlichkeit für eine bestimmte Hypothese zu dem System von vier Variablen und e_{ijkl} als erwartete Häufigkeit unter der Annahme, daß die Hypothese zutrifft, so können wir die erwarteten Häufigkeiten unter dieser Hypothese nach

(42) $e_{ijkl} = N \pi_{ijkl}$

bestimmen. Im Gegensatz zu den vorangegangenen Abschnitten nehmen wir jedoch an, daß es (zusätzlich) eine latente Variable X mit T Klassen/Kategorien gibt, die für die Beziehungen zwischen den manifesten Variablen A, B, C und D verantwortlich ist. π_{ijkl} kann dann ausgedrückt werden als

(43) $\pi_{ijkl} = \sum_{t=1}^{T} \pi_{ijklt}^{ABCDX}$,

wobei

(44) $\pi_{ijklt}^{ABCDX} = \pi_t^X \pi_{it}^{\bar{A}X} \pi_{jt}^{\bar{B}X} \pi_{kt}^{\bar{C}X} \pi_{lt}^{\bar{D}X}$.

In Worten läßt sich (44) wahlweise durch die drei folgenden Beschreibungen charakterisieren. Für jedes Individuum, das wir in Klasse t der latenten Variable X finden, sind die Antworten zu den manifesten Variablen A, B, C und D gegenseitig unabhängig. Oder: Werden die Klassen von X konstant gehalten, dann verschwinden die Beziehungen zwischen den manifesten Variablen. Oder: Die Beziehung zwischen den manifesten Variablen werden durch die latente Variable erklärt. Die drei Arten von Parametern in (44) haben folgende Bedeutung:

1. π_{ijklt}^{ABCDX} gibt die Wahrscheinlichkeit an, mit der wir ein Individuum in Zelle (i, j, k, l, t) der gemeinsamen Variable $ABCDX$ finden.

2. π_t^X bezeichnet die Wahrscheinlichkeit, mit der ein Individuum in Klasse t und nur diese fällt. Die Klassen von X schließen sich also gegenseitig aus und sind erschöpfend.

3. $\pi_{it}^{\bar{A}X}$ kennzeichnet die *bedingte* Wahrscheinlichkeit, mit der ein Individuum in Kategorie i von Variable A anzutreffen ist, vorausgesetzt, es ist in Klasse t von Variable X (und analog für die Variablen B, C und D).

Die Parameter π_t^X geben uns somit Information über die Verteilung der Klassen der latenten Variable X. Die Parameter für die bedingten Wahrscheinlichkeiten beschreiben die Beziehung zwischen jeder der beobachteten Variablen und der latenten Variable X. Ein Querstrich über einer Variable zeigt wiederum Abhängigkeit (hier allerdings bedingte Abhängigkeit) von einer Variable ohne Querstrich an. Da die Parameter auf der rechten Seite von (44) Wahrscheinlichkeiten sind, müssen sie nicht-negativ sein und folgende Restriktionen erfüllen:

(45) $\quad \sum_{t=1}^{T} \pi_t^X = \sum_{i=1}^{I} \pi_{it}^{\bar{A}X} = \sum_{j=1}^{J} \pi_{jt}^{\bar{B}X} = \sum_{k=1}^{K} \pi_{kt}^{\bar{C}X} = \sum_{l=1}^{L} \pi_{lt}^{\bar{D}X} = 1.$

Insbesondere in dieser Hinsicht gab es bei früheren Lösungen des Problems erhebliche Schwierigkeiten. Für Details der Parameterschätzungen sei auf die Literatur verwiesen. Durch stufenweises Einsetzen der geschätzten Parameter, wobei es sich um Maximum Likelihood Schätzungen handelt, in (44), (43) und (42) können wir nun erwartete Häufigkeiten unter der jeweiligen Hypothese schätzen. Damit läßt sich schließlich durch Vergleich von beobachteten und erwarteten Häufigkeiten mittels der beiden (im vorliegenden Fall auf vier Variablen erweiterten) Chi-Quadrat Testgrößen (20) und (21) prüfen, ob eine Hypothese mit den Daten verträglich ist. Wie zuvor gilt für die Bestimmung der Freiheitsgrade: Anzahl der Zellen in der Tabelle der beobachteten Häufigkeiten minus 1 minus Anzahl der voneinander unabhängigen Parameter eines Modells.

Im folgenden gehen wir zunächst auf einige Modelle ohne Parameterrestriktionen ein und im Anschluß daran auf Modelle, in denen den Parametern zusätzlich zu (45) weitere Restriktionen auferlegt werden.

Modelle ohne Restriktionen. Modelle ohne Restriktionen sind dadurch gekennzeichnet, daß sowohl die Parameter für die Klassenwahrscheinlichkeiten als auch die Parameter für die bedingten Wahrscheinlichkeiten im Rahmen von (45) frei variieren können. Festgelegt wird nur die Anzahl der Klassen von X. Wie in der Logitanalyse gibt es auch hier ein Basismodell, mit dem wir andere Modelle vergleichen können:

(46) $\quad H1: \pi_{ijkl1}^{ABCDX} = \pi_i^{\bar{A}} \pi_j^{\bar{B}} \pi_k^{\bar{C}} \pi_l^{\bar{D}}$.

Mit $T = 1$ nimmt dieses Modell an: Die latente Variable X ist irrelevant und die Variablen A, B, C und D sind gegenseitig unabhängig. (46) entspricht somit exakt dem log-linearen Modell „totale Unabhängigkeit der vier manifesten Variablen" und läßt sich daher mit der bekannten Prozedur zur Testung log-linearer Modelle auf Übereinstimmung mit den Daten prüfen. Wie Tabelle 27 zeigt, paßt $H1$ nicht.

Da wir auch hier lediglich an Beispielen demonstrieren wollen, welche Modelle sich neben einer Vielzahl weiterer Modelle für eine Tabelle von vier Variablen untersuchen lassen, gehen wir analog zu LANGEHEINE (1982b) explorativ vor. Im

Tabelle 27: Daten von ROEDER (1974). Beobachtete Häufigkeiten n_{ijkl} und Teststatistiken für Modelle $H1$ bis $H12$

A VS	B VU	C MS	D MU	n_{ijkl}	Modell	Teststatistiken L^2	df
+	+	+	+	46	$H1$	183.54	11
−	+	+	+	14	$H2$	72.50	7
+	−	+	+	24	$H3$	17.84	1
−	−	+	+	6	$H4$	.13	−1
+	+	−	+	13	$H5$	4.93	6
−	+	−	+	69	$H6$	6.53	7
+	−	−	+	11	$H7$	16.50	7
−	−	−	+	11	$H8$	8.12	7
+	+	+	−	21	$H9$	15.14	7
−	+	+	−	10	$H10$	8.66	8
+	−	+	−	55	$H11$	18.55	8
−	−	+	−	17	$H12$	22.98	11
+	+	−	−	10			
−	+	−	−	25			
+	−	−	−	24			
−	−	−	−	44			

A = VS: perzipierte väterliche Strenge
B = VU: perzipierte väterliche Unterstützung
C = MS: perzipierte mütterliche Strenge
D = MU: perzipierte mütterliche Unterstützung
(+ = starke, − = geringe Ausprägung)
vgl. Text zur substantiellen Bedeutung der Modelle

Prinzip könnten wir natürlich sofort auf das dort schließlich akzeptierte Modell $H10$ springen.

Unter Modell $H2$ erweitern wir zunächst die Anzahl der Klassen der latenten Variable X auf $T = 2$. Das Ergebnis des Modelltests in Tabelle 27 zeigt, daß auch dieses Meßmodell mit den Daten nicht verträglich ist. Dennoch wollen wir darauf hinweisen, daß $H2$ ein Strukturmodell mit kausalen Beziehungen zwischen den Variablen entspricht, das sich in einem Pfaddiagramm gemäß Abbildung 6 darstellen läßt. Dabei wird die Analogie zur Faktorenanalyse deutlich, wenn wir X als „trait" Variable und A, B, C und D als Indikatoren ansehen. Noch etwas allgemeiner: Wie in LISREL (→ **Bd. VIII: Jagodzinski, Pfadmodelle mit latenten Variablen 2.1.2**) können wir mit LCA = Meßmodell und LSA = Strukturmodell zwei Teile der MLLSA unterscheiden. Auf die Berechnung der Pfadkoeffizienten kommen wir noch zurück.

Mit Modell $H3$ prüfen wir, ob die 3-Klassen Lösung auf die Daten paßt. Obwohl die Verminderung der Residualvariation erheblich ist (nach (33) werden durch $H3$ 90% der Variation des Basismodells $H1$ erklärt), ist die Anpassung doch nicht zufriedenstellend. Wir erweitern daher mit $H4$ auf das Modell mit $T = 4$ Klassen und stellen einen nahezu perfekten Fit, jedoch −1 Freiheitsgrade fest (vgl. Tabelle 27).

Abbildung 6:
Pfaddiagramm für Modell H2 (die latente Variable X erklärt die Beziehungen zwischen den manifesten Variablen VS, VU, MS und MU)

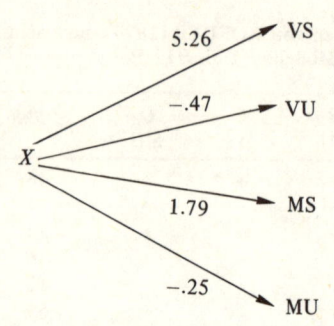

```
              5.26  → VS
              -.47  → VU
         X
              1.79  → MS
              -.25  → MU
```

Somit ist kein Modelltest mehr möglich. Tatsächlich haben wir gegenüber $2^4 - 1 = 15$ unabhängigen Zellen drei Parameter für die Klassen und 16 Parameter für die bedingten Wahrscheinlichkeiten geschätzt, so daß $df - 4$ betragen müßte. Die Parameter in Tabelle 28 (in der sich auch die Parameter für die Modelle H2 und H3 finden) zeigen jedoch, daß drei bedingte Wahrscheinlichkeiten auf Extremwerte von 0.0 bzw. 1.0 konvergierten. Per Konvention wird ein solches Modell als restringiertes Modell angesehen, so daß die Freiheitsgrade entsprechend zu korrigieren sind (GOODMAN 1974b).

Tabelle 28: Maximum Likelihood Parameterschätzungen für die Modelle H2 bis H4 aus Tabelle 27

Modell	latente Klasse t	π_t^X	$\pi_{1t}^{\bar{A}X}$	$\pi_{1t}^{\bar{B}X}$	$\pi_{1t}^{\bar{C}X}$	$\pi_{1t}^{\bar{D}X}$
H2	1	.6468	.7885	.4397	.7107	.4415
	2	.3532*	.0000	.6671	.0646	.5647
H3	1	.5253	.1162	.9342	.1771	.7524
	2	.3313	.4128	.1075	.3628	.1535
	3	.3434*	.9769	.5255	.8873	.5515
H4	1	.1769	.7682	.9832	.7997	.8990
	2	.1497	.0000	1.0000	.0001	1.0000
	3	.3978	.8889	.2369	.7128	.3081
	4	.2756*	.0744	.3705	.2086	.1948

Mit * gekennzeichnete Parameter können aus den restlichen Parametern bestimmt werden.
Hier wie in Tabelle 29 wird für die bedingten Wahrscheinlichkeiten jeweils nur der Parameter für die erste Kategorie der manifesten Variablen angegeben, da der Wert für die zweite Kategorie wegen (45) festgelegt ist.

Bei dieser Gelegenheit wollen wir anmerken, daß es auch bei der MLLSA Identifikationsprobleme geben kann. Sofern Programme wie CLOGG's MLLSA (mit dem alle für diese Arbeit notwendigen Analysen durchgeführt wurden) daher die Möglichkeit zur Prüfung der Parameteridentifikation bieten, sollte man tunlichst von dieser Option Gebrauch machen. Die Methode ist z.B. bei CLOGG (1977, 1980a) und GOODMAN (1974a) beschrieben. In der Regel läßt sich Identifizierbarkeit durch verschiedene Parameterrestriktionen erreichen.

Modelle mit Restriktionen. Da aus Arbeiten zu den Marburger Erziehungsstil-Skalen bekannt ist, daß Strenge und Unterstützung relativ unabhängige Bereiche sind, führen wir im nächsten Schritt zwei latente dichotome Variablen S und U ein. Formal lassen sich diese beiden latenten Variablen zu einer latenten Variable mit vier Klassen kombinieren (vgl. $H5$ in Tabelle 29; eine ausführliche Darstellung dieses Vorgehens findet sich bei GOODMAN (1974b)). Den Klassen $t = 1, 2, 3$ und 4 von X entspricht somit $(s, u) = (1,1), (2,1), (1,2)$ und $(2,2)$. Mit anderen Worten: Das Modell mit zwei latenten Variablen läßt sich durch ein modifiziertes Modell mit einer latenten Variable ausdrücken.

Tabelle 29: Maximum Likelihood Parameterschätzung für die Modelle $H5$ bis $H11$ aus Tabelle 27

Modell	latente Klasse t	(s, u)	$\pi_t^X = \pi_{su}^{SU}$	$\pi_{1t}^{\bar{A}X} = \pi_{1su}^{\bar{A}SU}$	$\pi_{1t}^{\bar{B}X} = \pi_{1su}^{\bar{B}SU}$	$\pi_{1t}^{\bar{C}X} = \pi_{1su}^{\bar{C}SU}$	$\pi_{1t}^{\bar{D}X} = \pi_{1su}^{\bar{D}SU}$
$H5$	1	(1,1)	.1971	,7916	1.0000	.7157	.8087
	2	(2,1)	.2011	.0000	1.0000*	.0602	.8087*
	3	(1,2)	.4472	.7916*	.2025	.7157*	.2708
	4	(2,2)	.1546*	.0000*	.2025*	.0602*	.2708*
$H6$	1		.2731	.8239	1.0000**	.7157	.6827
	2		.2469	.0000	1.0000**	.1036	.6827*
	3		.3459	.8239*	.0000**	.7157*	.2708
	4		.1341*	.0000*	.0000**	.1036*	.2708*
$H7$	1		.3062	.7565	.7320	.7157	1.0000**
	2		.1788	.0000	.7320*	.0001	1.0000**
	3		.3680	.7565*	.3204	.7157*	.0000**
	4		.1470*	.0000*	.3204*	.0001*	.0000**
$H8$	1		.1786	1.0000**	1.0000	.7157	.7556
	2		.2632	.0000**	1.0000*	.2398	.7556*
	3		.3314	1.0000**	.1400	.7157*	.2708
	4		.2268*	.0000**	.1400*	.2398*	.2708*
$H9$	1		.1697	.7565	1.0000	1.0000**	.7916
	2		.2415	.2802	1.0000*	.0000**	.7916*
	3		.3128	.7565*	.1847	1.0000**	.2708
	4		.2760*	.2802*	.1847*	.0000**	.2708*
$H10$	1		.2250	1.0000**	1.0000**	.7157	.6827
	2		.2950	.0000**	1.0000**	.2398	.6827*
	3		.2850	1.0000**	.0000**	.7157*	.2708
	4		.1950*	.0000**	.0000**	.2398*	.2708*
$H11$	1		.2250	.7565	.7320	1.0000**	1.0000**
	2		.2600	.2802	.7320*	.0000**	1.0000**
	3		.2575	.7565*	.3204	1.0000**	.0000**
	4		.2575*	.2802*	.3204*	.0000**	.0000**

Mit * gekennzeichnete Parameter können aus den restlichen Parametern bestimmt werden.
Mit ** gekennzeichnete Parameter sind durch das Modell fixiert.

Im Gegensatz zu den Modellen $H1$ bis $H4$ wollen wir den Modellparametern unter $H5$ bis $H12$ zusätzlich verschiedene Restriktionen auferlegen, die jeweils bestimmten Strukturhypothesen entsprechen. Im Sinne der Marburger Skalen nehmen wir unter $H5$ zunächst an, daß VS und MS in direkter Beziehung zu S und VU und MU in direkter Beziehung zu U stehen. Außerdem sollen VS und MS nicht direkt von U, und VU und MU nicht direkt von S beeinflußt werden. Diesen Hypothesen entspricht das Pfaddiagramm in Abbildung 7. VS und MS werden darin als *falsifizierbare* Indikatoren für S, VU und MU als falsifizierbare Indikatoren für U spezifiziert. Weiterhin nehmen wir an, daß die latenten Variablen S und U sich gegenseitig beeinflussen, wie der Pfad mit zwei Pfeilen zwischen beiden zeigt. In faktorenanalytische Terminologie übersetzt heißt dies: Wir lassen korrelierte Faktoren zu.

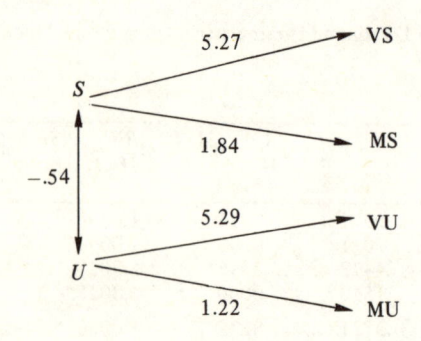

```
              5.27
         S  --------> VS
         ↑
         |    1.84
       -.54 --------> MS
         |
         ↓    5.29
         U  --------> VU
              1.22
              --------> MU
```

Abbildung 7: Pfaddiagramm für Modell $H5$ (die latenten Variablen S und U erklären die Beziehungen zwischen den manifesten Variablen VS, VU, MS und MU)

Zur Testung dieses Modells ($H5$) ist es notwendig, für die bedingten Wahrscheinlichkeiten folgende „equality" Restriktionen zu spezifizieren:

(47)
$$\pi^{\bar{A}X}_{11} = \pi^{\bar{A}X}_{13}, \; \pi^{\bar{A}X}_{12} = \pi^{\bar{A}X}_{14} \; ;$$

$$\pi^{\bar{C}X}_{11} = \pi^{\bar{C}X}_{13}, \; \pi^{\bar{C}X}_{12} = \pi^{\bar{C}X}_{14} \; ;$$

$$\pi^{\bar{B}X}_{11} = \pi^{\bar{B}X}_{12}, \; \pi^{\bar{B}X}_{13} = \pi^{\bar{B}X}_{14} \; ;$$

$$\pi^{\bar{D}X}_{11} = \pi^{\bar{D}X}_{12}, \; \pi^{\bar{D}X}_{13} = \pi^{\bar{D}X}_{14} \; .$$

Trotz dieser Restriktionen (wir gewinnen 8 Freiheitsgrade), ist $H5$ mit den Daten außerordentlich gut verträglich, wie das Ergebnis des Modelltestes in Tabelle 27 zeigt. An dieser Stelle wollen wir daher auf einige weitere Interpretationsmöglichkeiten eingehen.

An den Parametern für die bedingten Wahrscheinlichkeiten des Modells $H5$ in Tabelle 29 sehen wir, daß für die Klassen folgende Muster von Wahrscheinlichkeiten gelten (wobei + für hohe und − für geringe Wahrscheinlichkeit steht):

Klasse	manifeste Variablen VS VU MS MU	inhaltliche Charakterisierung des Erziehungsstils
1	+ + + +	Kontrolle
2	− + − +	demokratischer Erziehungsstil
3	+ − + −	autoritärer Erziehungsstil
4	− − − −	laissez-faire Erziehung

In der Klasse 1 finden wir Kinder, die sowohl Vater und Mutter als sowohl streng und unterstützend wahrnehmen. Diese wie die zweite Klasse treffen wir in dieser Stichprobe in rund 20% der Fälle an (vgl. die Klassenparameter). Kinder der zweiten Klasse nehmen beide Elternteile als wenig streng und stark unterstützend wahr. Das weitaus wahrscheinlichste Antwortmuster treffen wir mit 45% für die Klasse 3 an. Vater und Mutter werden als streng und wenig unterstützend perzipiert. Für die restlichen 15% in Klasse 4 zeigt sich schließlich, daß die Eltern dieser Kinder als sowohl wenig streng als auch wenig unterstützend gesehen werden. Hinsichtlich der Charakterisierung der Klassen durch die bedingten Wahrscheinlichkeiten deckt sich dieses Ergebnis mit den von LANGEHEINE (1982b) berichteten Resultaten.

Der kleine Unterschied besteht allerdings darin, daß dort die Klasse 2 mit 38% am stärksten vertreten war, während wir hier 45% der Schüler der Klasse 3 zuordnen. Die Jungen fühlen sich also eher einem autoritären Erziehungsstil ausgesetzt, während wir für die gemischtgeschlechtliche Stichprobe den demokratischen Erziehungsstil am häufigsten antrafen. Eine weitere Replikation der Ergebnisse an einer reinen Mädchenstichprobe wäre daher zweifellos interessant.

Die Ergebnisse zeigen uns zugleich, welche Vorteile die LCA im Rahmen einer Typen- bzw. Klassifikationsanalyse bietet:

> Erstens kann über einen Modelltest entschieden werden, ob eine Lösung mit einer bestimmten Anzahl von Klassen/Typen kompatibel mit den Daten ist.
>
> Zweitens läßt sich sagen, wie wahrscheinlich ein bestimmter Typ ist.
>
> Drittens sind Wahrscheinlichkeitsaussagen über die einen Typ kennzeichnenden Merkmale in Form der manifesten Variablen möglich.
>
> Viertens sind − wie wir im folgenden demonstrieren wollen − Aussagen darüber möglich, wie wahrscheinlich die Zuordnung eines Individuums mit gegebenem Antwortmuster in den manifesten Variablen zu einem bestimmten Typ ist.

Zur Beantwortung des vierten Punktes fragen wir uns zunächst, welcher Klasse ein Individuum zugeordnet wird und wie gut diese Zuordnung ist. Durch Rückgriff auf die Definition bedingter Wahrscheinlichkeiten läßt sich zeigen, daß

(48) $\pi^{ABCD\bar{X}}_{ijklt} = \pi^{ABCDX}_{ijklt} / \pi_{ijkl}$

die bedingte Wahrscheinlichkeit angibt, daß ein Individuum in die Klasse t der latenten Variable X fällt, gegeben Antwortmuster (i, j, k, l) in den manifesten Variablen. Bezeichnen wir mit t' die Klasse von X, in der (48) sein Maximum hat, so besteht eine Vorhersageregel darin, alle Individuen mit Antwortmuster (i, j, k, l) der Klasse t' von X zuzuordnen. Den dabei erwarteten Anteil von Fehlklassifikationen können wir somit durch

(49) $\epsilon_{ijkl} = 1 - \pi_{ijklt}^{ABCD\overline{X}}$,

und die erwartete Anzahl von Fehlklassifikationen durch

(50) $E_{ijkl} = N \epsilon_{ijkl} \pi_{ijkl}$

definieren. Durch Summation über alle Antwortmuster erhalten wir dann mit E_2 die erwartete Anzahl von Fehlklassifikationen für die Gesamttabelle:

(51) $E_2 = \sum_{i=1}^{I} \sum_{j=1}^{J} \sum_{k=1}^{K} \sum_{l=1}^{L} E_{ijkl}$.

Neben dieser konditionalen Vorhersage kann man überlegen, wie sich die Klassen von X unkonditional, d.h. ohne Kenntnis von A, B, C und D vorhersagen lassen. Nehmen wir dazu an, die Klassenparameter $\pi_1^X, ..., \pi_T^X$ wären bekannt, dann würden wir nach der gleichen Vorhersageregel wie zuvor alle Individuen derjenigen Klasse t^* von X zuweisen, für die $\pi_{t^*}^X$ sein Maximum annimmt. Der erwartete Anteil von Fehlklassifikationen für diese unkonditionale Vorhersage wäre dann

(52) $\epsilon_1 = 1 - \pi_{t^*}^X$,

so daß sich die erwartete Anzahl von Fehlklassifikationen für eine Stichprobe der Größe N aus

(53) $E_1 = N \epsilon_1$

ergibt. E_1 und E_2 lassen sich zu einem PRE-Maß

(54) $\lambda_{X.ABCD} = (E_1 - E_2) / E_1$

kombinieren, das eine Aussage über die Assoziation zwischen der latenten Variable X und der gemeinsamen Variable $ABCD$ ermöglicht.

Im Gegensatz zu Chi-Quadrat Statistiken ist (54) unabhängig von der Stichprobengröße und wird daher von CLOGG (1980a) als weiterer Index zur Prüfung der Modellangemessenheit empfohlen, insbesondere bei vergleichenden Analysen.

Tabelle 30 zeigt uns, welchen Klassen Individuen mit Antwortmuster (i, j, k, l) zugeordnet werden. Bei einigen Ausnahmen erfolgt die Zuordnung mit recht hoher Sicherheit. Insgesamt werden 341 von 400 Personen oder 85% korrekt klassifiziert. Verglichen mit den zuvor analysierten Daten ist die Klassifikation somit etwas schlechter, wie sich auch für $\lambda_{X.ABCD} = .73$ zeigt. Immerhin läßt sich der Vorhersagefehler für die Zuordnung zu den Klassen um 73% verringern, wenn dazu die Antwortmuster in den beobachteten Variablen herangezogen werden. Schließlich haben wir die nach (30) berechneten standardisierten Residuen (vgl. 3.4.1) in Tabelle 30 aufgenommen, die uns zeigen, daß für die Residualvariation unter Modell $H5$ keine ausgesprochenen Ausreißer verantwortlich sind.

Tabelle 30: Daten von ROEDER (1974). Beobachtete Häufigkeiten (n_{ijkl}), erwartete Häufigkeiten (e_{ijkl}), standardisierte Residuen (std. Resid.) und Kennwerte für die Zuordnung der Antwortmuster zu den Klassen unter Modell $H5$

n_{ijkl}	e_{ijkl}	std. Resid.	zugeordnete Klasse	modales p^*
46	41.67	.67	1	.87
14	15.09	−.28	1	.63
24	21.89	.45	3	1.00
6	6.57	−.22	3	.88
13	16.56	−.87	1	.87
69	68.68	.04	2	.89
11	8.70	.78	3	1.00
11	14.85	−1.00	4	.85
21	23.50	−.52	3	.64
10	7.66	.84	3	.51
55	58.93	−.51	3	1.00
17	17.68	−.16	3	.88
10	9.34	.22	3	.64
25	25.50	−.10	2	.57
24	23.41	.12	3	1.00
44	39.97	.64	4	.85

Anzahl korrekter Zuordnungen = 341
Prozent korrekter Zuordnungen = 85
$\lambda_{X.ABCD}$ = .73

* modales p: $\pi_{ijklt}^{ABCD\bar{X}} = \pi_{ijklt}^{ABCDX} / \pi_{ijkl}$

Im folgenden gehen wir der Frage nach, welche restriktiveren Modelle mit den Daten verträglich sind. Unter Modell $H6$ wird gegenüber $H5$ zusätzlich angenommen, daß väterliche Unterstützung als *exakter* Indikator für die latente Variable U angesehen werden kann. Die Restriktionen nach (47) bleiben daher erhalten, und zusätzlich werden die Parameter für die bedingten Wahrscheinlichkeiten von $VU = B$ auf extreme Werte fixiert, so daß zwischen VU und U ein perfekter Zusammenhang besteht (vgl. Tabelle 29). $H6$, dem das Pfaddiagramm in Abbildung 8 entspricht, erweist sich als mit den Daten verträglich. Für $H7$, das analog zu $H6$ mütterliche Unterstützung als exakten Indikator für U spezifiziert, sehen wir, daß der Fit nicht akzeptabel ist.

Analog zu $H6$ bzw. $H7$ spezifizieren wir mit $H8$ väterliche Strenge und mit $H9$ mütterliche Strenge als exakte Indikatoren für die latente Variable S. Nach den Modelltests (vgl. Tabelle 27) ist $H8$ mit den Daten kompatibel, $H9$ jedoch nicht. Die resultierenden Parameter finden sich wiederum in Tabelle 29. Das Pfaddiagramm in Abbildung 9 gibt die $H8$ entsprechende Struktur wieder.

Das Fazit aus den zuletzt geprüften Modellen $H6$ bis $H9$ lautet also: Modelle, die die väterlichen Erziehungsstile VU oder VS jeweils als exakte Indikatoren für die latenten Variablen U oder S konzipieren, passen auf die Daten, die entsprechenden Modelle für die mütterlichen Erziehungsstile jedoch nicht. Mit $H10$ spezifizieren wir daher VS als exakten Indikator für S *und* VU als exakten Indikator für U.

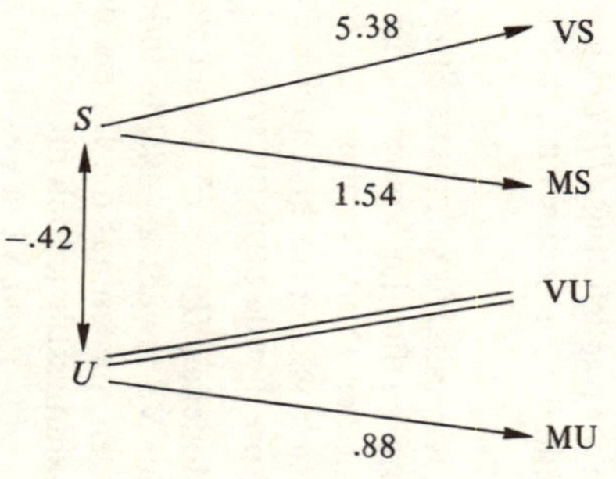

Abbildung 8:
Pfaddiagramm für Modell $H6$ (die latenten Variablen S und U erklären die Beziehungen zwischen den manifesten Variablen VS, VU, MS und MU *und* VU ist exakter Indikator für die latente Variable U)

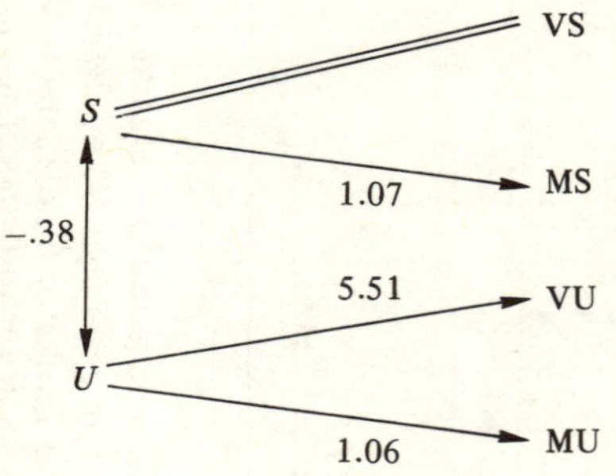

Abbildung 9:
Pfaddiagramm für Modell $H8$ (die latenten Variablen S und U erklären die Beziehungen zwischen den manifesten Variablen VS, VU, MS und MU *und* VS ist exakter Indikator für die latente Variable S)

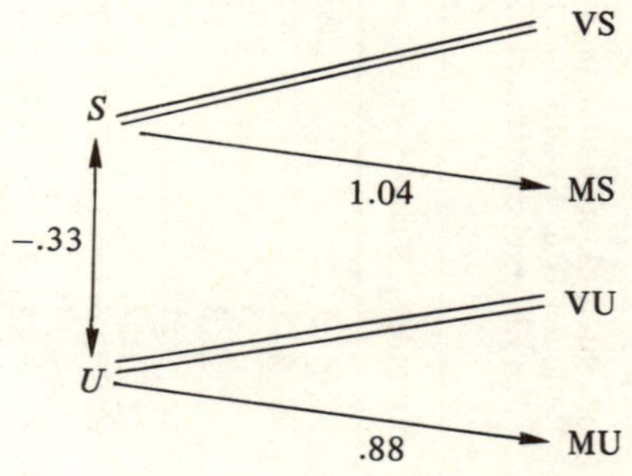

Abbildung 10:
Pfaddiagramm für Modell $H10$ (die latenten Variablen S und U erklären die Beziehungen zwischen den manifesten Variablen VS, VU, MS und MU *und* VS und VU sind exakte Indikatoren für die latenten Variablen S und U)

Auch dieses Modell, dem die Struktur in Abbildung 10 entspricht, erweist sich als in Übereinstimmung mit den Daten, während das komplementäre Modell $H11$ für die mütterlichen Erziehungsstile nach den Ergebnissen zu $H7$ und $H9$ erwartungsgemäß nicht paßt.

Im Vergleich mit den zuvor analysierten Daten können wir aus dieser Replikation somit folgende Schlußfolgerungen ziehen: 1. Für beide Datensätze erweisen sich die zugrundeliegenden Strukturen bei geringen Differenzen in den entsprechenden Pfadkoeffizienten als identisch. 2. Der wesentliche Unterschied besteht jedoch in der bereits oben besprochenen Wahrscheinlichkeit des Auftretens einzelner Klassen/Typen. Auch diese zweite Schlußfolgerung läßt sich exakter belegen. Unter $H12$ haben wir zusätzlich zu $H10$ die Klassenparameter auf die für die LUKESCH-Daten unter $H10$ beobachteten Werte fixiert. Damit gewinnen wir zwar drei weitere Freiheitsgrade; die Abweichung von den Daten als auch die Differenz zu $H10$ (22.98 − 8.66 = 14.32 bei 3 df) erweist sich jedoch als zu stark, als daß wir für beide Datensätze dieselbe Verteilung der Klassen konstatieren könnten.

Grundsätzlich sind über die hier demonstrierten Parameterrestriktionen hinaus weitere Restriktionen denkbar. Eine solche Restriktion bestünde z.B. darin, alle π_t^X auf $1/T = .25$ zu fixieren. Dies würde bedeuten: 1. Alle Klassen werden als gleichwahrscheinlich erwartet, und 2. die latenten Variablen S und U werden als unkorreliert angesehen. Eine andere Restriktion bestünde in der Fixierung aller konditionalen Parameter $\pi_{lt}^{\overline{D}X}$ und/oder $\pi_{kt}^{\overline{C}X}$ z.B. in $H10$ auf .5. Dies würde der Annahme entsprechen, daß die Variablen D und/oder C keinen statistisch bedeutsamen Beitrag zur Gesamtdiskrimination leisten. Gegenüber dem Vorschlag von KUBINGER et al. (1980), daß die bedingten Wahrscheinlichkeiten für zumindest zwei Klassen eine Differenz von .5 aufweisen sollten, bietet die Parameterfixierung eine statistisch exaktere Prüfung dieser Hypothese. Weitere Anregungen gibt GOODMAN (1974b), der in dieser Arbeit drei Datensätze umfangreichen Reanalysen unterzieht. Hinsichtlich einiger spzifischer Probleme sei nochmals auf die bereits zitierten Arbeiten verwiesen. So hat CLOGG (1981) z.B. mittels MLLSA eine interessante Neuinterpretation von zuvor häufig analysierten Mobilitätstabellen gegeben.

Obwohl wir hier nur mit dichotomen manifesten Variablen gearbeitet haben, sei angemerkt, daß die MLLSA auf polytome und somit auch auf ordinale Variablen voll generalisierbar ist. Da latente Variablen zudem als logisch vorgeordnet und/oder intervenierend definiert werden können (vgl. GOODMAN 1974b), bieten sich reichhaltige Parallelen zu linearen Strukturgleichungsmodellen für kontinuierliche Daten (→ **Bd. VIII: Jagodzinski, Pfadmodelle mit latenten Variablen 2.1**). Dabei entfällt die Notwendigkeit strenger Verteilungsannahmen wie z.B. im Fall von LISREL. Wie in der Kausalanalyse für manifeste Variablen ist schließlich der Einbezug von Interaktionseffekten − sei es zwischen manifesten oder latenten Variablen − möglich. Wie dort bestehen allerdings auch hier teilweise wesentliche Unterschiede zu Analysemodellen für kontinuierliche Daten. Auf vier derartige Problembereiche, die auch für die MLLSA zutreffen, wurde in 3.6.3 eingegangen.

3.7.2.2 Quantifizierung von Effekten in Pfaddiagrammen

Eine detaillierte Herleitung für die Quantifizierung von Pfadkoeffizienten in der MLLSA findet sich bei GOODMAN (1974b). Wir wollen die Berechnung von Koeffizienten hier lediglich für drei Fälle demonstrieren. Alle anderen Koeffizienten lassen sich analog oder durch entsprechende Modifikation bestimmen.

Im vorhergehenden Abschnitt haben wir gesehen, daß $H2$ der Annahme entspricht, daß die Beziehungen zwischen den manifesten Variablen A, B, C und D sich durch eine dichotome latente Variable X erklären lassen. Anders ausgedrückt: X hat einen Einfluß auf A, B, C und D, und letztere sind (bedingt) unabhängig, wie Abbildung 6 zeigt. Auskunft über die Art des Zusammenhangs von X mit jeder manifesten Variable geben uns die bedingten Wahrscheinlichkeiten, die wir also zur Quantifizierung der gesuchten Koeffizienten heranziehen können. Als Beispiel wählen wir den Effekt von X auf D und stellen dazu in Tabelle 31A die vollständige 2 × 2 Tabelle der aus Tabelle 28 entnommenen Parameter zusammen.

Tabelle 31: Quantifizierung von Pfadkoeffizienten in der MLLSA

31A: Bedingte Wahrscheinlichkeiten $\pi_{lt}^{\bar{D}X}$ unter Modell $H2$

		D		
		1	2	
X	1	.4415	.5585	$\gamma^{\bar{D}X} = .7806$, $\beta^{\bar{D}X} = -.2477$
	2	.5647	.4353	

31B: Bedingte Wahrscheinlichkeiten $\pi_{lu}^{\bar{D}U} = \pi_{lt}^{\bar{D}X}$ unter Modell $H10$

		D		
		1	2	
U	1	.6827	.3137	$\gamma^{\bar{D}U} = 2.4208$, $\beta^{\bar{D}U} = .8841$
	2	.2708	.7292	

31C: Klassenparameter $\pi_{su}^{SU} = \pi_{t}^{X}$ unter Modell $H10$

		U		
		1	2	
S	1	.2250	.2850	$\gamma^{SU} = .7224$, $\beta^{SU} = -.3252$
	2	.2950	.1950	

Wie in der Logitanalyse lassen sich nun die gesuchten Koeffizienten aus dem unter der jeweiligen Hypothese erwarteten Kreuzproduktverhältnis, in unserem Fall also aus

(55) $\quad \gamma^{\bar{D}X} = ((\pi_{11}^{\bar{D}X} \pi_{22}^{\bar{D}X}) / (\pi_{21}^{\bar{D}X} \pi_{12}^{\bar{D}X}))^{1/2}$

bestimmen. $\gamma^{\overline{D}X}$ ist wiederum einer aus mehreren Parametern der multiplikativen Version des Modells, das sich durch Logarithmierung in eine additive Form überführen läßt. Der resultierende Parameter

(56) $\quad \beta^{\overline{D}X} = \ln(\gamma^{\overline{D}X})$

entspricht den Logitparametern in der Logitanalyse und wird daher von GOODMAN ebenfalls im Rahmen der MLLSA zur Bestimmung der numerischen Größe von Effekten verwendet.

Die allgemeine Form aus (55) und (56) kann ebenfalls dazu herangezogen werden, die den Pfeilen in den Abbildungen 7 bis 10 zugeordneten Koeffizienten zu bestimmen. Wir demonstrieren dies für den Effekt von U auf MU = D in Abbildung 10. Das gesuchte $\gamma^{\overline{D}U}$ läßt sich durch Austausch von X durch U in (55) bestimmen. Die entsprechende 2 x 2 Tabelle für die $\pi^{\overline{D}U}_{hu}$ aus Tabelle 29 ist in Tabelle 31B zusammengestellt.

Schließlich sind wir an dem Zusammenhang der latenten Variablen S und U in den Abbildungen 7 bis 10 interessiert, den wir durch Einsetzen der Klassenparameter π^{SU}_{su} in (55) gewinnen. Die entsprechende 2 x 2 Tabelle für das Modell $H10$ findet sich in Tabelle 31C.

3.7.3 MLLSA als Spezialfall log-linearer Modelle

Die in den vorangegangenen Abschnitten gewählte Darstellung der MLLSA entspricht der in den Arbeiten von GOODMAN sowie der meisten anderen Autoren. Daß die MLLSA log-linear ist, wird dabei allerdings nicht so schnell deutlich. Wir wollen dies daher abschließend an einem relativ einfachen Datensatz demonstrieren.

Auf die FEGER-Daten (vgl. Tabelle 14) paßt z.B. das log-lineare Modell $H2_1$ mit $L^2 = 2.83$ bei 2 df. Dieses Modell spezifiziert, daß die Variablen B und C bei Kontrolle von A unabhängig sind. Zur besseren Übersicht haben wir in Tabelle 32 noch einmal die beobachteten Häufigkeiten und die unter Modell $H2_1$ erwarteten Häufigkeiten sowie die λ-Parameter des log-linearen Modells zusammengestellt. Wie wir wissen, entspricht die Summe dieser Parameter dem Logarithmus der erwarteten Häufigkeiten. Beispiel: $\ln(e_{111}) = \ln(30.12) = 3.4052$; $\lambda + \lambda_1^A + ... + \lambda_{11}^{AC} = 3.406$ — diese wie weitere Differenzen sind durch Rundungsfehler begründet. Wir können auch den Anti-Log von 3.406 bilden. Dabei erhalten wir e_{111}: $e^{3.406} = 30.14$.

Ein mögliches Kausalmodell zu $H2_1$ besteht darin, A als Ursache für B und C zu betrachten. Übersetzt in die MLLSA heißt dies:

(57) $\quad \pi^{ABCX}_{ijkt} = \pi^X_t \, \pi^{\overline{A}X}_{it} \, \pi^{\overline{B}X}_{jt} \, \pi^{\overline{C}X}_{kt}$

und A ist exakter Indikator für X. Die resultierenden Parameter für das wegen $X = A$ auf zwei Klassen festgelegte Modell finden sich im unteren Teil von Tabelle 32. L^2, Freiheitsgrade und erwartete Häufigkeiten sind identisch mit denen im

Tabelle 32: FEGER-Daten (vgl. Tabelle 11 und 14). Beobachtete Häufigkeiten (n_{ijk}), erwartete Häufigkeiten (e_{ijk}) und λ-Parameter unter dem log-linearen Modell $H2_1$; Parameter für das entsprechende MLLSA-Modell

Log-lineares Modell						
A	B	C	n_{ijk}	e_{ijk}		
1	1	1	27	30.12	λ	$= 2.877$
2	1	1	13	12.07	λ_1^A	$= -.017$
1	2	1	13	9.88	λ_1^B	$= .052$
2	2	1	29	29.92	λ_1^C	$= .019$
1	1	2	34	30.88	λ_{11}^{AB}	$= .506$
2	1	2	10	10.93	λ_{11}^{AC}	$= -.031$
1	2	2	7	10.12		
2	2	2	28	27.05		

MLLSA Latente Klasse	π_t^X	$\pi_{1t}^{\bar{A}X}$	$\pi_{1t}^{\bar{B}C}$	$\pi_{1t}^{\bar{C}X}$
1	.5031	1.0000**	.7531	.4938
2	.4969*	.0000**	.2875	.5250

Mit ** gekennzeichnete Parameter sind durch das Modell fixiert

log-linearen Modell $H2_1$. Da $X = A$, reduziert sich (57) zu

(58) $\quad \pi_{ijk}^{ABC} = \pi_i^A \, \pi_{ij}^{A\bar{B}} \, \pi_{ik}^{A\bar{C}}$.

Setzen wir die entsprechenden Werte in (43) und (42) ein, so erhalten wir z.B. für $e_{111} = 161 \, ((.5031 \cdot .7531 \cdot .4938) + (.0 \cdot .2875 \cdot .5250)) = 30.12$.

Wo finden wir nun die λ-Parameter des log-linearen Modells in (58) wieder? Zunächst zu der Beziehung zwischen A und C, die wir analog zu (55) bestimmen können durch

$$\gamma^{A\bar{C}} = ((\pi_{11}^{A\bar{C}} \, \pi_{22}^{A\bar{C}}) / (\pi_{12}^{A\bar{C}} \, \pi_{21}^{A\bar{C}}))^{1/2}$$

(59) $\quad\quad = ((.4938 \cdot .4750) / (.5062 \cdot .5250))^{1/2}$

$\quad\quad\quad = .9395$.

Das entsprechende $\beta^{A\bar{C}}$ nach (56) beträgt somit $-.0624$, und da wir aus Abschnitt 3.4.1 wissen, daß im Fall zweikategorialer Variablen $\beta = 2 \lambda$, erhalten wir mit 1/2 $\beta^{A\bar{C}} = \lambda_{11}^{AC} = -.031$. $\beta^{A\bar{C}}$ ist jedoch nur einer von zwei Parametern des Logitmodells

(60) $\quad \Phi_i^{\bar{C}} = \beta^{\bar{C}} + \beta_i^{A\bar{C}}$

für die entsprechende 2 × 2 Tabelle. Auch $\beta^{\bar{C}}$ läßt sich durch die π's ausdrücken (vgl. GOODMAN 1974b, Abschnitt 2.2):

$$\beta^{\bar{C}} = \ln(\gamma^{\bar{C}}) = \ln[((\pi_{11}^{A\bar{C}} \pi_{21}^{A\bar{C}})/(\pi_{12}^{A\bar{C}} \pi_{22}^{A\bar{C}}))^{1/2}]$$
(61)
$$= \ln[((.4938 \cdot .5250)/(.5062 \cdot .4750))^{1/2}]$$
$$= .0376.$$

Da wiederum $1/2\,\beta^{\bar{C}} = \lambda_1^C$, resultiert $\lambda_1^C = .019$. λ_{11}^{AC} und λ_1^C stimmen also mit den entsprechenden Werten in Tabelle 32 exakt überein. Dem Leser wird empfohlen, analoge Berechnungen für λ_{11}^{AB} und λ_1^B selbst durchzuführen.

Für γ^A ist die Berechnung ungleich komplizierter. Wir geben hier nur die entsprechenden Formeln an, ohne auf Details einzugehen (vgl. GOODMAN 1974b, Abschnitt 2.4):

(62) $\quad \gamma^A = \Omega^A \, \Psi^{AB} \, \Psi^{AC},$

wobei

$$\Omega^A = \pi_1^A / \pi_2^A$$
$$= .5031/.4969 = 1.0125$$

$$\Psi^{AB} = ((\pi_{11}^{A\bar{B}} \pi_{12}^{A\bar{B}})/(\pi_{21}^{A\bar{B}} \pi_{22}^{A\bar{B}}))^{1/2}$$
$$= ((.7531 \cdot .2469)/(.2875 \cdot .7125))^{1/2}$$
$$= .9527$$

$$\Psi^{AC} = ((\pi_{11}^{A\bar{C}} \pi_{12}^{A\bar{C}})/(\pi_{21}^{A\bar{C}} \pi_{22}^{A\bar{C}}))^{1/2}$$
$$= ((.4938 \cdot .5062)/(.5250 \cdot .4750))^{1/2}$$
$$= 1.0012,$$

so daß $\gamma^A = .9658$ und $\lambda_1^A = 1/2\,\beta = 1/2 \ln(\gamma^A) = -.017$. λ entspricht schließlich, wie wir wissen, immer dem „grand mean" der Logarithmen der unter dem jeweiligen Modell erwarteten Häufigkeiten.

Zum Abschluß sei darauf hingewiesen, daß die bedingten Wahrscheinlichkeiten für die Variable C der MLLSA Lösung eine so geringe Variation aufweisen, daß eine Fixierung auf .5 naheliegt. In MLLSA Terminologie übertragen, besagt dies modifizierte Modell: C ist gleichwahrscheinlich und A ist exakter Indikator von X. Für diese Spezifikation resultiert $L^2 = 3.04$ bei 4 df. Dieses Modell ist identisch mit dem in 3.3.2 akzeptierten log-linearen Modell $H4_1$, das C als gleichwahrscheinlich spezifiziert, gegeben AB. MLLSA Modelle sind also insofern Spezialfälle log-linearer Modelle als bei ersteren lediglich Modelle bedingter Unabhängigkeit betrachtet werden.

Manuskript abgeschlossen im Januar 1983

Literaturverzeichnis

AITKEN, M., A note on the selection of log-linear models, in: Biometrics, 1980, 36, S. 173 - 178.
ALLISON, P. D., Analyzing collapsed contingency tables without actually collapsing, in: American Sociological Review, 1980, 45, S. 123 - 130.
ANDERSEN, E. B., Latent structure analysis: A survey, in: Scandinavian Journal of Statistics, 1982, 9, S. 1 - 12.
ARMINGER, G., Loglineare Modelle zur Analyse des Zusammenhangs zwischen nominalen Variablen, in: HOLM, K. (Hrsg.), Die Befragung 6. München: Francke 1979.
BAKER, R. J. und NELDER, J. A., The GLIM system. Generalised linear interactive modelling. Release 3 manual. Oxford: Numerical Algorithms Group Ltd. 1978.
BENEDETTI, J. K. und BROWN, M. B., Alternate methods of building log-linear models. Proceedings of the 9th International Biometric Conference, Vol 2, 1976, S. 209 - 227.
BENEDETTI, J. K. und BROWN, M. B., Strategies for the selection of log-linear models, in: Biometrics, 1978, 34, S. 680 - 686.
BIRCH, M. W., Maximum likelihood in three-way contingency tables, in: Journal of the Royal Statistical Society, Series B, 1963, 25, S. 220 - 233.
BISHOP, Y. M. M., Full contingency tables, logits, and split contingency tables, in: Biometrics, 1969, 25, S. 383 - 399.
BISHOP, Y. M. M., FIENBERG, S. E. und HOLLAND, P. W., Discrete multivariate analysis: Theory and practice. Cambridge: MIT Press 1975.
BOCK, R. D., Multivariate statistical methods in behavioral research. New York: McGraw-Hill 1975.
BOCK, R. D. und YATES, G., MULTIQUAL: Log-linear analysis of nominal or ordinal qualitative data by the method of maximum likelihood. Ann Arbor: National Educational Resources 1973.
BRIER, S. S., The utility of systems of simultaneous logistic response equations, in: SCHUESSLER, K. F. (Ed.), Sociological methodology 1979. San Francisco: Jossey-Bass 1978.
BROWN, M. B., Screening effects in multidimensional contingency tables, Applied Statistics, 1976, 25, S. 37 - 46.
CLOGG, C. C., Unrestricted and restricted maximum likelihood latent structure analysis: A manual for users. Working paper 1977-09. Population Issues Research Center, The Pennsylvania State University 1977.
CLOGG, C. C., Some latent structure models for the analysis of Likert-type data, in: Social Science Research, 1979, 8, S. 287 - 301.
CLOGG, C. C., New developments in latent structure analysis, in: JACKSON, D. J. und BORGATTA, E. F. (Eds.), Factor analysis and measurement in sociological research. London: Sage 1980a.
CLOGG, C. C., Characterizing the class organization of labor market opportunity: A modified latent structure approach, in: Sociological Methods and Research,1980b, 8, S. 243-272.
CLOGG, C. C., Latent structure models of mobility, in: American Journal of Sociology,1981, 86, S. 836 - 868.
CLOGG, C. C. und SAWYER, D. O., A comparison of alternative models for analyzing the scalability of response patterns, in: LEINHARDT, S. (Ed.), Sociological methodology 1981. San Francisco: Jossey-Bass 1981.
COLGAN, P. W. und SMITH, J. C., Multidimensional contingency table analysis, in: COLGAN, P. W. (Ed.), Quantitative ethology. New York: Wiley 1978.
COX, M. A. A. und PLACKETT, R. L., Small samples in contingency tables, in: Biometrika, 1980, 67, S. 1 - 13.

DAVIS, J. A., Hierarchical models for significance tests in multivariate contingency tables: An exegesis of Goodman's recent papers, in: COSTNER, H. L. (Ed.), Sociological methodology 1973 - 1974. San Francisco: Jossey-Bass 1974.

DAVIS, J. A., Analyzing contingency tables with linear flow graphs: D systems, in: HEISE, D. R. (Ed.), Sociological methodology 1976. San Francisco: Jossey-Bass 1975.

DAVIS, J. A., Contingency table analysis: Proportions and flow graphs, in: Quality and Quantity, 1980, 14, S. 117 - 153.

DAVISON, M. L., A psychological scaling model for testing order hypotheses, in: British Journal of Mathematical and Statistical Psychology, 1980, 33, S. 123 - 141.

DAYTON, C. M. und MACREADY, G. B., A scaling model with response errors and intrinsically unscalable responses, in: Psychometrika, 1980, 45, S. 343 - 356.

DIXON, W. J. und BROWN, M. B., BMDP-79: Biomedical computer programs, P-series. Berkeley: University of California Press 1979.

DUNCAN, O. D., Partitioning polytomous variables in multiway contingency analysis, in: Social Science Research, 1975, 4, S. 167 - 182.

DUNCAN, O. D., How destination depends on origin in the occupational mobility table, in: American Journal of Sociology, 1979, 84, S. 793 - 803.

DUNCAN, O. D. und McRAE, J. A., Multiway contingency analysis with a scaled response or factor, in: SCHUESSLER, K. F. (Ed.), Sociological methodology 1979. San Francisco: Jossey-Bass 1978.

EVERITT, B. S., The analysis of contingency tables. London: Chapman and Hall 1977.

EVERS, M. und NAMBOODIRI, N. K., On the design matrix strategy in the analysis of categorial data, in: SCHUESSLER, K. F. (Ed.), Sociological methodology 1979. San Francisco: Jossey-Bass 1978.

FAY, R. E. und GOODMAN, L. A., ECTA program: Description for users. Chicago: University of Chicago, Department of Statistics 1974.

FEGER, H., Konflikterleben und Konfliktverhalten. Psychologische Untersuchungen zu alltäglichen Entscheidungen. Bern: Huber 1978.

FIENBERG, S. E., The analysis of cross-classified categorial data. Cambridge: MIT Press 1977.

FIENBERG, S. E., The use of Chi-squared statistics for categorial data problems, in: Journal of the Royal Statistical Society, Series B, 1979, 41, S. 54 - 64.

FIENBERG, S. E. und HOLLAND, P. W., Methods for eliminating zero counts in contingency tables, in: PATIL, G. P. (Ed.), Random counts on models and structures. University Park: Pennsylvania State University Press 1970.

FORMANN, A. K., Neuere Verfahren der Parameterschätzung in der Latent-Class-Analyse, in: Zeitschrift für Differentielle und Diagnostische Psychologie, 1980, 1, S. 107 - 116.

FORTHOFER, R. N. und LEHNEN, R. G., Public program analysis: A new approach to categorial data. Belmont: Lifetime Learning Publications 1981.

GILLESPIE, M. W., Log-linear techniques and the regression analysis of dummy dependent variables. Further bases for comparison, in: Sociological Methods and Research, 1977, 6, S. 103 - 122.

GILLESPIE, M. W., The application of log-linear techniques to recursive models: Comment on Reynolds, in: American Journal of Sociology, 1978, 84, S. 718 - 722.

GOODMAN, L. A., How to ransack social mobility tables and other kinds of cross-classification tables, in: American Journal of Sociology, 1969, 75, S. 1 - 40.

GOODMAN, L. A., The multivariate analysis of qualitative data: Interactions among multiple classifications, in: Journal of the American Statistical Association, 1970, 65, S. 226 - 256.

GOODMAN, L. A., The analysis of multidimensional contingency tables: Stepwise procedures and direct estimation methods for building models for multiple classifications, in: Technometrics, 1971, 13, S. 33 - 61.

GOODMAN, L. A., A general model for the analysis of surveys, in: American Journal of Sociology, 1972a, 77, S. 1035 - 1086.
GOODMAN, L. A., A modified multiple regression approach to the analysis of dichotomous variables, in: American Sociological Review, 1972b, 37, S. 28 - 46.
GOODMAN, L. A., Causal analysis of data from panel studies and other kinds of surveys, in: American Journal of Sociology, 1973a, 78, S. 1135 - 1191.
GOODMAN, L. A., The analysis of multidimensional contingency tables when some variables are posterior to others: a modified path analysis approach, in: Biometrika, 1973b, 60, S. 179 - 192.
GOODMAN, L. A., Exploratory latent structure analysis using both identifiable and unidentifiable models, in: Biometrika, 1974a, 61, S. 215 - 231.
GOODMAN, L. A., The analysis of systems of qualitative variables when some of the variables are unobservable. Part I – a modified latent structure approach, in: American Journal of Sociology, 1974b, 79, S. 1179 - 1259.
GOODMAN, L. A., The relationship between modified and usual multiple regression approaches to the analysis of dichotomous variables, in: HEISE, D. R. (Ed.), Sociological methodology 1976. San Francisco: Jossey-Bass 1975a.
GOODMAN, L. A., A new model for scaling response patterns: An application of the quasi-independence concept, in: Journal of the American Statistical Association, 1975b, 70, S. 755 - 768.
GOODMAN, L. A. (with MAGIDSON, J. (Ed.)), Analyzing qualitative/categorical data: Log-linear models and latent-structure analysis. Cambridge: Abt Books 1978.
GOODMAN, L. A., Multiplicative models for the analysis of occupational mobility tables and other kinds of cross-classification tables, in: American Journal of Sociology, 1979a, 84, S. 804 - 819.
GOODMAN, L. A., A brief guide to the causal analysis of data from surveys, in: American Journal of Sociology, 1979b, 84, S. 1078 - 1095.
GRIZZLE, J. E., STARMER, C. F. und KOCH, G. G., Analysis of categorial data by linear models, in: Biometrics, 1969, 25, S. 489 - 504.
GUTTMAN, L., What is not what in statistics, in: The Statistician, 1977, 26, S. 81 - 107.
GUTTMAN, L.: Efficacy coefficients for differences among averages, in: BORG, I. (Ed.), Multidimensional data representations: When and why. Ann Arbor: Mathesis Press 1981.
HABERMAN, S. J., The analysis of residuals in cross-classified tables, in: Biometrics, 1973, 29, S. 205 - 220.
HABERMAN, S. J., Analysis of frequency data. Chicago: University of Chicago Press 1974a.
HABERMAN, S. J., Log-linear models for frequency tables with ordered classifications, in: Biometrics, 1974b, 30, S. 589 - 600.
HABERMAN, S. J., Log-linear models and frequency tables with small expected cell counts, in: The Annals of Statistics, 1977, 5, S. 1148 - 1169.
HABERMAN, S. J., Analysis of qualitative data. Vol. 1: Introductory topics. New York: Academic Press 1978.
HABERMAN, S. J., Analysis of qualitative data. Vol. 2: New developments. New York: Academic Press 1979.
HAUSER, R. M., Some exploratory methods for modeling mobility tables and other cross-classified data, in: SCHUESSLER, K. F. (Ed.), Sociological methodology 1980. San Francisco: Jossey-Bass 1979.
HAYS, W. L., Statistics for the social sciences. London: Holt, Rinehart and Winston 1973.
HIGGINS, J. E. und KOCH, G. G., Variable selection and generalized chi-square analysis of categorial data applied to a large cross-sectional occupational health survey, in: International Statistical Review, 1977, 45, S. 51 - 62.
KILLION, R. A. und ZAHN, D. A., A bibliography of contingency table literature: 1900 to 1974, in: International Statistical Review, 1976, 44, S. 71 - 112.

KNOKE, D. und BURKE, P. J., Log-linear models. Beverly Hills: Sage 1980.
KOBELT, H., Die Beurteilung multivariater Zusammenhänge bei nominalskalierten Daten. Dargestellt anhand von Beispielen aus den Wirtschaftswissenschaften. Dissertation. Westfälische Wilhelms-Universität zu Münster 1974.
KOEHLER, K. J. und LARNTZ, K., An empirical investigation of goodness-of-fit statistics for sparse multinomials, in: Journal of the American Statistical Association, 1980, 75, S. 336 - 344.
KRAUTH, J., Ein Vergleich der Konfigurationsfrequenzanalyse mit der Methode der log-linearen Modelle, in: Zeitschrift für Sozialpsychologie, 1980, 11, S. 233 - 247.
KRAUTH, J. und LIENERT, G. A., Die Konfigurationsfrequenzanalyse (KFA) und ihre Anwendung in Psychologie und Medizin. Freiburg: Alber 1973.
KRITZER, H. M., NONMET II: A program for the analysis of contingency tables and other types of nonmetric data by weighted least squares. Houston: Rice University, Department of Political Sciences 1977.
KRITZER, H. M., Analyzing contingency tables by weighted least squares: An alternative to the Goodman approach, in: Political Methodology, 1978, 5, S. 277 - 326.
KRITZER, H. M., Approaches to the analysis of complex contingency tables: A guide for the perplexed, in: Sociological Methods and Research, 1979, 7, S. 305 - 329.
KRIZ, J., Statistik in den Sozialwissenschaften. Reinbek: Rowohlt 1973.
KRÜGER, H.-P., Zur Anwendungsindikation von nonparametrischen Prädiktionsverfahren, in: Zeitschrift für Sozialpsychologie, 1979, 10, S. 94 - 104.
KUBINGER, K. D., FORMANN, A. K. und SCHUBERT, M.-Th., Typisierung von HAWIK-Profilen, in: Zeitschrift für Differentielle und Diagnostische Psychologie, 1980, 1, S. 117 - 126.
KÜCHLER, M., Alternativen in der Kreuztabellenanalyse – Ein Vergleich zwischen GOODMAN's „General Model" (ECTA) und dem Verfahren gewichteter Regression nach GRIZZLE et al. (NONMET II), in: Zeitschrift für Soziologie, 1978, 7, S. 347 - 365.
KÜCHLER, M., Multivariate Analyseverfahren. Stuttgart: Teubner 1979.
KÜCHLER, M., Kommentar zu Rolf Langeheine, „Multivariate Analyse nominalskalierter Daten via Goodmans Modell: Sehr wohl eine Alternative", in: Zeitschrift für Soziologie, 1980, 9, S. 213 - 214.
LANCASTER, H. O., The chi-squared distribution. New York: Wiley 1969.
LANGEHEINE, R., Multivariate Analyse nominalskalierter Daten via Goodmans Modell: Sehr wohl eine Alternative, in: Zeitschrift für Soziologie, 1979, 8, S. 380 - 390.
LANGEHEINE, R., Log-lineare Modelle zur multivariaten Analyse qualitativer Daten. Eine Einführung. München: Oldenbourg 1980a.
LANGEHEINE, R., Multivariate Hypothesentestung bei qualitativen Daten, in: Zeitschrift für Sozialpsychologie, 1980b, 11, S. 140 - 151.
LANGEHEINE, R., Antwort auf Manfred Küchler, in: Zeitschrift für Soziologie, 1980c, 9, S. 214 - 215.
LANGEHEINE, R., Rekursive Pfadmodelle für multivariate Kontingenztabellen, in: Zeitschrift für Sozialpsychologie, 1982a, 13, S. 2 - 12.
LANGEHEINE, R., Kausalanalyse qualitativer Daten mit manifesten und latenten Variablen, in: Zeitschrift für Sozialpsychologie, 1982b, 13, S. 163 - 176.
LAZARSFELD, P. F. und HENRY, N. W., Latent structure analysis. Boston: Houghton Mifflin 1968.
LUKESCH, H., Die Identifikation von Familientypen, in: LUKESCH, H. (Hrsg.), Auswirkungen elterlicher Erziehungsstile. Stuttgart: Klett 1975.
MAGIDSON, J., The multivariate analysis of qualitative variance: Analyzing the probability of an event as a function of observable variables. Phil. Diss. Evanston: Northwestern University 1976.

MAGIDSON, J., An illustrative comparison of Goodman's approarch to logit analysis with dummy variable regression analysis, in: GOODMAN, L. A. (with MAGIDSON, J. (Ed.)), Analyzing qualitative/categorial data: Log-linear models and latent-structure analysis. Cambridge: Abt Books 1978.

MAGIDSON, J., Qualitative variance, entropy, and correlation ratios for nominal dependent variables, in: Social Science Research, 1981, 10, S. 177 - 194.

MAGIDSON, J., SWAN, J. H. und BERK, R. A., Estimating nonhierarchical and nested log-linear models, in: Sociological Methods and Research, 1981, 10, S. 3 - 49.

MILLIGAN, G. W., A computer program for calculating power of the chi-square test, in: Educational and Psychological Measurement, 1979, 39, S. 681 - 684.

MILLIGAN, G. W., Factors that affect type I and type II error rates in the analysis of multidimensional contingency tables, in: Psychological Bulletin, 1980, 87, S. 238 - 244.

NELDER, J. A., Log linear models for contingency tables: A generalisation of classical least squares, in: Applied Statistics, 1974, 23, S. 323 - 329.

NELDER, J. A. und WEDDERBURN, R. W. M., Generalized linear models, in: Journal of the Royal Statistical Society, Series A, 1972, 135, S. 370 - 384.

PANNEKOEK, J. A linear and a log-linear model for the analysis of rating scale data. Voorburg, Netherlands: Department of Statistical Methods, B.P.A. No. 7304-80-M1, 1980.

PLACKETT, R. L., The analysis of categorial data. London: Griffin 1974.

REYNOLDS, H. T., The analysis of cross-classifications. New York: The Free Press 1977a.

REYNOLDS, H. T., Analysis of nominal data. Beverly Hills: Sage 1977b.

REYNOLDS, H. T., Some comments on ‚The causal analysis of surveys with log-linear-models', in: American Journal of Sociology, 1977c, 83, S. 127 - 143.

ROEDER, B., Die Konfigurationsfrequenzanalyse (KFA) nach KRAUTH und LINERT. Ein handliches Verfahren zur Verarbeitung sozialwissenschaftlicher Daten, demonstriert an einem Beispiel, in: Kölner Zeitschrift für Soziologie und Sozialpsychologie, 1974, 26, S. 819 - 844.

ROST, J., Testtheoretische Modelle für die klinisch-psychologische Forschung und Diagnostik, in: BAUMANN, U., BERBALK, H. und SEIDENSTÜCKER, G. (Hrsg.), Klinische Psychologie. Trends in Forschung und Praxis, Bd. 5, Bern: Huber 1982.

STAPF, K. H., HERMANN, T., STAPF, A. und STÄCKER, K. H., Psychologie des elterlichen Erziehungsstils. Stuttgart: Klett 1972.

STOUFFER, S. A., SUCHMAN, E. A., DE VINNEY, L. C., STAR, S. A. und WILLIAMS, R. M., The american soldier: Adjustment during army life. Princeton: Princeton University Press 1949.

SWAFFORD, M., Three parametric techniques for contingency table analysis: A nontechnical commentary, in: American Sociological Review, 1980, 45, S. 664 - 690.

UPTON, G. J. G., The analysis of cross-tabulated data. Chichester: Wiley 1978.

UPTON, G. J. G., Contingency table analysis: Log-linear models, in: Quality and Quantity, 1980, 14, S. 155 - 180.

VERBEEK, A. und KRONENBERG, P., Exact χ^2-tests of independence in contingency tables with small numbers. University Utrecht, Department of Mathematics: Preprint Nr. 122, 1980.

WILSON, T. P. und BIELBY, W. T., Recursive models for categorial data, in: Social Science Research 1983, 12, S. 109 - 130.

WINER, B. J., Statistical principles in experimental design. New York: McGraw-Hill 1970.

WINSHIP, C. und MARE, R. D., Structural equations and path analysis for discrete data, in: American Journal of Sociology 1983, 89, S. 54 - 110.

ZAHN, D. A. und FEIN, S. B., Large contingency tables with large cell frequencies: A model search algorithm and alternative measures of fit, in: Psychological Bulletin, 1979, 86, S. 1189 - 1200.

Ergänzungen (im Text nicht zitiert)

ARMINGER, G., Multivariate Analyse von qualitativen abhängigen Variablen mit verallgemeinerten linearen Modellen, in: Zeitschrift für Soziologie, 1983, 12, S. 49 - 64.

BERGAN, J. R., Latent-class models in educational research, in: GORDON, E. W. (Ed.), Review of research in education 10. Washington: American Educational Research Association 1983.

CLOGG, C. C. und GOODMAN, L. A., Simultaneous latent structure analysis in several groups, in: TUMA, N. B. (Ed.), Sociological methodology 1985. San Francisco: Jossey-Bass 1985.

DILLON, W. R. und MULDANI, N., A probabilistic latent class model for assessing interjudge reliability, in: Multivariate Behavioral Research, 1984, 19, S. 438 - 458.

ERDFELDER, E., Zur Bedeutung und Kontrolle des β-Fehlers bei der inferenzstatistischen Prüfung log-linearer Modelle, in: Zeitschrift für Sozialpsychologie, 1984, 15, S. 18 - 32.

FORMANN, A. K., Die Latent-Class-Analyse. Weinheim: Beltz 1984.

LANGEHEINE, R., Nonstandard log-lineare Modelle, in: Zeitschrift für Sozialpsychologie, 1983, 14, S. 312 - 321.

LANGEHEINE, R., Neuere Entwicklungen in der Analyse latenter Klassen und latenter Strukturen, in: Zeitschrift für Sozialpsychologie, 1984, 15, S. 199 - 210.

LANGEHEINE, R., Explorative Techniken zur Identifikation von Strukturen in großen Kontingenztabellen, in: Zeitschrift für Sozialpsychologie, 1984, 15, S. 254 - 268.

LONG, S., Estimable functions in log-linear models, in: Sociological Methods and Research, 1984, 12, S. 399 - 432.

RINDSKOPF, D., Linear equality restrictions in regression and loglinear models, in: Psychological Bulletin, 1984, 96, S. 597 - 603.

ROST, J. und SÖNNICHSEN, H., Die Analyse latenter Klassen. Kiel: IPN-Kurzberichte Nr. 25, 1982.

ROST, J. und SÖNNICHSEN, H., Probabilistische Testmodelle für Ratingdaten, Kiel: IPN-Kurzberichte Nr. 28, 1983.

Namenregister

Aitken, M. 158
Allison, P. D. 155, 168 f.
Althauser, R. P. 97
Alwin, D. F. 91, 94
  96 ff., 106, 109, 111
Andersen, E. B. 173
Anderson, J. G. 99
Andrews, D. F. 90
Armer, M. 98
Arminger, G. 90, 95, 122,
  152, 195
Armor, D. J. 94

Baker, R. J. 163
Beck, E. M. 99
Benedetti, J. K. 158
Bentler, P. M. 194 ff.
Bergan, J. R. 195
Bielby, W. T. 88, 89 - 92,
  95 f., 110, 172
Birch, M. W. 127
Bishop, Y. M. M. 122,
  127 ff., 140, 143, 147,
  152 f., 158, 160, 167
Blalock, H. M. 9, 75, 81,
  98, 100
Bock, R. D. 159 f., 163
Bohrnstedt, G. W. 94, 105,
  110
Bonett, D. G. 105
Boomsma, A. 90
Boudon, R. 9, 60, 65
Breitkopf, A. 107
Brier, S. S. 166
Broom, L. F. 95
Brown, M. B. 157 f.
Burke, P. J. 122, 127, 159
Burt, R. S. 85, 88, 95, 98,
  102
Byron, R. P. 93

Campbell, D. T. 96, 100
Carter, L. F. 76
Chamberlain, G. 88, 98
Christ, C. F. 9

Clogg, C. C. 173 ff., 195
Colgan, P. W. 122
Converse, P. E. 101
Costner, H. L. 81, 93, 96
Cox, M. A. A. 136

Davis, J. A. 165 ff.
Davison, M. L. 173
Dayton, C. M. 173
Dillon, W. R. 195
Dixon, W. J. 158
Draper, N. 75
Duncan, B. 75
Duncan, O. D. 9, 57, 66,
  88, 89, 91, 99 ff., 153,
  160, 172
Dunn, J. E. 88
Duval, R. 99

Eberwein, W. O. 97
Erdfelder, E. 195
Erikson, R. S. 101
Erlanger, H. S. 99
Everitt, B. S. 122, 152 f.
Evers, M. 159, 163

Fay, R. E. 135, 159
Featherman, D. L. 75,
  95 f., 100
Feger, H. 136
Fein, S. 158
Felson, M. 89
Fienberg, S. E. 122, 124,
  128, 136, 140, 152 f.,
  159 f., 166
Fisher, F. M. 9, 57, 88, 99
Fiske, D. W. 96
Formann, A. K. 174, 195
Forthofer, R. N. 160
Freeman, E. H. 106

Geraci, V. 88
Gillespie, M. W. 83, 166,
  172
Gnanadesikan, R. P. 90

Goldberger, A. S. 9, 57,
  88, 89 ff., 99, 111
Goodman, L. A. 122 ff.,
  127, 129 f., 135, 138 f.,
  143, 145; 151, 153,
  155, 157, 159 ff.,
  164 ff., 173 ff., 195
Graff, J. 82, 104, 106,
  111
Greer, V. D. 100
Griliches, Z. 98
Grizzle, J. E. 159 f.
Gurr, T. R. 99
Guttman, L. 155 f.

Haberman, S. J. 122, 136,
  147, 160, 173
Halter, A. N. 99
Hannan, M. T. 101 f.
Harder, Th. 75
Hargens, L. L. 101, 103
Hauser, R. M. 88, 89, 92,
  95 f., 99 f., 102, 110 f.,
  153
Hawkes, R. K. 83
Hays, W. L. 155
Heberlein, T. A. 97
Heise, D. R. 75, 88, 91 f.,
  94, 100, 110
Henry, N. W. 99, 173
Hibbs, D. A. 99, 102
Higgins, J. E. 155
Hodge, R. W. 89, 95 f., 111
Holland, P. W. 152
Holm, K. 9
Hummell, H. J. 75, 82,
  107 f.
Hummon, N. P. 99

Isaac, L. 98

Jencks, C. 89
Jennings, R. I. 110
Jöreskog, K. G. 78, 87 ff.,
  95 ff.

Namenregister

Johnston, J. 9, 57, 88, 111
Judd, C. M. 106

Kalleberg, A. L. 95, 97
Kenny, D. A. 88, 89, 101
Killion, R. A. 124
Kim, J.-O. 83
Kim, J.-P. 103
Kluegel, J. R. 94 f., 97
Knoke, D. 122, 159
Kobelt, H. 136
Koch, G. G. 155, 159
Koehler, K. J. 136
Kohn, M. L. 82, 91, 93, 96, 99, 101, 103
Krauth, J. 136, 150, 174
Kritzer, R. M. 159, 161 f., 167
Kriz, J. 123, 136
Kronenberg, P. 136
Krüger, H.-P. 148
Kubinger, K. D. 185
Küchler, M. 83, 143, 159 ff.
Kutschera, F. v. 107

Labovitz, S. 83
Lancaster, H. O. 124
Land, K. C. 83, 88, 89
Larntz, K. 136
Lawley, D. N. 90, 93, 95
Lazarsfeld, P. F. 75, 173
Lee, S. Y. 110
Lehnen, R. G. 160
Lienert, G. A. 150, 174
Linn, R. L. 94 f., 102
Lohmöller, J. B. 106
Long, J. S. 88, 95
Long, S. 195
Lorence, J. 82, 91, 93, 96, 101, 111
Lukesch, H. 174

McDonald, R. P. 106
McPherson, J. M. 91 ff.
McRae, J. A. 160
Macready, G. B. 173
Magidson, J. 143, 155 f., 159, 161, 167
Marcus, G. B. 101
Mare, R. D. 172
Martin, S. S. 106
Mason, R. M. 92, 96, 99
Maxwell, A. E. 90, 93, 95
Mayer, L. S. 83

Mellenbergh, G. J. 111
Milburn, M. A. 106
Miller-McPherson, J. 101
Milligan, G. W. 153, 159
Morgan, W. R. 97
Mortimer, J. T. 82, 91, 93, 96, 101, 111
Mueller, C. W. 91, 103, 109
Mulaik, S. A. 95
Muldani, N. 915
Muthen, B. 90

Namboodiri, N. K. 76, 111, 159, 163
Nelder, J. A. 147, 163

O'Brien, R. M. 83
Olsson, U. 104
Opp, K. D. 9, 82, 91, 103, 107
Otto, L. B. 95 f.

Pannekoek, J. A. 136, 152
Plackett, R. L. 122, 136
Ploch, D. R. 83
Pugh, M. D. 99

Reynolds, H. T. 83, 122, 126 f., 140, 153, 160, 166
Rindskopf, D. 195
Robinson, P. M. 83, 88
Roeder, B. 174
Rost, J. 173, 195
Rozelle, R. M. 100

Saris, W. E. 93 ff.
Sawyer, D. O. 173
Schmidt, P. 9, 82, 91, 99, 103 f., 106 ff., 111
Schoenberg, R. 93, 96, 99, 103, 106
Schönfeld, P. 9
Schooler, C. 82, 91, 93, 96, 99, 101, 103
Schweitzer, D. H. 83
Schweitzer, S. 83
Siegel, P. M. 89, 95 f., 111
Silvey, S. D. 91
Simon, H. 9, 59, 75
Smith, H. 75
Smith, J. C. 122
Smith, R. B. 83
Sobel, M. E. 105

Sönnichsen, H. 195
Sörbom, D. 87 ff., 96, 101 ff.
Spaeth, J. L. 95
Stanley, J. C. 100
Stapf, K. H. 174
Stapleton, D. C. 99
Starmer, C. F. 159
Stegmüller, W. 82, 87, 91, 107 f.
Steyer, R. 104
Stolzenberg, R. M. 99
Stoufter, S. A. 167
Suppes, P. 82
Swafford, M. 148, 152, 157, 160 f., 166

Tessler, R. C. 98, 111
Thilo, M. van 100
Treas, J. 95
Tuomela, R. 107 f.
Tyree, A. 95

Upton, G. J. G. 122, 152 f.
Urban, D. 76

Verbeek, A. 136

Waite, L. J. 99
Wedderburn, R. W. M. 163
Weede, E. 9, 82, 83, 85, 88, 91, 93, 95, 97
Weeks, D. G. 100
Werts, C. E. 88, 94 ff., 101
Wheaton, B. 82, 88, 91 ff., 101
Widmaier, U. 95
Wiley, D. E. 88, 94, 103
Wiley, J. A. 94, 103
Williams, T. 100
Wilson, T. P. 172
Winer, B. J. 161
Winsborough 99
Winship, C. 172
Wold, H. 106
Wonnacott, R. J. 9, 57, 88
Wonnacott, Th. 9, 57, 88
Wright, S. 76

Yates, G. 159, 163
Young, A. A. 102

Zahn, D. A. 124, 158
Ziegler, R. 9, 82, 107 f.

Sachwortregister

beta-Koeffizient 32

chi^2-Test 91, 105, 134
chi^2-Zerlegung 142 ff.
Computerprogramme 106, 159, 163 f.

Datenmatrix 14
Dependenzkoeffizient 63 ff.
Determinationskoeffizient 36 ff.

Effekte
   direkte 66 ff.
   indirekte 66
   kausale 79
   konfundierte 66
   reziproke 166
   Haupt- 127
   Interaktions- 127, 169
   Quantifizierung von − 142 ff.

goodness-of-fit s. Modelltest
Gruppenvergleich 102 f.
GSK-Ansatz 159 f.

Identifikationsproblem 46 ff., 68 ff., 84 - 89
IK-Gleichungen 78, 83 f.

Kausaldiagramm 45
Kausalität 10 ff., 82 f.
Kausalmodell 41 ff.
Kleinstquadrate-Schätzung 21 - 38
Korrelation
   lineare 10 ff.
   multiple 37
Kovarianz 10 ff., 35

Längsschnittmodell 100 f.
latent class analysis 173 - 189
likelihood ratio 91, 134, 157 ff.
Linearität 16 ff.

Logitanalyse 143 - 151
log-odds 161

Meßfehler 18, 77, 94 ff.
Meßmodell 81 ff.
MIMIC-Modell 98 f.
MLLSA 174 ff.
Modell
   allgemeines lineares 79 f., 124 ff.
   hierarchisches 133 ff.
   nicht-hierarchisches 159 ff.
   nicht-rekursives 164 ff.
   rekursives 57, 98 f., 164
   saturiertes vs. nicht-saturiertes 126, 130
Modellanpassung 92 ff., 157 f.
Modelltest 69 ff., 91 ff.
Multikollinearität 20

Normalgleichung 22
Nullzellen 152 ff.

Orthogonalität 34 - 41, 59 ff.

Pfadanalyse
   für diskrete Daten 164 - 173
   für kontinuierliche Daten 59 - 75
Pfaddiagramm 164
Pfadkoeffizient 62, 103
Pfadtheorem 63
Prognosegleichung 18
Prognoseirrtum 18
PRE-Maße 155
proportional reduction of errors 155

Regressionsanalyse
   deskriptive 20 ff.
   einfache 14
   multiple 25 - 33
   − für kategoriale Daten 143 ff.

Regressionskoeffizient
  partiell standardisierter 32, 64
Residuen 18, 80
— in Kontingenztabellen 147

Schätzverfahren
  neue 105
Standardisierung 11, 103

Tabellen
  unvollständige 152 ff.
Testprozedur
  multiple 129 f.

Variable
  abhängige 15, 43
  beobachtete 77 ff.
  endogene 43
  erklärende 15, 43
  exogene 43
  instrumentelle 40
  latente 77 ff.
  prädeterminierte 43
  zentrierte 14
Varianzzerlegung 35, 155

Zerlegungstheorem 34, 65